永久に終わらせない
「テロとの戦い」

9.11捏造テロ
20年目の真実

壮大なビジネスモデルはこうして作られた

菊川征司

ヒカルランド

まえがき——米国同時多発テロ、20年後の総まとめ

２０２１年は21世紀に入ってちょうど20年目の年です。

この20年を振り返って見ると、激動の連続だったように感じるのは私だけではないと思います。

最初の年に激動を象徴するかのように米国同時多発テロ（２００１年9月11日）が起き、２００９年にリーマン破綻による金融危機、２０１９年に武漢から始まった新型コロナウイルスは世界中に拡大しました。コロナパンデミックもワクチン接種で収まるかと思いきや、今年に入るとコロナ変異株の感染拡大に再び世界中が振り回され、東京オリンピックは揉めた末に無観客開催になりました。

現代史に残るであろうこの3大事件に共通するのは、一般大衆は出来事の真相を知らされないまま、ごく一部の人間が大きな富を手にしたことです。

大衆心理を摑《つか》む名人ヒトラーは「充分に大きなウソをついた時は、それをうんざりするほど何度も繰り返しなさい。人はそのウソを信じるだろう」と言いました。本書のテーマの米国同

時多発テロは、まさしくこのヒトラーの言葉をブッシュ政権が忠実に実行したことで、20年後の現在も多くの日本人はアメリカ政府のウソを信じています。

ペンシルバニア州の山中に墜落したはずのユナイテッド航空のUA93便の機体番号N－591UAをつけた飛行機が、「2003年4月10日、1111便としてシカゴのオヘア空港で使われていたのを見た」とユナイテッド航空の整備士が自分のサイトに書いています。また事件直後にサウジアラビア政府は、ハイジャック犯19人のうち6人が国内に生存していると発表しています。

映画『ユナイテッド93』をご覧になった方は数人の乗員・乗客が携帯電話で地上に連絡していたシーンを覚えていると思いますが、当時飛行中の機内から地上にかかる携帯電話サービスは地球上に存在しなかったのです。

この3つの事実だけでブッシュたちの主張はウソだとわかると思います。

アルカイダ犯行説を報じ続けた米国のマスコミですが、頻繁に政府説に反する記事を出したり、政府説に矛盾する出来事を報道したりしました。おそらくこれは、上からの指示に従わなかった気概ある記者が大勢いたからだと思います。事件後の米国では、報道業界から離れる人が多く出たと聞きました。9・11事件によってマスコミの体質に気付いて失望した人が多かったのではないかと思います。

今も不明なことが多い米国同時多発テロですが、近年明らかになったこともあります。事件から20年目の総決算としてそれらの事も含めて米国同時多発テロの始まりから、テロ実行の手順、そして事件後の出来事までを私なりの見方でまとめてみました。10年前に閲覧可能だったサイトがアクセス不可能と表示されることも多々あり、時の経過を実感しました。既刊の9・11関連の拙著2冊『9・11テロの超不都合な真実』（２００８年、徳間書店）、『「9・11テロ完全解析」10年目の超真実』（２０１６年、ヒカルランド）に書いた事とはだいぶ変化した部分もありますが、本書の内容の方がより納得していただけると自負しています。

表題に惹《ひ》かれて本書を手に取った皆様の知的好奇心をどこまで満たせるかわかりませんが、少なくとも日本人の大半が信じる説とは全く異なる米国同時多発テロを紹介できると思います。

ここに改めて事件で亡くなられた方々だけでなく、事件に関係して不審な死を遂げた多くの人々のご冥福を祈りたいと思います。

２０２１年　春

菊川征司

通貨換算は、２００１年当時は1ドル１２０円とし、２０１１年頃は80円、２０２０年頃は１００円としました。

目次

Chapter ⑦ クリーン水爆その他ハチソン効果のようなニューテクノロジーが使われた!! 135

Chapter ⑪ いまだに謎多きUA93便における捏造解析！

Chapter ⑫ 手の込んだ真相隠し

カバーデザイン　上田晃郷
校正　深谷薫
本文仮名書体　蒼穹仮名(キャップス)

コロナパンデミック同様、9・11でも「ディープステイト奥の院」は大規模に蠢《うごめ》いていた!?

Section I

Chapter ①
計画立案はイスラエルであるという証拠群

アルカイダとはムジャーヒディーンのコンピュータファイルの名称だった⁉

米国同時多発テロから3か月後の２００１年12月、外交問題評議会（ＣＦＲ）のサイトに、同年5月にデンバーで開催されたＣＦＲの会議の内容が掲載されました。議題は「母国防衛と輸送産業：民間航空と地上輸送分野」と題する会議で、テロ攻撃の目標としてワシントンとニューヨークを論議し、飛行機をハイジャックして高価値なターゲットに激突させるシナリオについて討議されました。そこに「はっきり言えばこのシナリオは、40年前から討議されているのだが……」と書かれていました。(Denver Council on Foreign Relations 12/01)

米国内でのアラブ人テロという考えは、１９６０年代からイスラエルにあったと言われています。それが活字になったのは80年代のことです。

1980年9月、イスラエル諜報機関の重鎮イサル・ハルエル（Isser Harel《イサー ハレル》）のテルアビブにあった家に、アメリカ人マイク・エヴァンス（Mike Evans）が訪れました。イサル・ハルエルは2003年に91歳で亡くなりましたが、イスラエル総保安庁創設者で、モサドの名で知られるイスラエル諜報特務庁長官（任1952年〜63年）を務めた人物です。

その時の二人の会話を、1932年創業の日刊英字新聞『エルサレム・ポスト』が記事にしました。（＊1）

エヴァンス「テロリズムはアメリカに起きると思いますか、もしそうなら、どこですか、なぜですか」

ハルエル「悪いけど、あなたの国アメリカでテロは起きますよ。アメリカはテロと戦う力があるが、その意志はない。テロリストはアメリカと戦う意志を持っているが、戦力がない。しかし、すべてが時間とともに変化するでしょう。アラブの石油マネーは生活必需品以上のものを買うようになるから」

ハルエル「ニューヨーク市は自由と資本主義の象徴だ。彼らは、あなた方の最も高い建物であなた方の力の象徴である、エンパイアステートビルを攻撃するだろう」

イスラエルは自国を取り巻くアラブ諸国との戦争には負けない自信がありました。１９４８年から１９７３年まで4度にわたってエジプト、シリア、ヨルダン、レバノンの周辺国と大規模な軍事衝突がありましたが、一度も負けていません。とはいえ、強大な軍事力を誇ったイラクとイランは別で、かなり警戒していました。

そこで考えたのが、イスラエルに代わってアメリカに攻撃させるという虫の良い計画です。エンパイアステートビルを奇襲攻撃して破壊すればアメリカ中が怒りの炎に包まれ、〝目には目を。歯には歯を〟で報復攻撃に出てくれるのは間違いありません。あとはその炎がイラクとイランに向くようにすればよいだけです。しかしこんなイスラエルに都合の良い計画に、いくら親イスラエルのアメリカといえど簡単に乗るはずがありませんから、計画はそのままになっていました。

ハルエルは、テロ攻撃は石油マネーで潤ったアラブ諸国の人間が実行すると予測しましたが、その言葉が現実になったのがオサマ・ビン・ラディンを首領とするアルカイダの出現です。

きっかけになったのは、１９７９年12月26日に始まったソ連のアフガニスタン侵攻です。それに対抗するためのアラブ人たち、ムジャーヒディーンと呼ばれる人たちがアルカイダの始りです。

ムジャーヒディーンはアラビア語で「ジハードを遂行する者」を意味するムジャーヒドの複

数形で、ジハードは「イスラムのための異教徒との戦闘」と定義されます。しばしば「聖戦」と和訳されますが、ジハードという語には「聖」の意味はありません。

オサマはサウジ王家の助言と支持によって、1980年代初頭からムジャーヒディーンに資金的、組織的、技術的支援を開始しました。米国とサウジアラビアは1989年のソ連撤退までに、ムジャーヒディーンに総計400億ドル（4兆8000億円）の援助を行いました。

CIAはパキスタン情報部ISIを支援して世界中からイスラム過激派を集めて訓練してアフガニスタンに送り込みました。1980年代半ばには、43のイスラム諸国から3万5000人のイスラム過激派がムジャーヒディーンに加わりました。（Washington Post, 7/19/92）

1986年9月、CIAはムジャーヒディーンを訓練してスティンガーミサイルで武装させたことで、戦況はソ連不利になっていきました。

1988年8月11日、オサマは新しい軍事組織創設のための話し合いを持ちました。これが後にアルカイダと呼ばれることになります。（Associated Press, 2/19/03）

「アルカイダは強固な組織を持つ恐怖のテロ組織」というイメージはアメリカが作り出したものであり、実像はそれとは随分違います。

それを教えてくれるドキュメンタリー映画があります。

2004年制作のBBCドキュメンタリー映画『The power of nightmares』は、アルカイダに代表される国際的テロ組織は国民に恐怖を生み出すための政治的目的によって作り出された存在で、現実には存在しないと断言しています。3部作からなるこの映画はNHKのBS2で「テロとの戦いの真相」として放送されましたから、ご覧になった方もいらっしゃると思います。

3時間に及ぶドキュメンタリー映画はアルカイダの強大さによるテロの恐怖はマスコミが捏《ねつ》造《ぞう》したものであることを明確に断言しています。アメリカが組織するまでオサマは公式な組織など持っておらず、アルカイダという言葉の意味はアラビア語でデータベースを意味するものと説明しています。

英国のトニー・ブレア内閣で外務・英連邦担当国務長官や下院議長を務めたロビン・クック(Robert F, Cook)が『ガーディアン』紙に寄稿した評論があります。

「ビン・ラディンは、80年代を通じてCIAに武器を供給され、サウジアラビアから資金提供を受けて、ロシアのアフガニスタン占領に対抗する戦闘を繰り広げた。アルカイダ(Al-Qaida)とは、文字通り〝データベース〟であり、元々はロシア人を倒すためにCIAの助けを借りて募集・訓練された何千人ものムジャーヒディーンのコンピュータファイルであった」(Guardian 7/8/05)

ウィキペディアには「アルカイダの組織の実態についてははっきりしないことが多く、現在では、アルカイダが一つのまとまった組織として存在しているかどうかは議論がわかれている。アルカイダは、元来、軍隊やオウム真理教のような明確なヒエラルキーの存在する指揮命令系統を有する組織ではなく、反米過激思想を持つ者が勝手にグループを作り、それぞれがアルカイダを自称して、必要に応じて協力をしたりされたりという関係を作り上げ、それがテロネットワークとして機能しているにすぎないという説が提起されている」とあります。

これはアメリカ政府側から見れば、いかなるグループにもアルカイダの名をつければ恐怖のテロリストとして扱えることになり、テロとの戦争を永遠に継続するために非常に都合の良い存在と言えます。

専門家が幻想と断言した集団ですが、レーガン大統領は彼らの事をFreedom Fighter すなわち〝自由を求めて闘う戦士〟と称えてその存在を大いにアピールしました。

１９８９年2月15日、ソ連がアフガニスタンから撤退しました。この勝利はＣＩＡとサウジアラビアとパキスタン、そしてムジャーヒディーンの4者協力の賜物です。

ソ連のアフガニスタン撤退によって目的が達成されたせいか、このグループは表立って動くことはなくなりました。それが再び活動開始したのが、１９９１年のソビエト連邦崩壊後からです。１９９３年の世界貿易センタービル（ＷＴＣ）地下駐車場爆破事件、１９９８年のケニア・タンザニアのアメリカ大使館爆破事件、２０００年にイエメンで起きたアメリカ艦船襲撃事件等はアルカイダの仕業とされました。

オサマ率いるアルカイダはＣＩＡに訓練されてソ連と戦ったというのに、何があったのかアメリカに対して攻撃を仕掛けはじめ、ＷＴＣ爆破事件によってソ連に代わる敵としてアメリカ政府に認識されるようになりました。

この爆破事件発生と同じ１９９３年、ペンタゴンが外部から招いた専門家会議で、飛行機をミサイルのように使って国内の有名建造物を破壊する可能性について討議されました。この専門家会議は翌94年に「Terror 2000」レポートを刊行しましたが、この危険な可能性は掲載されませんでした。（Washington Post, 10/02/01）後日、このレポート制作者の一人は「国防省から載せるなと言われた」と述べました。（ABC, 10/02/01）

１９９４年、この専門家会議の一員が『未来派雑誌（The Futurist magazine）』に寄稿した文章の一部を紹介します。

「世界貿易センターのような大きな標的は必要な死傷者を提供するだけでなく、その象徴的な特質のために、衝撃的効果を生む。成功率を最大化する目的で、テロリストは政府の対応能力に過大な負担をかけるためと、同時に彼らの専門技術と能力範囲を実証しようとして、複数の標的の同時多発テロを検討している可能性が高い」（Washington Post, 10/02/01）

この記事からは、ペンタゴンに出入りする外部の専門家が１９９４年には同時多発テロ計画の存在に気付いていたと読み取れますが、これはペンタゴン内部の作戦部門で密かにそういう計画が練られていたからと思います。

FBI、軍、メディアによる果てしなき証拠捏造と隠滅！

本書を読み進んでいただくうちに納得していただけると思いますが、この世紀の犯罪の準備、実行、そして後始末のプロセスは、軍の頭脳集団である作戦部隊が軍事作戦として練り上げたと私は考えています。

すなわち、米国同時多発テロはアルカイダに罪を着せた冤罪《えんざい》事件です。ＦＢＩが集めた証拠物件はすべて捏造で、政府発表には辻褄の合わないことや事実のねじ曲げが多くありました。そういう状況下で、流す情報の種類とタイミングをコントロールしてメディアを使い、大衆に政府説を売り込んで見事成功しています。

捜査も始まっていない事件当日にオサマ・ビン・ラディンを犯人と決めつけ、事件３日後に発表したハイジャック犯19人の氏名がでっち上げにも拘わらず人々の頭にすんなり入ったのは、報道が迅速だったからです。

消防士はＷＴＣ内部の爆発を報告しましたが、彼らの声明文から爆発に関することは全て削除され、WTCからの瓦礫《がれき》撤去は証拠隠滅だからと多くの人々が反対しましたがほとんど報じられず、被害者家族による訴訟のメディア報道はまばらでした。

一方懐疑論者が現れると素早く〝陰謀論者〟のレッテルを貼って社会から抹殺しました。学者や研究者は職を失い、芸能人はテレビ番組から下ろされました。

政府を監視する番犬であるべきメディアは牙《きば》を抜かれ、政府発表事項に多くの疑問点があるにもかかわらず問いただすことはなく、代わりに中東侵略のチアリーダーを務めさせられました。

20年後の現在、設計士、建築エンジニア、消防士、政治家、弁護士、医療専門家、軍人、哲学者、宗教指導者、物理科学者、パイロットなど多種多様な職種の多くの専門家たちが再調査すべきと運動しているにも拘《かか》わらずメディアは採りあげません。これは作戦立案だけでなく後の世までも追及の手が伸びないように要所要所に手が打ってあるからだと思います。

そして、9・11事件は死亡者を最小限に抑えながら、アメリカ人への心理的影響を最大化するための工夫がなされています。

ツインタワーへの1機目の突入時は観光客や買い物客がいない時間で、通常2万人いるといわれるサラリーマンは約半数しか出勤していませんでした。もし攻撃が2時間後だったら、WTCには3万人の人間がいただろうと言われています。そしてツインタワーへの突入個所がもっと低層階だったら、1万人が閉じ込められて死亡した可能性があるのです。

ハイジャックされた4機の乗客搭乗率が4機とも異常に低かったのは、死者数を減らすために予約時に調整された可能性があります。

ペンタゴンにおける破壊個所は鉄骨梁《てっこつばり》と柱で外壁の補修を行っていた区域で、書類の倉庫代わりになっていて通常より少数の人が仕事場に使っていました。

そして攻撃ターゲットになったツインタワーとペンタゴンは、世界一の超大国アメリカの経済力と軍事力の象徴として、アメリカ人にとって特別な意味を持つ建物なのです。

読みの深い高度な世論操作と細かい点に配慮した作戦を立案することが出来るのは、軍の頭脳集団以外には考えられません。彼らが練り上げたシナリオ通りに様々な組織や企業を動かして作戦完結に貢献したのは、政府を裏から操る、いわゆるディープステイト奥の院だったのは疑いようがありません。

この世論封じ込め大成功に大きな自信を抱いたようで、手口が大胆になっていきます。現在世界中で進められているコロナワクチン接種は、彼らの長年の懸案だった新世界秩序構築の一環と考えられます。本書のテーマから少し逸《そ》れますが、同時テロ後の関連事項の一つとして第2部の⑭章で後述します。

原案イスラエルにアメリカが乗った理由

イスラエルに都合の良い計画にアメリカが乗った原因は、1991年のソ連崩壊です。冷戦終了によって国防費削減が現実化してきました。ソ連に代わる新しい敵を作る必要があった軍産複合体が、ネオコンを橋渡しにしてイスラエルの思惑に乗ったのです。そのほとんどがイスラエルとの二重国籍保持者であるネオコンが、ディープステイト奥の院と結託してアメリカ政府上層部を動かしました。

軍の作戦部隊が作った計画を実行に移す要になったのは、国務省や司法省や軍の中枢部、そして大手マスコミにも存在するディープステイト構成員たちと思います。彼らは世紀の捏造犯罪の実態を把握していましたが、現場で作業した多くの連邦政府職員は自分たちが悪魔の殺人計画に組み込まれていることを知らないまま動いていたと思います。全容を知ったのはおそらくテレビを見てからと思います。

ディープステイトという単語に馴染みのない方もいらっしゃると思います。これはトランプ前大統領の現職時の発言や彼のツイッターによって広まった言葉で、私が常々「闇の世界金融」や「新世界秩序ギャング」と呼んで紹介してきた輩のことです。詳細は拙著『トランプと

Qアノンとディープステイト』（ヒカルランド）で取りあげたので、ご興味のある方はそちらをご参照ください。

米国内イスラムテロのオリジナルプランは、イスラエル諜報部単独か、もしくは同国軍部との共同作業で作り上げられたと思います。エンパイアステートビルがＷＴＣに変更され、ペンタゴンが加えられたのはアメリカが作戦立案に加わってからで、時期は１９９２年頃と思います。

ＷＴＣに変更された理由は、おそらく金塊です。

１１０階の半分以上の階にアスベストが使われていたことやテナントの少なさなども取り壊しの一因でしょうが、最も大きな理由は金塊だと思います。

4号棟地下4階には大金庫があり、その中には近くの銀行や1ブロック離れたところにあるＮＹ商品取引所（ＮＹＣＯＭＥＸ）から預かった、総額９・５億ドル（１１４０億円）相当（一説によると16億ドル）の金塊・銀塊の類が保管してあったのです。

１９９３年2月26日、ＷＴＣ地下駐車場で爆破事件が起きました。

「ＷＴＣ地下がテロリストによって爆破された時、地下金庫にはクウェート政府所有の１２００億円以上の金塊が保管されていたが、金庫は爆発に耐えた。警察は最初金塊が狙われたと思

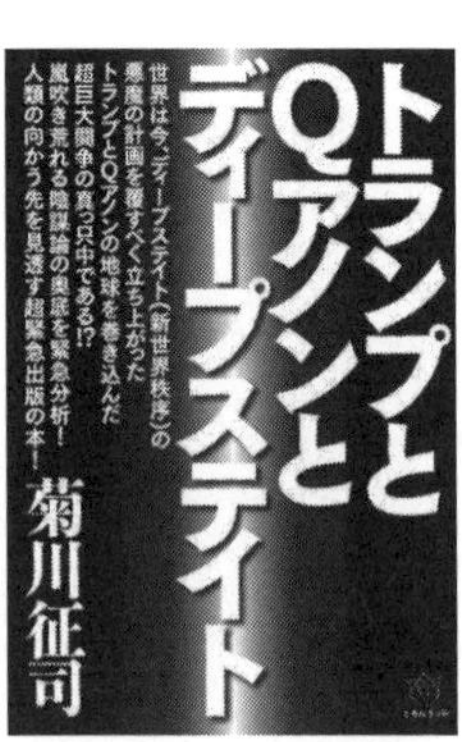

った。それ以来WTC地下の金銀の量は外部に漏れないように秘密にされてきた」(Times Online, 11/01/01)。

このときの爆破は目的が違っていたので金塊は無事でしたが、9・11同時テロのときはツインタワー崩壊のどさくさに紛れてWTC地下ではまさしく小説を地でいくようなできごとが起きていたのです。その成り行きは⑧章で後述します。

イスラエル原案になかったペンタゴン攻撃が加わったのは、ソ連に代わる軍事上の強敵を作り上げる必要があったからです。

イスラムテロをアメリカの敵に仕立て上げるためには、軍事施設攻撃が絶対外せません。米国正規軍4軍が本部を置く国防総省の建物が攻撃されたからこそ、ハルエルの言葉を借りればアメリカを攻撃する力などないイスラムテロ組織を、米国民、いや全世界がソ連に匹敵する手強い敵として受け取ってしまったのです。この件の詳細は⑫章で説明します。

イスラエルの関与と実行の証拠

アメリカのほとんどのマスコミにユダヤ系の資本が入っている関係上、イスラエルのマイナスになるような記事は表面にはほとんど出て来ないのですが、同時多発テロに関しては別でした。この世紀の犯罪にイスラエルが深くかかわっている事は、事件発生直後から複数のマスコミが指摘しました。

ハドソン川を挟んだ対岸のニュージャージー州で事件当日イスラエル人5人が逮捕されました。これは9・11事件に直接関連する最初の逮捕者でした。

通常通りの喧騒《けんそう》に包まれた火曜日の朝、事件がまだ起きていない時、5人の男たちがニュージャージー州ユニオンシティのアパート駐車場で荷物運搬用バンの屋根にカメラをすえ付けて、WTCの方向を撮影していました。1機目が突入した瞬間、全員で手を取り合って狂喜の体で踊り始めました。

不審に思った近所の人が通報して警察が出動し、踊るイスラエル人（Dancing Israelis）と呼ばれることになるこの5人を逮捕拘留して取り調べた結果、3人がモサドと判明しました。そのうちの一人は、56万円相当の現金とパスポート2つを持っていて、バンの中からは同時多発テロのアラブ人ハイジャッカーが使ったものと同じボックスカッター（ダンボール箱などを切る厚刃のナイフ）や、アラブ人衣装が発見されました。爆弾探知犬がバンの中で爆薬反応を示したので、徹底的にバンの中を調べたのですが爆発物は発見されませんでした。

彼らは1機目の衝突から撮影していましたが、そのフィルムはFBIが押収していまだに公開されていません。(Bergen Record, 09/12/01、FOX, 09/14/01、ABC, 09/21/02)

事件発生直後、ニューヨーク州とニュージャージー州を結ぶ交通の大動脈ジョージワシントン橋に入るランプの手前で1台のバンが検問にひっかかりました。そのバンの中から大量の爆発物がみつかりました。(CNN, CBS, 09/11/01) 乗っていた2人の人間は後日イスラエル国籍と判明しました。

この2つの事件の他にニューヨーク市警の無線交信記録からわかった爆発事件があります。WTC飛行機突入の連絡に続いて、WTCから直線で北に2・3キロほど離れた6番街と7番街の間のキングストリートでバンが爆発して、そのトラックから逃げ出した人間2人を逮捕した、という無線連絡がありました。(＊2) このとき逮捕された二人に関するその後の報道は見ませんでしたが、イスラエル人なのは間違いないと思います。

ニュージャージー州で逮捕されたイスラエル人5人は、逮捕後まもなく警察からFBI対外国諜報部門に引き渡されました。5人は2か月以上拘禁され、何人かは40日間独房に置かれ、何人かは7回もの嘘発見器検査を受けました。10週間に及ぶ拘留も何らの成果も上がらないうちに、司法省副長官マイケル・チャートフ (Michael Chertoff) が彼らを釈放してしまいました。チャートフはイスラエルとの二重国籍を持ち、米国愛国者法案の具体的な内容の主要制作者の一人で、2005年から2009年まで国土安全保障省2代目長官を務めた人物です。釈放されたニュージャージー州の5人はアメリカを出て真っ直ぐイスラエルに帰りました。

その年11月にインタビュー形式のテレビショー番組に3人が出演して、明確に「目的は同時テロを録画するためだった」と述べました。

踊るイスラエル人5人が使っていたバンはUrban Moving Systemsという会社の所有で、経営者ドミニク・オットー・ステル（Dominik Otto Suter）はＦＢＩ不審人物リストに載っていたユダヤ人でした。ＦＢＩは捜索令状を取得してニュージャージー州ウィーホーケンの会社事務所を家宅捜索して、この人物の取り調べを行いました。再度の取り調べのためにＦＢＩが事務所に行ったときには事務所はもぬけの殻で、ステルは家族と共に既にイスラエルに逃亡していました。

２００1年9月11日の事件前後にＦＢＩは、美術学校の生徒や引越し会社の社員を装った軍人を含む２００人近いイスラエル人を組織的な情報収集活動をおこなったとして逮捕拘留しました。ところブッシュ政権は、取り調べも終わらないうちにそのほとんどを国外退去にしてしまいました。ブッシュ政権に多かったイスラエル系政府高官はあからさまなイスラエル擁護を行っていましたが、マスコミはもちろんのこと議会もまったく問題視しませんでした。

同時多発テロの飛行機攻撃が行われた2か所のうち、ＷＴＣはモサドを中心とするイスラエル勢が実行犯だと思います。

当時のＮＹ市長ルドルフ・ジュリアーニはイスラエルと強く結びついていました。同時多発テロから3か月後、2001年12月にジュリアーニがイスラエルを訪問したとき、当時の外務大臣シモン・ペレス主催の昼食会に招かれました。そのときの彼の言葉です。

「私は市長時代に国外に出たことが4回あります。そのうちの3回はイスラエルに来ました」

「そういうわけで私は、半分はイスラエル市民です」

イタリア人でカトリックのジュリアーニですが、イスラエル訪問の折にはユダヤ人特有の帽子キッパをかむって記者会見に臨んだことが何度もありました。このような彼の行動から考えれば、モサドに様々な便宜を図ってやったとしても不思議ではありません。

毎年36億円をイスラエルに援助するアメリカ

話は少し飛びますが、発達途上国に対するアメリカの対外直接援助の4分の1を占める毎年3000万ドル（36億円）という多額の援助をイスラエルは受けています。核兵器を製造しているほどのハイテク国で、国連が先進国に分類している国に対してアメリカが毎年資金援助をしているというのもおかしな話ですが、この国はイスラエル国営企業が出資する多数の会社をアメリカ国内で活動させています。

イスラエル国防省は、100%国防省出資の引越し会社や飛行機のレンタルと修理・改造をおこなう会社をアメリカ各地に所有しています。この民間企業社長の多くは、イスラエル国防省が派遣した軍の退役将校たちです。つまりこの多くのイスラエル企業は表向き民間企業ですが、内実は純然たる軍の出先機関の機能を果たしています。

事件1週間前の9月4日にWTCから引っ越したイスラエル最大の運輸会社ZIMは、事件の起きた時は半官半民の会社でした。その会社創設時のZIMイスラエル航法会社（ZIM Israel Navigation Company Ltd）は、イスラエル国防省の全額出資企業です。

イスラエル国防省は前出の運搬会社や飛行機修理会社の他に、事件当時アメリカ国内47か所の国際空港のセキュリティーチェックを請け負っていた、ハントレー（Huntleigh）という会社を所有していました。

この会社は同時多発テロで使われた飛行機が離陸した3か所の空港のうち、ボストンのローガン国際空港とニューアーク国際空港の乗客と荷物検査を当時おこなっていました。モハメド・アタが乗ったとされるローガン空港出発ロビーには防犯カメラはありませんでした。もう1か所のワシントンD・Cのダレス空港は、WTCと同じ警備会社が空港全体の警備を担当していました。

この他にもアメリカ国内の防衛産業や通信産業に進出しているイスラエル企業の名前とその活動内容を、9・11事件との繫《つな》がりとともにズバリ指摘した本があります。アメリカの暗部に焦点をあてた取材を得意とする独立系ジャーナリスト、ヴィクター・ソーン（Victor Thorn）の『9-11EVIL』です。副題がズバリ「9・11事件におけるイスラエルの中心的役割」と銘打った暴露本です。

ソーンはクリントン研究で知られたジャーナリストで、『ヒラリー（とビル）』と題して「セックスの巻」「ドラッグの巻」「殺人の巻」の三部作をはじめ、二人に批判的な本や記事を書いていました。

これからも活躍が期待できる人でしたが、2016年8月1日、自宅近くの山の頂上で銃弾による外傷の残る遺体で発見されました。ヒラリーが民主党大統領選挙候補に選ばれて数日後のことで、享年54でした。家族は自殺と話しています。

9・11とイスラエル、外国政府元高官の告発

9・11とイスラエルの関連を明確に述べた元政府高官がいます。

世界中の防衛と諜報関係者は9・11の真相をわかっていたと思いますが、現役の政府関係者がそれを言うと米国との外交問題に発展する恐れがありますから口をつぐみました。しかし現役を退いた高官たちは黙っていられなかったようです。

ドイツ連邦国防省国務長官（任1976年〜80年）で、ヘルムート・シュミット政権時の内閣調査技術大臣（任1980年〜82年）アンドレアス・フォン・ビューロウ（Andreas von Bulow）が『CIAと9・11』と題して2003年に出版した本がドイツでベストセラーになりました。この本にはアメリカ政府、とくにCIAの関与が詳述されていて、シオニスト（ユダヤ民族主義者）が事件をセットアップした可能性が指摘されています。

「この同時多発テロの計画は、技術的にも組織的な面においても名人芸の域である。短時間に大型ジェット機4機をハイジャックし、それらを1時間ぐらいの間にそれぞれを異なったルートを通らせて目標に突入させたのである。こんな芸当は、国家と企業の連携した秘密組織が関わっていないと不可能だ」

彼はイギリスの『デイリーテレグラム』紙の取材に対して、こうも言っています。

「アメリカ政府全体が刑務所にぶち込まれるべきだ。なぜなら奴らは証拠を隠滅し、真実を秘密のベールで隠してしまって、自分たちがおこなった秘密工作であるという真相を隠すために、オサマ・ビン・ラディンに率いられたアルカイダ一味19人のイスラム教原理主義者の話をでっち上げたのだから」

元イタリアの首相（任1979年〜1980年）で大統領（任1985年〜1992年）も務めたフランチェスコ・コッシガは正義感が強いようです。

２００７年11月30日、イタリア全国紙の中で古い新聞の一つ『コリエーレ・デ・セラ』紙が「９・11は、シオニストの力添えでＣＩＡとモサドが計画し現実化した」と題したコッシガの言葉を掲載しました。

「（９・11事件の）米国政府の公式見解は欺瞞《ぎまん》であることを、世界の先進国の諜報機関は明確に認識していると私は常々語ってきた。大手マスコミは、このでっち上げを大衆に植え付けて永続させるために主要な役割を担っており、９・11事件がでっち上げであることをわかっている。大衆が真実を知るのはいつも最後である」

元英国産業次官、健康・社会保障次官、環境大臣、下院議員を務めたマイケル・モイヤー（Micheal Meacher）は、「９・11真相を求める政治指導者 Political Leaders for 911」の創立メンバーです。

声明文の抜粋を紹介します。

「建築家、エンジニア、消防士、諜報員、弁護士、医療関係者、軍人、哲学者、宗教家、物理学者、パイロットなど、さまざまな専門家は、――中略――９・11事件の公式説明が虚偽であること、したがって公式の「調査」が実際には隠蔽工作であったことを合理的な疑いの余地なく立証した。――中略――私たちは、50年後に歴史書の脚注としてではなく、今、９・11の真実を明らかにする必要があると考えています」

なお会員リストには、日本からの2名を始めとして各国から総計58人の名前と肩書きが書かれています。

オサマ・ビン・ラディン（サウジ王家）とブッシュファミリーのただならぬ関係

アルカイダが恐れられた最大の理由は、サウジアラビアの大富豪一族ビン・ラディン家の一員オサマ・ビン・ラディンの存在があったからです。

オサマの生家はサウジ有数の大金持ちで土木建築業を営んでいます。彼の父親ムハンマド・ビン・ラディンは、サウジアラビアの建設業関係の財閥「サウジ・ビン・ラディン・グループ（SBG）」を柱とするラディン一族を一代で築き上げ、サウジアラビアで最も裕福な非王族になりましたが、1967年9月3日に飛行機事故で死亡しました。

現在、SBGはアメリカ、アジア及び欧州に多数の支部と子会社（60社以上）を有し、石油及び化学プロジェクト、遠距離通信及び衛星通信事業に従事しています。ムハンマドは22回結婚して子供55人をもち、オサマは彼の10番目の妻との間にできた、彼の17番目の子です。

ビン・ラディン家と、当時の大統領ジョージ・W・ブッシュ（ブッシュ・ジュニア）の生家の間には深い繋がりがあることは、マイケル・ムーアが映画『華氏911』で取り上げていたので、日本でも知る人は多いと思います。

ブッシュ家は女系先祖がイギリス王室に連なる家柄で、9・11事件当時のブッシュ家の長はブッシュ・ジュニアの父、アメリカ合衆国第41代大統領（任1989年～1993年）ジョージ・H・W・ブッシュです。親子の名前が似ていて紛らわしいので父の方をパパ・ブッシュ、息子の方をブッシュ・ジュニアと書くことにします。

パパ・ブッシュは70年代を通してリチャード・ニクソンおよびジェラルド・フォード大統領の下で、共和党全国委員会委員長、アメリカ国連大使、中華人民共和国への特命全権公使（米中連絡事務所長）、CIA長官、危機委員会評議員などの要職を歴任しました。

オサマの父ムハンマドはパパ・ブッシュとともにカーライル投資グループの大口投資家であり役員でした。事件前日の10日にワシントンD.C.のリッツ・カールトンホテルで開催されたカーライル投資グループ会議には、オサマの兄弟の一人シャフィグ・ビン・ラディンが出席していました。（Washington Post, 03/16/03）

この会議にはパパ・ブッシュも出ていたことから推測して、ブッシュ・ジュニアは事件の詳細を知らされていなかったと思います。もし知っていたら、父親がオサマの兄弟とワシントンで同席することに異議を唱えたはずです。オサマの兄弟もまったく何も知らなかったのは確実です。自分の兄弟が犯人にされる大規模なテロ攻撃が起きることを耳にしていたら、アメリカには近づいていないと思います。

ブッシュ・ジュニアとビン・ラディン家の関係は、彼がビジネス界に足を踏み出した頃から始まっています。オサマの兄の一人サーレムは、ブッシュ・ジュニアがビジネスを開始して初めて設立した石油会社アルブスト・エネルギー（Arbusto Energy）の共同経営者で、1977年の設立時に600万円を出資しました。（Washington Post, 07/30/99, LA Times, 01/11/04）

両家の密接な関係が影響しているためか、米国政府はビン・ラディン家を特別に扱っていました。

1996年、オサマ逮捕プロジェクトの存在を知った当時の司法省長官ジャネット・リノがプロジェクト中止を命じました。（ABC, 05/21/02）

クリントン政権によるこの中止命令は、世紀の捏造犯罪プロジェクトの一環だと思います。事件前にオサマが捕縛されたりしたら計画が台無しです。

ブッシュ・ジュニアは就任直後の2001年1月、FBIと諜報関係者に、ビン・ラディン家とサウジ王家に関する調査から手を引けと命じました。その命令はFBI捜査官を怒らせたと英国BBCが報じました。（BBC, 11/06/01）

ブッシュ・ジュニア政権の司法長官ジョン・アシュクロフトは2001年5月9日の議会で「テロリスト調査は優先事項ではない」と語り、それを聞いた司法省テロリスト部門トップがあまりにも驚いて、椅子から落ちそうになったと報道されました。

翌日10日、アシュクロフトは7つの優先事項からテロリスト捜査を外した司法省新方針を官僚に送りました。(NY Times, 2/28/02)

ブッシュ・ジュニア政権が同時多発テロ発生当日、ビン・ラディン家とサウジ王家に手厚い保護を施したことを、NYタイムズが9月30日に報じました。

「ビン・ラディンの家族やその他の重要なサウジアラビア人たちがFBIの庇護《ひご》のもと、車や飛行機を使ってテキサス州の秘密の集合地点に集まった。そこからワシントンに飛行機で集結し、13日に全米の空港の封鎖が解かれた時点で、自家用機でアメリカ国外へ出た」というのです。

この記事に付け加えると、テキサスからワシントンへの飛行機による移動は、事件当日午前9時半に連邦航空管理局が発令した全米の空港封鎖中に行われました。13日の空港の封鎖解除は民間定期便だけで、自家用機が飛行解除になったのは翌14日のことでした。自家用機での彼らのアメリカ脱出は米軍戦闘機の護衛つきだったことが目撃されています。

自家用機の飛行禁止中の9月13日、サウジアラビアのスルタン王子の息子とサウジアラビア軍司令官の息子の2人は、リアジェット社の双発ビジネスジェット機でフロリダ州タンパからケンタッキー州レキシントンに飛び、その後、プライベートのボーイング747で国外に出ま

した。（Tampa Tribune, 10/05/01）

２００5年3月、政府の違法行為に目を光らす非営利組織Judicial Watchが情報公開法に基づいて司法省から得たドキュメントには、事件後のサウジアラビア関係の人間の動きが記録されていました。

●ロサンゼルスとオーランドのサウジアラビアの2家族は、地元の空港に行くのにＦＢＩの護衛を要求して認められた。

●２００1年9月14日、数人の著名なサウジアラビア人が、ロードアイランド州プロビデンスからチャーター便で国外に出た。

●王室のメンバーを含む著名なサウジアラビア人は、ラスベガスからのチャーター便で9月19日から24日の間に国外に出た。

事件発生後、ビン・ラディン家の人間のみならずサウジ王家の人間達も合わせて、総計１６０人がアメリカ政府の特別の計らいで国外脱出していたのです。

ブッシュ・ジュニア政権が助けたのは家族だけではありません。

米軍は事件から2週間後に侵攻したアフガニスタンのトラボラ山中にオサマを追い込んでいたのです。ところが米国政府上層部の指示でわざと捕まえなかったことが議会上院報告書に書かれています。

上院報告書は「存在する資料の検証と公表された政府の秘密文書の内容やこの報告書の背後にある中央軍関係者の証言は、なんとなく残る疑いを払拭して、ビン・ラディンはトラボラ山において我々の手中にいたことは疑いなく明白である」と結論付けています。

ビン・ラディン捕獲停止と逃亡防止作戦却下の決定は、アフガンとイラク侵攻を行ったアメリカ中央軍司令官トミー・フランクスと国防長官ドナルド・ラムズフェルドの2人によって出されたと、報告書に書かれています。

米軍上層部がオサマ殺害を命令することは絶対有りえません。

なぜかというと、冷戦終了後10年にしてようやく国際的テロ組織という強敵が現れたことで防衛費増強を図ることが出来ました。その矢先に、大事なリーダーを殺してしまうようなバカな真似を軍産複合体の利益を代表するペンタゴン首脳陣がするはずがないからです。

2011年5月に海軍秘密部隊シールズがオサマをパキスタンで殺害したと報道されましたが、これにはやむにやまれぬ事情があったのです。この時シールズは、オサマを捕獲するな、必ず射殺しろと命じられたのは確実です。なぜなら捕獲して裁判になれば、審理過程で世紀の犯罪の真相が大衆の面前に披露されることになるのは確実だからです。オサマ殺害後すぐに別のテロ組織「イスラム国」を都合よくデビューさせましたから、国防費削減の話には至りませんでした。

このオサマ殺害作戦には大きな裏があります。ご興味のあるお方は拙著『トランプとQアノンとディープステイト』（ヒカルランド）をご参照ください。

米国医療チームがオサマの腎臓透析を担う

オサマは体が弱かったことはたびたび報道されましたが、アメリカ政府は彼の治療場所と治療内容を把握していたことが明らかになっています。

腎臓に障害を抱えていたオサマは、２００１年７月１日、アラブ首長国連邦の首都ドバイで地元のアメリカン病院に入院しました。その時地元名士やサウジ政府使者にまじってＣＩＡ地区局長が見舞いに行きました。この局長は7月15日にラングレーのＣＩＡ本部に戻ったことを、フランスの『ル・フィガロ』とイギリスの『ガーディアン』紙が他の見舞客の名前とともに報じました。（Le Figaro, 10/31/01、Guardian, 11/01/01）

もっと衝撃的なのは、２００２年１月28日のＣＢＳ報道です。

それによれば、事件前日の9月10日オサマはパキスタンにいて、腎臓透析を受けるためにラワルピンジーの病院に入院していたというのです。

ものものしい装備のパキスタン軍が病院を警備するなかで、彼の腎臓透析を手がけたのはその病院の医師たちではなくて、特別に派遣された米国医療チームだったことが病院職員の証言によって明らかになっています。一般的に血液透析は1回4〜5時間、週3回行います。事件当日、オサマは米国医療チームの保護下にあったのではないでしょうか。

ドバイのアメリカン病院にオサマを入院させたり、彼の腎臓透析のために医療チームをパキスタンに送ったりしていますから、少なくても本番の2か月前から米政府は彼の健康を管理していたと思われます。本番前に死なれたらそれまでの苦労が水の泡ですから。

ハイジャック犯19人のうち11人がＦＢＩのでっち上げ！

米政府が流すオサマ関連情報のほとんどはフェイクで、彼の部下とされたハイジャック犯19人のうち11人はＦＢＩの完全なでっち上げです。

当日、政府の諜報部門と会談した米国上院議員たちと政府高官が「事件にはオサマ・ビン・ラディンが関係していて、これからテロリスト狩りが始まる」と発言したと報道されました。(ABC, 9/11/01、The Post, 9/11/01)

それを聞いて翌12日にアルカイダが、事件に関係していることを否定した声明を発表しました。（TCM Breaking News, 09/12/01)

その翌日13日、ＦＢＩはハイジャックされたとされる４機、ＷＴＣ１号棟に激突したアメリカン航空（略称ＡＡ）11便、ＷＴＣ２号棟に激突したユナイテッド航空（略称ＵＡ）１７５便、ペンタゴンに激突したとされたＡＡ77便、墜落したとされたＵＡ93便の全乗客の名前を公表しました。しかしその乗客リストにアラブ系の名前は全く存在しませんでした。（Guardian, 09/13/01）

その翌日14日、ＦＢＩがアラブ人ハイジャック犯19人の実名とそれぞれがハイジャックした飛行機の便名を発表しました。（FBI, 09/14/01）

政府発表の４機の座席表には、乗客リストには存在しなかったアラブ人19人の名前が、それぞれが座ったとされる座席に記されていました。

９月20日、サウジアラビア政府は６人の生存を確認してその氏名を公表しました。

このサウジアラビア政府の公表内容はアメリカ政府の主張を根底からひっくり返すことになる可能性を秘めていましたが、これを報じたのは、広いアメリカの数あるマスコミの中でＬＡタイムズ１社だけでした。

ＦＢＩのハイジャック犯リストにあがった19人の一人で、サウジアラビア政府が公表した生存者の一人マーワン・アル・シェヒ（Marwan Al-Shehhi）がアメリカ政府当局者の訪問を受けました。シェヒによると、その人は誤解が生じたことを彼に陳謝したそうです。（BBC,

9/22・23/01)

サウジ政府はテロにサウジアラビアが関係しているように思われたくないので6人の生存を発表したと思いますが、NYタイムズもワシントンポストも報じていませんから、米国人の大半はこの事実を知りません。

それをいいことにFBIはLAタイムズ記事の6日後「はっきりした事はまだ調査中である」と断りながらも、生存している6人を含んだ19人全員の顔写真を公開しました。(FBI, 9/27/01)

名前だけの発表の時は同姓同名の他人の可能性がありましたが、顔写真まで公表されましたから人違いはありえません。米国はサウジ政府に容疑者の逮捕、引き渡しを要求できるはずです。しかし、そういう要求もせず、リスト変更もせずに20年後の現在に至っています。

FBI発表の犯人19人の中で、米国滞在が確認されたのは8人だけです。残り11人の中には一度もアメリカの土を踏んだこともないという人も含まれていました。FBIがどこからこの11人の名前と顔写真を手に入れたかわかりませんが、彼らはテロにまったく関係していなかったと思います。

NYタイムズによると、8人のなかの5人はパキスタン情報機関ISIの人間から、総額で35万ドル(4200万円)の送金を受けて、アメリカ国内で飛行学校へ通っていたことが確認されました。この5人が通っていた飛行学校の教官によると、彼らは本気で操縦を習得しようという意思はなく、現実にセスナ機さえも操縦できる技術はもっていなかったようです。

この8人がアメリカに来てからの行動は、アラブ人による飛行機を使ったテロという大前提を一般大衆に信じ込ませるための伏線を敷くためです。飛行学校へは通っているだけでよく、操縦などできなくてもよかったのです。

この8人はアメリカ国内で米軍と関連があったと報道されました。8人のうちの5人は1990年代に、部外者立ち入り禁止の米軍基地内で訓練を受けていました。(MSNBC, 9/15/01)

8人のなかの3人の運転免許証に書いてある彼らの住所は、フロリダ州ペンサコラという町にある海軍基地の中になっていましたが、これは彼らが基地内部に住んでいたか、もしくは基地の誰かが彼らの郵便物を受け取る手はずになっていたことを意味します。

AA77便のハイジャック犯とされたアラブ人5人が攻撃1週間前から住んでいたのは、アメリカ国家安全保障局（NSA）本部正門のすぐ横にあるヴァレンシアという名のモーテルで、9月11日の朝はそこからワシントン郊外のダレス空港へ向かいました。(BBC, 9/08/02)

8人のうち5人はサウジアラビア人で、他にエジプト、レバノン、アラブ首長国連邦出身が1名ずつという構成で、全員がイスラム教原理主義者で教えを固く守っていると発表されました。ところが8人はテロを起こす直前の9月の初め頃、非常に乱れた日々を送っていました。

9月5日には2～3人でフロリダ沖のカジノボートでギャンブルをやり（USA Today, 09/27/01）、7日にはフロリダのバーで飲みすぎて酔いつぶれた者がいたり（USA Today, 09/25/01）、9日には高級娼婦を買った者がいたり（Boston Herald, 10/10/01）と、かなり現世の楽しみを追求していた様子です。

イスラム教では現世での肉体的快楽を厳しくいましめていますから、この5人はイスラム原理主義者という政府の発表は間違っています。

テロ決行の直前になると彼らの遊びが激しさを増しました。

4人がボストン市内で娼婦を求めて徘徊しているのが観察され（Boston Globe, 10/10/01）、別の者はフロリダのストリップバーで大酒を飲み大枚をばらまき（Orlando Sentinel, 09/14/01）、一人はホテルでポルノ映画を見ていた（W S Journal, 10/16/01）事が報道されました。

彼らの事件直前の日々は、イスラム教のモスクに行くよりもバーやストリップクラブに行くほうが多い生活で、これは彼らの存在を誇示することになりました。この似非《えせ》イスラム教徒8人は大金を渡されて「好きなだけ遊んでいいぞ」と言われて遊んでいたと思いますが、自分たちがどういう事に巻き込まれているか知らなかったのではないでしょうか。

恐らく、本番終了後すぐに始末されたと思います。

Chapter ②

作戦実行チームによる周到な準備の様相

ツインタワーに施された策意

同時多発テロは本番の数年前から周到な準備が行われました。

●1993年、WTCの地下駐車場爆破。

このときの爆破事件捜査で判明した興味ある事実を2つ紹介します。

一つはFBI覆面捜査官エマド・セーラム（Emad Salem）の証言です。セーラムは元エジプト軍将校で、FBI作成のWTC爆破プランをアラブ人にもちかけた張本人です。彼はFBI連絡員との電話での会話を録音して、数百時間に及ぶ記録を残していて、自分から名乗り出ました。

「FBIは攻撃のことを前もって把握していて、爆発物を害のない粉にすり替えて妨害するとセーラムに言った。しかし、ＦＢＩの主任がその計画を取りやめて、爆発は起きてしまった」(NY Times, 10/28/93)

セーラムは尻込みするアラブ人たちに本物の火薬は使わないからと安心させたのですが、ＦＢＩ主任が約束を破ったのです。アラブ人だけが悪者にされたことに腹が立って、裁判でなにもかもぶちまける気になったのではないでしょうか。

もう一つは、実行犯の中心で爆薬製造者と言われるラムジ・ユセフ（Ramzi Yousef）が残したメッセージです。

ユセフは両方のタワーを倒して多数の死者を出すことを意図して、爆弾を積んだ車を1号棟地下に停めました。爆発の結果として民間人6人を殺し、９１９人の民間人と、消防士88人、警察官35人を含む１０４２人を負傷させただけで目的には遠く及びませんでした。

「次回は、とても緻密になるだろう」(Associated Press, 9/30/01)

この不気味なメッセージから、この時の爆破はビル地階の強度を知るためだったと推測できます。

この爆破事件の実行犯はアラブ人ですが、背後にはＦＢＩ主任がいました。軍の作戦立案チームは、破壊状況の報告書をもとに爆弾の種類とその設置方法および設置位置を決定したと思います。

9月11日の朝、地下7階まであったツインタワー地下部分が飛行機突入前に完璧に壊されたことは、地階で作業中だったWTC職員が証言しています。

2機目の飛行機突入後1時間ほどして崩れ落ちた110階建ての高層ビル2棟は、床に使われていたコンクリートが粉塵となって周囲に飛び散り、むき出しになった鉄骨だけが積み重なりました。太い鉄骨は程よい長さに切断されて積み重なり、その高さは火薬を使った爆破解体で崩れた47階建て7号棟と同じほどの高さでした。ツインタワー崩壊によって巻き上がったコンクリートの粉塵はマンハッタンダウンタウン一帯に飛散して雪のように降り積もり、翌日のWTC周辺では10センチ近い高さになっていました。

ツインタワー崩壊に使われた爆薬の種類、もしくは崩壊させた方法は20年後の現在もわかっていません。後の⑦章で詳しく取りあげます。

●1993年、選挙コンサルタントと契約。

翌94年のテキサス州知事選挙でブッシュ・ジュニアを勝たせるための準備です。大統領になるには州知事か国会議員（上下両院どちらでも）を経験する必要があります。2016年に政治経験も軍隊経験もないドナルド・トランプが大統領になりましたが、あれは異例中の異例です。

そこでメジャーリーグベースボールのアメリカンリーグ西地区所属のプロ野球チーム、テキサス・レンジャーズの共同オーナーとしてファンとの交流を楽しんで気楽な日々を過ごしていたブッシュ・ジュニアをテキサス州知事にするために、政治コンサルタントとして高い評価を得ていたカール・ローヴ（Karl Rove）を雇い入れました。ローヴは1978年から翌年にかけて争われたテキサス州知事選挙で共和党候補を強力に援護し、その結果1世紀にわたって民主党の牙城であったテキサス州に共和党知事を誕生させたやり手です。

2000年大統領選挙にフロリダ州で使われてブッシュ・ジュニアに勝利をもたらした電子投票システムは、1994年には市場に出ていました。しかしさほど普及していなかったのでこの時のテキサス州知事選には使われなかったと思います。

ブッシュ・ジュニアは40歳までアルコール依存症だったと言われており政治経験も有りませんから、ローヴは大変な思いをしたと思います。アメリカ社会の汚点を鋭い目で批評しているジャーナリストで政治評論家、そして映画監督と多彩な活躍で知られるマイケル・ムーア（Michael Moore）によれば、ブッシュ・ジュニアは小学校4年生ほどの読み書き能力しかないといいます。48歳のそんな男をローヴは、1994年テキサス州知事選で現職民主党知事を破って当選させました。

ローヴはブッシュ・ジュニアが大統領当選後、大統領次席補佐官の肩書きながら副大統領ディック・チェイニーと並んで、「陰の大統領」と呼ばれるほど影響力を持ちましたが、彼の功績を考えれば無理からぬ事と言えます。

9・11準備段階で最も困難なことは、ブッシュ・ジュニアを大統領にすることだったと思います。攻撃テロ遂行は詳細な計画を立てて用意周到に準備して取りかかれば、ほとんど間違いなく成功するでしょう。それに引き換えどれほど詳細な計画を立てようが、移ろいやすい民衆の心をつかんで選挙で勝利するのは至難の技だからです。

ブッシュ・ジュニアがテキサス州知事になったことで先の見通しが立ったのだと思います。1996年から本番に直結する準備が始まりました。

選挙から警備、報道まで大がかりな準備

大がかりな準備は4つありました。

①ラルフ・ネーダーを「アメリカ緑の党」(Green Party of The United States)の大統領候補者に

ブッシュ・ジュニアはテキサス州では知事ですが、全米では無名です。2000年選挙において民主党候補者が誰になるかこの時点では不明ですが、誰であろうと共和党が勝つには民主

党の票を減らせばよいのです。

その為に引っ張り出されたのが社会運動家ラルフ・ネーダーです。彼は大企業の不正を正してきたことで有名になった人で、長年環境問題や民主化問題に携わっていて、１９９２年には民主党の予備選に出ました。

米国大統領選挙に関する日本のマスコミ報道は、民主党と共和党の2党の候補者しか取り上げません。多くの日本人はこの2党で大統領の椅子を取り合いすると思っているはずです。私も渡米するまではそうでしたが、実際は全く違います。最近の例で２０２０年選挙の時、民主・共和2党の他に、リバタリアン党、アメリカ緑の党、社会主義解放党、同盟党、立憲党、バースデイ党の6つの党が、それぞれ正副大統領候補を擁立していたのです。

１９９６年、この年は再選をめざす民主党ビル・クリントンと共和党ボブ・ドールの戦いでした。ネーダーはアメリカ緑の党の大統領候補になりました。ネーダーの支持層は共和党より民主党に多いので、クリントンの票が食われる可能性がありました。ところがこのときネーダーは出馬を表明しただけで選挙運動を全く行いませんでしたから、現職クリントンが順当に勝ちました。

ネーダーは２０００年選挙に再び緑の党から出馬しました。今度は国庫補助がもらえる得票率5％を目指して必死に選挙運動を行いました。結果的には全国レベルで2・7％の得票率を得たのみで補助金は貰えませんでしたが、得票数は264万票もありました。

ブッシュ・ジュニアとゴアがそれぞれ4800万票以上でネーダーの264万票とは大きな差はありますが、民主党支持者票がラルフ・ネーダーに流れたことは専門家の間では公然の事実です。選挙の専門家の中には、ネーダーが出馬していなかったらフロリダに行く前にゴアの勝利が確定していた公算が大きかった、とみる人がいました。勝敗を分けたフロリダ州でのネーダーの得票数は9万7488票で、公式発表の票差は537でした。民主党とゴアにとってネーダーはどれほど恨んでも恨み切れない男だと思います。

次の2004年は現職ブッシュ・ジュニアと民主党ジョン・ケリーの戦いでした。このとき緑の党はネーダーを候補にしませんでした。するとネーダーは無所属で強行立候補しました。前回の二の舞を恐れた民主党がネーダーに出馬を辞退するよう働きかけましたがうまくいかず、ケリー本人も直接彼に会いに行って頼みました。しかしネーダーはにべもなく断りました。ネーダーは100%勝ち目のない選挙に連続3回出馬したのですが、彼がやった事と言えば民主党の票を食っただけです。

最初に出馬表明した1996年に全く選挙活動を行わなかったのは、彼の言によれば、緑の党に名前を貸しただけのようです。しかし実は、勝ち目のない選挙運動など始める気がしなかっただけでなく、おそらく大統領選出馬は誰かに頼まれて渋々承諾したのではないかと思います。それが腹立たしくて、ふてくされていたのではないでしょうか。

②WTC警備会社が新型警備システムの設置開始

事件当時のWTC警備はセキュアコム（SecuraCom）という会社が請け負っていました。事件後はストラテセック（Stratesec）に名前が変わりましたが、当時WTCビルの他に、ペンタゴンに突っ込んだとされるアメリカン航空77便が離陸したワシントンのダレス国際空港の警備と、ユナイテッド航空とロスアラモス国立研究所の警備も請け負っていました。

大手マスコミはまったくこの警備会社に関する報道をおこなっていませんが、この会社は1996年から2000年にかけて、830万ドル（9億9千6百万円）の費用でWTC全体に新しい警備システムを設置しました。この警備システム設置にかこつけて、3号棟（マリオットホテル）を除くWTC全体に爆薬が仕掛けられた可能性が高いと思います。

110階の超高層ビル2棟を10秒足らずで完全に崩壊させてしまった爆薬設置と、47階立て7号棟の破壊に使われた爆薬設置作業は一朝一夕で出来るはずがなく、警備会社の協力がなかったら不可能です。

7号棟の火災警報機が、9月11日の朝6時47分に8時間のテストモードに切り替えられていた事が報じられましたが、警備会社は火災警報機にアクセスできます。

当日の朝、タワー屋上に出る全てのドアが閉まっていたのは警備会社の仕業と思います。1993年の地下駐車場爆破のとき、ヘリコプターのパイロットはタワー屋上から28人救出しました。あの日、飛行機激突地点から上の階の人たちは屋上に逃げればタワーの周囲を飛んでいたヘリによって救助された可能性があったのです。しかし、ビル内部を見た人に話されたら困ることがあったのでしょう。屋上に姿を見せた人は一人もいませんでした。

警備会社が明らかに関与している奇妙な数々の出来事が、事件の数週間前からビル内で起きていた、とWTCで勤務していた人たちが語っています。

そのうちの一人37歳のWTC1号棟警備員ダリア・コアード（Daria Coard）の話です。

「WTC管理室は、空中からの攻撃に対処するために22階にあったコンピューター指令センターの窓を防弾ガラスにし、耐火ドアを設置した。ところが配置されていた爆弾探知犬が9月6日に取り除かれてしまった」（Newsday, 09/12/01）

42歳の金融アナリスト、ベン・ファウンテンは明確に警備会社の関連を指摘しています。

「この建物が狙われていたのを警備会社は分かっていたんだ。この数週間の間に避難訓練と称して何度も僕らが外に出されたのは異常なことだ。何かが起きることを彼らは気づいていたと思う」（People, 09/12/01）

この警備会社の1993年から2000年までの会長を務めたのは、驚くなかれブッシュ・

ジュニア大統領の一番下の弟マービンです。１９９９年から２００２年までの実行責任社長は、ワート・Ｄ・ウオーカー３世（Wirt D. Walker, III）といってブッシュ・ジュニアの従兄弟です。

③ＮＹ市緊急対策本部の設置

１９９４年にＮＹ市長になったルドルフ・ジュリアーニは、１９９６年にＷＴＣ７号棟23階に緊急事態対策本部を設置しました。ジュリアーニが設置を発表したとき人々は戦争でも始まるのかと揶揄したほど大げさに造られました。たった一つのフロアに１５００万ドル（18億円）の費用をかけて、防弾・爆弾対応になった窓ガラス、独自の新鮮な空気と水の供給設備と自家発電装置を備え、強風にも耐えられる構造になっていました。

それ以来８～12週間毎に、生物テロや爆弾テロの机上もしくは野外演習を行いました。事件４か月前の５月11日には緊急事態対策本部で、急進的活動家が市内に腺ペストを撒《ま》き散らしたという想定で「レデックス（REDex）」と名付けた机上演習を実施しました。

この対策本部設置は本番の準備だったと断言できます。

断言する理由は２つあります。

一つ目は、７号棟はＷＴＣ全体がよく見渡せる位置にあったことです。残りのビル６つがある地域から通り一つ離れて立っているので、事件当日はツインタワーから落下する鉄骨による被害は全くありませんでした。

二つ目は、事件当日のジュリアーニの行動です。緊急事態発生に備えて造ったはずの対策本部に1歩も足を踏み入れなかったのです。7号棟に行こうという素振りさえみせませんでした。

この2点に鑑《かんが》みれば出てくる結論はただ一つ、ジュリアーニが7号棟に対策本部を造ったのは、本番の時に実行犯たちの指令室として使わせるためです。

夕方まで何の被害もなく無事だった7号棟が、夕方5時20分過ぎに突然商業的な爆破解体による崩壊の仕方そのままで潰れたのは、指令室の役目が終わったので爆破されたからでしょう。

④フォックスニュース社設立

CNN、ABC、NBC、CBSの4大ニュースチャンネルは長い年月をかけて信用を築いてきました。ところがフォックスニュースは1996年の設立と同時にその一角に食い込み、4年後、ブッシュ・ジュニアのホワイトハウス入りを実現させた陰の功労者になりました。

ブッシュとゴアの勝敗を決めたフロリダ州において、投票の中間報告も投票締め切り直後も、5大ニュース局すべてがゴア有利と伝えていました。ところが深夜2時頃、5大ニュースチャンネルで最初にフォックスニュースがブッシュ勝利を叫びました。それに続いて他のニュース局もブッシュ勝利を言い出して結局そのまま落ち着きました。

メディア王として知られるルパート・マードック（Rupert Murdoch）が1986年に設立したフォックステレビは、ABC、CBS、NBCの3大ネットワークと比べれば歴史は浅いですが、「Xファイル」や「Twenty Four」などの人気番組で視聴者を獲得して4大チャンネルの一つになりました。

フォックスニュースを設立したマードックがフォックスニュース社長にしたのはロジャー・アイレスという人物でした。アイレスは長年放送畑を歩いた人物ですが、ニクソンから始まってレーガン、パパ・ブッシュ、ジュリアーニと共和党の選挙参謀として働いて彼らの当選に大きく貢献してきました。アイレスが2000年選挙時のこの局の選挙速報責任者に任命したジョン・エリス（John Ellis）は、誰あろうブッシュ・ジュニアの従兄弟です。

1996年の新ニュース報道局設立とこの2人の配置は、何が何でもブッシュ・ジュニアを当選させるためにルパート・マードックを動かしたディープステイトの固い決意の現れだと思います。

Chapter ③

アフガン侵攻とタリバンを巡るグランド・チェスボード（地政戦略）

目標は石油と麻薬だ！

1997年、アメリカの外交基本方針を書いた『グランド・チェスボード』（邦題『ブレジンスキーの世界はこう動く――21世紀の地政戦略ゲーム』）が出版されました。

書いたのはカーター政権時の外交問題特別補佐官ズビグネフ・ブレジンスキーです。彼はネオコンとは相容れない仲なのでネオコンから頼まれても書かないはずです。この本を彼に書かせたのは、彼を長年右腕として使っていたデービッド・ロックフェラーしかいません。

同時多発テロ大作戦遂行には、多くの軍人と共にFBIやCIAの一般政府職員を巻き込む必要がありました。事件後罪悪感にとらわれた彼らに内部告発されたらこまるので、自分は国家の為に働いたんだと自分の行いを正当化できるように大義名分を作る必要がありました。

この本には、アメリカが超大国として残るためにはイラクのサダム・フセインを排除して石油確保と、世界第2の石油埋蔵量を誇るカスピ海周辺征圧が不可欠と書かれていました。あくまでも米国の利益優先で書かれましたから、イスラエルの安全確保のために軍事大国イラクとイランを倒すべきとは書いてありませんが、石油確保を第一義にして、イラクとイランを含む中東への侵略の必要性を正当化しています。

ただここにはアフガン侵攻の必要性は書かれていないことからしてタリバンの出方次第でアフガン侵攻はなかったはずです。事実アフガン侵攻が決定されたと報道されたのは、事件2か月前の2001年7月のことでした。

少し長くなりますが、タリバンの出方次第では起きていなかったはずのアフガン侵攻に至るまでの経緯を紹介します。

『グランド・チェスボード』が制圧不可欠と説くカスピ海周辺は中東に次いで石油埋蔵量の多い地域ですが、石油と天然ガスを運び出すインフラが整備されていなくて宝の持ち腐れ状態が続いていました。

色々な運送方法が考慮された結果、石油タンカーが頻繁に行き来するインド洋までパイプラインを敷いて運び出すのが最良との結論が出ました。そこでアメリカ政府は、カスピ海沿岸の国トルクメニスタンからアフガニスタンを経て、パキスタンのインド洋に出るパイプラインを引こうとしました。

◉1996年8月13日、ユノカルとサウジアラビアデルタ石油が、トルクメニスタンを基点にしてアフガニスタンを通過してパキスタン国内のインド洋岸に伸びる天然ガス用パイプライン建設のための共同企業体（Central Asia Gas Pipeilne, Ltd）を設立しました。（ユノカル 8/13/96）

ユノカルは1890年に設立された、カリフォルニア州エル・セグンド市に本社を構える石油会社です。

◉1997年、共同企業体設立を受けてユノカルはテキサス州に3国の政府関係者を招いて協議を開始しました。（BBC, 12/04/97）

他の2国はすぐ建設に同意したのですが、アフガンのタリバン政権だけが同意書にサインしませんでした。

◉1998年2月12日、米国議会聴聞会でユノカル代表者が、国際的に認知された安定政権がアフガニスタンに存在しないかぎり、アメリカに大変な経済的貢献をもたらすガスパイプラインの設置は不可能と証言しました。そして彼はアメリカ政府がその影響力を駆使して、緊急にこの地域に存在する問題を解決するように言いました。（米国議会証言録）

しかしアメリカはすぐにタリバン排除を決意しなかったので、ユノカルはしびれを切らして撤退表明しました。アメリカ政府が具体的に動き始めたのはクリントン政権が終わる2年前で、排除どころか機嫌取りを行いました。

◉1999年、タリバン政権が安定政権になってくれることを希望して、米国がタリバン政府全職員の1年間の給料を支払いました。（SFGate, 11/02/01）

アメリカ政府はタリバン政権を取り込もうという努力をしていますから、この時点では侵攻する計画はなかったはずです。

この贈賄は民主党クリントン政権下での出来事なのですが、同じことが2001年、共和党ブッシュ・ジュニア政権になっても起きました。

◉2001年5月、米国はアフガニスタンに51・6億円を与えました。これで2年連続して、米国はアフガニスタンへの最大の寄付国家になりました。（CNN, 05/17/01）

これは共和党も民主党も重要なことでは同じ政策の下で動いているということの一つの例です。

アメリカは出来ることならアフガンに時間を取られずにさっさとイラクに取りかかりたかったのではないかと思います。ところが米国政府の努力もむなしくタリバンが最後までパイプライン敷設に同意しませんでした。

◉2001年7月、オサマ・ビン・ラディンを攻撃するために、米国は10月までにアフガニス

タン侵攻を計画しました。(BBC, 09/18/01)

これはパキスタンの元外務大臣ニアズ・ナイクがアメリカの高官から聞いた話を事件後にBBCに語ったことですが、米国のアフガン侵攻の口実に使われたのが同時多発テロです。

◉2001年9月4日、ホワイトハウスがアフガニスタン侵攻計画を許可しました。(USA Today, 03/23/04)

アフガン侵略決定後、ホワイトハウスはパイプライン建設を確実にするためにアフガニスタン北部同盟リーダー、アフマド・シャー・マスード将軍を暗殺したと思われます。

アメリカは北部同盟をたきつけてタリバン政権打倒に参加させました。タリバン政権打倒後のアフガニスタン政府トップには絶大な人気があったマスード将軍になる可能性が大でした。マスード将軍はパイプライン建設を認めない方針だという情報を、早々とアメリカは摑《つか》んだのではないでしょうか。

同時多発テロ3日前の2001年9月9日、記者を装って近づいた2人のアラブ人がマスード将軍を暗殺しました。

アメリカ主導の新政権が発足したのは12月22日のことでした。その閣僚29名のうち北部同盟が19ポスト、元国王支持派が8ポスト、ペシャワル派が2ポストで構成されました。

アメリカが新政府トップに据えたのはパシュトゥーン人ハーミド・カルザイでした。彼はユノカルの顧問でしたから、パイプライン建設を認めることは確実です。パシュトゥーン人はアフガニスタン内で最大人口を持つイラン系民族で、アフガニスタン人口の45％とパキスタン人口の11％を占めます。

◉アフガンを含む3か国が最終的にパイプライン敷設同意書にサインしたのは暫定《ざんてい》政権発足から1年後の2002年12月27日で、場所はトルクメニスタンの首都アシガバートにおいてでした。（BBC, 12/27/02、SF Gate, 12/26/02）

アメリカがアフガン侵略を急いだのは、タリバンがパイプライン建設に同意しなかったことの他にもう一つあります。CIAが安定した麻薬の供給場所を必要としていたのです。

一時活気があった東南アジアのゴールデントライアングルも南米の麻薬シンジケートも静かになって、アフガンは世界中に流通する麻薬の75％を供給していました。ところが2000年7月、タリバンはアフガン国内の麻薬栽培を禁止したのです。（BBC, 10/19/00）

アフガン農民の最も大きな現金獲得手段だった芥子《けし》栽培をタリバンがいきなり禁止するに至った理由はわかりません。この時の禁止令で、アフガンの芥子畑の90％が無くなったと言われています。

2001年、カルザイ政権誕生後、麻薬栽培が急激に増大しました。

2005年3月5日、『USA Today』紙は「新政権になって3年もたつのに、アフガンは麻薬栽培を抑えることができない。アフガンは麻薬王国になりつつある。2005年の栽培面積は51万エーカーにも及び、これは2003年の栽培面積の3倍になっている」と報じました。

麻薬栽培にCIAが関係して、CIAが扱う麻薬からの収入は年間にして少なく見積もって60兆円から72兆円の現金が入るようです。金融業界から多数の人間が高官としてCIAに雇われていくのはこの巨額の現金に関係しているからのようです。

2011年6月、共同通信がロンドンから、国連薬物犯罪事務所が発表した2011年度版『世界薬物報告』で、ミャンマーの芥子作付面積が2006年と比べて77%の増加をみたことが明らかになった、と伝えました。（産経新聞 6/24/11）

2012年にはアフガンからの米軍撤退が予定されていたので、CIAは次の麻薬供給地の獲得に動き始めていたのかもしれません。民主化協力を米国に求めたアウンサンスーチーを助ける名目で、CIAは現地に入り込んでいたのではないでしょうか。

2020年になってもミャンマーでは芥子栽培は盛んに行われているようです。タイ王国チェンマイ県で発行されている月刊英字新聞『エーヤワディー・ニュース・マガジン』（The Irrawaddy）が報じています。（＊3）

トランプ前政権は2020年2月にタリバンと交わした和平合意で2021年4月末に駐留

米軍の完全撤退を約束しました。２０２１年3月末の状況では撤収延期は避けられないようですが、４月半ばにバイデン新政権は「９月11日までには完全撤退を完了する」と発表しました。当分の間ＣＩＡはミャンマーを手放す訳にはいかないようです。

泥棒集団ネオコンの関与——21世紀の真珠湾攻撃

話をブレジンスキーの著書に戻します。

彼が著した外交政策の基本的枠組みの中で、ネオコンが2度に渡って政策を発表し、その中でイラクへの武力侵攻をくり返し強調しました。

ネオコンというのは、ネオ（新しい）コンサーバティブ（保守派）の略称です。日本語では「新保守主義者」と訳されていますが、従来の保守的な考えとはかなり違う考えを持った人達です。元々は戦前に左翼運動に傾倒していた集団で、ニューヨーク市立大学シティカレッジ（ＣＣＮＹ）にかよっていた優秀なユダヤ人を中心に形成されました。第２次大戦後その系統の人達が左翼から離れて一種の保守主義に転向したので、ネオコンと呼ばれるようになりました。

しかし長い間その思想はさげすまれ、アメリカ外交政策に影響力のある人たちはネオコンを軽視していました。それが1991年のソ連崩壊を契機として、共産主義崩壊に関する彼らの考えが正しかったことが証明されるにおよんで、ネオコンはアメリカ政界で不動の地位を築きはじめました。

●1998年1月、ネオコン中心のシンクタンク「アメリカ新世紀プロジェクト」(Project for the New American Century 略称PNAC)に属する18人の頭脳集団が、クリントン大統領に書簡を送りました。

そこには、安定した大規模な石油供給とイスラエルの安全という事に関してサダム・フセインが脅威になっているので、軍隊を使って排除すべきであると書かれていました。そして国連安全保障理事会は全会一致というルールで見当ちがいの決まりを押しつけてくるために、アメリカの自由な外交政策展開の障害になっているので無視するようにと、進言しました。

この書簡に署名した18人のうち10人が、2001年にスタートしたブッシュ・ジュニア政権の責任ある地位に就きました。

PNACの代表的人物としてはジェブ・ブッシュ(事件当時フロリダ州知事、ブッシュの弟)、ディック・チェイニー(事件当時は副大統領)、ドナルド・ラムズフェルド(事件当時は国防長官)、ポール・ウォルフォビィッツ(事件当時は国防次官、後に世界銀行総裁)、ルイス・リビー（Lewis Libby）はチェイニーの首席補佐官、エリオット・エイブラムス（Elliott Abrams）は国家安全保障会議で中東政策担当、ジョン・ボルトン（John Bolton）は国務次官、リチャード・パール（Richard Pearl）は国防総省の国防政策諮問委員会議長でした。

彼らの基本的な考えの中に、国際法や国際機関は当てにならないとか、アメリカの覇権主義を進める、といった独断的な考えがあります。国連決議を無視し続けるイスラエルを援護する政策をとっているのは、ネオコンのもともとの中心がユダヤ人であり今もほとんどのメンバーがユダヤ人だからです。中には米国とイスラエルとのダブル国籍を持つ者もいますから無理からぬことです。

この思想がイラク戦争を始める時の国連無視につながりました。そしてテロ国家だと自分たちで勝手に認定した時はアメリカ軍を送ってその国をつぶす、という無茶苦茶な事をブッシュ・ジュニアが世界中に向かって宣言する前時代的政策になって出てきました。

2期目に入ったブッシュ政権の最後の年において初期の10人で残っているのは副大統領ディック・チェイニーだけになりました。これはブッシュが彼らの極右的な方針を嫌ったからとされていますが、本当の理由は、9・11が成功裏に終了して政権内に留まる理由がないので去ったのではないかと思います。

石油が欲しいからイラクに侵攻するというネオコンの考えは、お金が欲しいから他人の家に押し入ってお金をうばう泥棒の考えに等しいと思います。

この泥棒思想を持つ危険集団がテロのちょうど1年前2000年9月、『アメリカの国防(を見直す)』と題した政策論文を発表しました。その中で「アメリカが超大国の地位を維持していくためには軍の増強が不可欠であるが、それを国民に納得させるには大変長い期間がかかるだろう、ただし〝悲劇的ないわば新しい真珠湾攻撃のような大惨事〟があれば別だが……」と書きました。

同時多発テロはまさしく〝21世紀の真珠湾攻撃〟でした。

第2次世界大戦勃発当時の大統領ルーズベルトはアメリカをなんとしてでも戦争に参加させたかったので、日本への石油ルートを断ち切って日本を追い込みました。真珠湾攻撃の日を知っていたのにそれをひた隠しにして、軍人と一般市民2400人余りを見殺しにしました。

9・11テロも基本的には同じですが、攻撃を自作自演していますから手口は数段悪質です。米国政府は、自国民のみならず世界80か国に及ぶ一般市民約3000人を、アメリカとイスラエルの利益の為に焼き殺したと言っても過言ではありません。

しかしその残虐行為を正当化する布石が打たれたことで、まっとうな神経を持つ政府職員までが自国民を犠牲にする罪悪感を減らしました。そのうえブッシュたちは政府職員のみならず消防隊員や警察官や民間航空会社の社員にまで、逮捕や解雇を前面に出した厳しい緘口令《かんこうれい》を敷きました。９・11事件遂行に直接かかわった人からの内部告発が20年後の今も出てこないのは、このような万全を期した対策が施してあるからです。

事件には数多くの連邦政府職員が関わりましたが、大部分の職員は関係していません。事件には関わっていないが米国政府の犯罪に気付いた政府職員がいます。その人たちの中に、それとなく真実を知らせてくれた職員がいるので後の⑪章で紹介します。

●１９９８年、時の国防長官ウィリアム・コーエン（William Cohen）の提唱で、ハート・ラッドマン委員会（「正式には21世紀の国家安全保障委員会」）が設立されました。

この委員会が２００１年１月31日に発表した『国家安全保障のためのロードマップ：変化のための命令』と呼ばれる報告書は、連邦緊急事態管理局（ＦＥＭＡ）、沿岸警備隊、税関サービス、国境警備隊を含む様々な米国政府機関を統合する新しい独立機関「国家国土安全保障局」の設立を求めました。

ハート・ラッドマン委員会は、上院議員ゲイリー・ハート（Gary Hart）と大統領情報諮問委員会議長ウォレン・ラッドマン（Waren Rudman）を共同議長とし、14人のメンバーのうち９人が外交問題評議会（ＣＦＲ）会員でした。

ＣＦＲの名簿には長年にわたり、アレン・ダレス以来のほぼすべてのＣＩＡ長官がいます。

事件当時は、ディック・チェイニー、コリン・パウエル、ドナルド・ラムズフェルド、ジョージ・テネット、ポール・ウォルフォビィッツなど、第1期ブッシュ政権を支配したネオコンのほとんどが含まれています。

２００２年11月25日にブッシュが署名した４８４ページの法律は、20以上の既存の連邦機関を単一の国土安全保障省に統合しました。これはトルーマン大統領が１９４７年に国防総省を創設して以来の大規模改編でした。

その目的は、政府機関間の情報障壁を取り除き、米国愛国者法によって可能になった前例のない監視データの洪水を一元化することによって、新たなテロの脅威を検出し、排除することでした。

この時の大改革は９・11をきっかけに実行されたことになっていますが、２年前から準備が進んでいた動きなのです。作戦シナリオに書かれていたのではないかと思います。ネオコンのシンクタンク「アメリカ新世紀プロジェクト」もハート・ラッドマン委員会も、背後にいるのはＣＦＲです。ＣＦＲを手足の如く使って、ディープステイトは新世界秩序に向けて一歩一歩着実に歩んでいます。

レイセオン社のボーイング機遠隔コントロール装置

同時多発テロ成功に大きく貢献した装置があります。飛行機を地上からコントロールする特殊GPS装置です。

ハイジャック機対策と称してNASAと連邦航空局は、1984年以来合同研究を重ねてきました。その中心になったのはカリフォルニア州エドワーズ空軍基地内にあるNASA所属ドライデン飛行研究センターで、無人飛行機を地上からコントロールする技術開発が進められました。1994年、カリフォルニア州セントラルバレーのクロウズランディングにあるNASAの施設で、ボーイング737の110回の着陸に成功したことでこの装置は一応の完成をみました。

この特殊GPS装置を引き継いだのは、パトリオットミサイルやトマホークミサイルのメーカーとして知られるレイセオン社です。レイセオンは無人飛行機ではなく、操縦士が動かしている飛行機を地上からコントロールする装置に取り組んで完成させて、空軍と共同で予行演習を行いました。

この装置が有効なのはボーイング社製ジェット機だけで、違うメーカーの飛行機には効果がありません。同時多発テロでハイジャックされた4機とも同じボーイング社製だったのは、空軍の持つ特殊ＧＰＳ装置を使えば離陸から飛行させて着陸まで、地上からコントロールできるからです。

◉２００１年8月25日、世界一のミサイルメーカーレイセオンと空軍が共同で、フェデラルエクスプレス社の無人ボーイング７２７型機をニューメキシコ州ホロマン空軍基地で6回着陸させることに成功した。この空軍所有のＧＰＳ連動システムはハイジャックされた飛行機を地上から操縦して、着陸させせることが出来る。（Der Spiegel, 10/28/01）

次のように、当のレイセオン社内報も報じています。

◉２００１年9月6日、レイセオンと空軍は、視界の悪い場所での正確で信頼できる着陸システムの第一段階を成功裏に終了した。ＪＰＡＬＳと略称される〝精密接近と着陸結合システム〟は衛星を使ったＧＰＳに連動して作動する。ＪＰＡＬＳは空軍と海軍と陸軍と海兵隊が、どのような天候下でも、どのような任務のもとでも、誰にでも使えるようにという国防総省の要望でレイセオン社が開発したものである。ニューメキシコ州ホロマン空軍基地で行われた飛行テストは、地域特有のＧＰＳに基づいてレイセオン社が開発したＪＰＡＬＳが使われた。

(Raytheon, 09/06/01)

ＪＰＡＬＳは、Joint Precision Approach and Landing System の略です。販促用の為なのか、

この装置を説明した同社サイトがあります。（＊4）

ＪＰＡＬＳは国防総省の要望でレイセオンが作ったものです。この時期のテストは直前に迫った本番の再確認だったと考えられます。失敗は許されませんから、念には念をいれたのです。

ちなみにこの軍需企業は、一定期間内に株が値下がりすると予想するプットオプションを、9・11の前の週に購入して大きな利益を上げました。ハイジャックされた4機には総勢5人のレイセオン社従業員がそれぞれ搭乗していました。

ツインタワーに突っ込んだＡＡ11便には42歳のレイセオン社の男性技術者が乗っていました。この人は出発2日前から寝られなくて夜じゅう家の中を歩きまわっていて、奥さんをたびたび夜中に起こしたそうです。

彼は出発の朝家族にメモを残しました。2人の子供の名前と奥さんへの呼びかけから始まって、「僕は君たちに会えなくなるので、とってもつらい。金曜日の夜に会おう。犬に餌《えさ》をやったけど魚にはまだだよ」と書いています。

彼は非常に家族思いだったようです。金曜日の夜云々というのは、家族に心配かけないための一言と思います。奥さんは、何か重圧を感じていて疲れているようだった、と事件後に話しています。家族への思いよりも悪魔の犯罪に加担する方を選ばせてしまったのは、何だったのでしょうか？

Chapter ④ 複合的で超緻密な下準備

本番通りの模擬演習が行われていた⁉

◉１９９７年、本番に似せた模擬演習を開始。

テロの標的としてＷＴＣとペンタゴンが狙われ、また武器として飛行機を使うという筋書きの演習目的は、テロは米国の敵という概念を、犯罪に手を貸すことになる政府関係者（ＣＩＡとＦＥＭＡとＦＢＩ）に植え付けるためです。

北アメリカ航空宇宙防空司令部（ＮＯＲＡＤ）が行った頻繁な模擬演習は、本番のときに演習と勘違いさせることに大いに役立ちました。

◉アメリカ合衆国連邦緊急事態管理庁（ＦＥＭＡ）が１９９７年8月に出版した〝テロ攻撃に対する緊急対応〟と題するトレーニングマニュアルの表紙（図１）には、銃の照準に狙われたツインタワーのイラストが配されていました。

　ＦＥＭＡは、天災や人災に対応する政府機関です。事件前夜の９月10日、ニューヨーク入りして市内のピア92に対策本部を設置しました。このタイミング良いニューヨーク入りの理由は、生物テロに対応するための演習を９月11日と12日に行うためでした。

　ピア92で予定されていた生物テロの野外演習は「トライポッドⅡ（ＴＲＩＰＯＤⅡ）」と名付けられ、ＦＥＭＡだけでなく州の緊急事態管理室の人間も含めて多くの人間が参加することになっていました。事件前日の10日には必要機器と道具類の全てが、ＷＴＣから４マイル（６・４キロ）北北西のハドソン川に突き出た細長い埠頭、ピア92上の演習予定地に設置されました。

　このＦＥＭＡ野外演習が爆弾テロではなく生物テロだった理由は、シナリオを書いた頭脳集団の読みの深さと救助隊に対する気遣いの結果と思います。

　事件３日後、当時のＮＹ州知事ジョージ・パタキが現場に現れ、「雪のようだ」と表現した粉塵は10センチ近い高さで地面に積もっていました。一見すると雪のようで綺麗なこの粉塵の

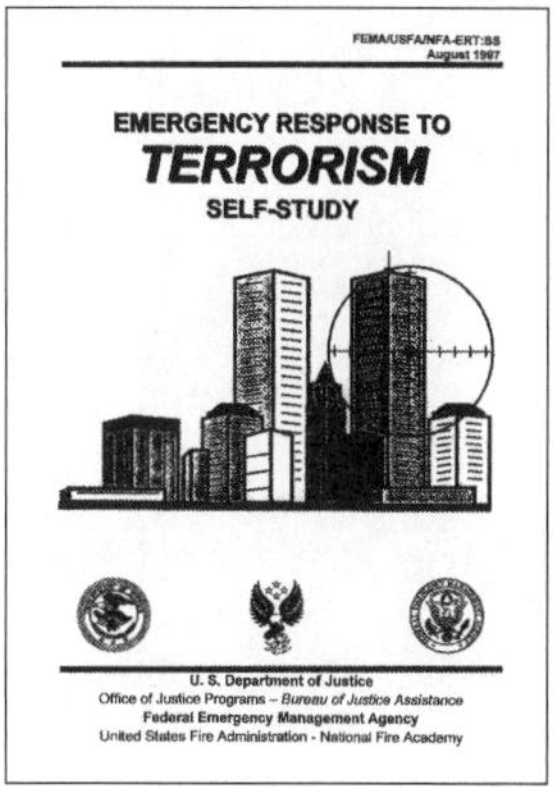

図1

正体は、霧状になったコンクリート、ガラス、金属、水銀、ダイオキシン、ベンジンやアスベスト（石綿）などの、どれをとっても体によくない物質でできていました。

特にダイオキシンは、これまでに記録された致命的なダイオキシンの最高レベル（通常レベルの約1500倍）が含まれ、その他にもこれまでにないレベルの酸、硫黄、微粒子、重金属、その他の危険物も測定されました。

アスベストは許容レベルの27倍が測定され、科学者たちは約400種類の有機アルカン、フタル酸エステル類、多芳香族炭化水素を発見しました。グラウンドゼロは新しい危険物質を作り出し、科学者が「化学工場」と表現する場所となったのです。そのために行方不明者に使われた捜査犬の多くが、事件後まもなく次々に死亡していったことが報道されました。

2006年1月17日のAP通信は、WTCで犠牲者を捜索した3人の男性が7か月以内に死亡したと報じました。同年4月、『NYポスト』紙は、当日現場に駆けつけた人たちのうち6人が脳癌を発症してそのうち3人が死亡したと報じ、6月にはWTCの救助と復旧に携わった労働者283人が癌《がん》と診断されたと報じました。

労働者のための集団訴訟によると、2006年4月の時点で40人以上のグラウンドゼロ労働者が毒物にさらされて死亡し、6月までに死亡者数は57人になったと訴訟の弁護士は主張しました。

２０１１年時点でＮＹ市に登録されていた３１００人の子供の53％はテロ数日後から数週間のうちに、咳や息切れなどの呼吸器疾患を訴えていたことが報道されました。

こういう事態を予想した作戦立案者たちは演習課題を生物テロに決めて、生物テロ用機材や道具と一緒に、ＦＥＭＡに沢山の粉塵マスクも持たせたのではないかと思います。（残念ながら犬用粉塵マスクまでは無かったようです）

しかし、作戦立案者たちのせっかくの配慮をブッシュは台無しにしてしまいました。事件当日に閉鎖された証券取引所を一刻も早く再開したかったブッシュたちは、事件３日目に当時の環境庁長官クリスティーン・ホイットニーに、「検査の結果ダウンタウンの空気はもう清浄になっているから、平常の生活にもどるように」という声明を出させたのです。

それまで粉塵用マスクをして作業に従事していた人たちに、粉塵マスク着用禁止令を出し、家庭で使う紙製の簡易マスクに代えさせたのです。「粉塵用マスクをして作業していると、空気は清浄になったという政府発表が嘘だと思われる」という理由からです。

現場での救助活動を手伝った多くのボランティアや消防隊員たちが、有毒物質でできた粉塵が厚くおおっている瓦礫《がれき》の撤去に、粉塵マスクもつけずに従事したのです。作業員たちの多くがしばらくして重い呼吸器疾患に苦しみだしました。ＷＴＣ瓦礫撤去作業には４万人が関係しました。そのうち70％が呼吸器疾患にかかり、何百人もガンになりました。

◉1999年、飛行機がハイジャックされて、WTCとペンタゴンを含む目標に激突するという演習をNORAD（北アメリカ航空宇宙防衛司令部）が開始した。（USAToday, 4/18/04）

NORADは、アメリカ合衆国とカナダが共同運用している連合防衛組織です。北米の航空や宇宙に関して、観測または危険の早期発見を目的として設置されました。空軍の一部門で、司令部はコロラド州コロラドスプリングのピーターソン空軍基地、地下司令部はシャイアンマウンテン空軍基地にあります。3つの管区の指揮所もすべて空軍基地に設置されています。

◉2000年6月、米国司法省下の保安官連合が主催する大量破壊兵器事件管理のための、幹部レベル用マニュアルの表紙には、ツインタワーの一つに狙いを定めた銃の照準が描かれていた。（図2）

◉2001年4月、NORADはテロリストグループが飛行機をハイジャックして、ペンタゴンに激突するという筋書きの演習を計画した。しかし非現実的として統合参謀本部によって計画は否定された。（BostonGlobe, 4/14/04）

米国正規軍4軍で構成する統合参謀本部の演習計画否定は、

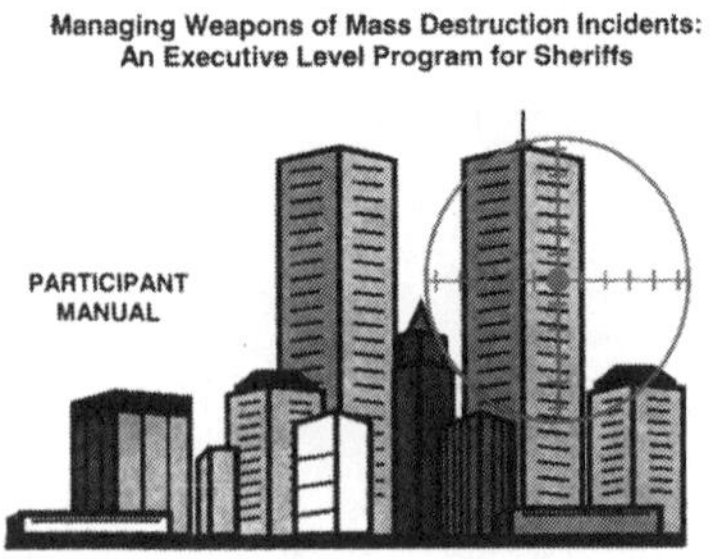

図2

空軍を除く米国正規軍3軍は同時多発テロを知らなかったことを示唆していると思います。9・11テロ実行シナリオを作成した軍の作戦部隊には空軍以外の3軍の人間も加わっていたと思いますが、自軍の上層部には口をつぐんだようです。

しかし6か月後に実際起きることを知っている空軍は、統合参謀本部が取りやめたのと同じ軍事演習をNORAD単独で2か月後に実施しました。

◉2001年6月1日、NORADは、巡航ミサイル攻撃の筋書きを含んだ軍事演習Amalgam Virgo 01を行った。その説明書の表紙にはオサマ・ビン・ラディンの写真があり、内部には爆発する高層ビルの写真が盛り込まれていた。（図3）（GlobalSecurity.org [PDF]）

図3

クリントンのセックススキャンダルも下準備の一つだった！

1998年のクリントンのセックススキャンダルも下準備の一つと考えられます。その理由は、この事件がきっかけで大統領の犯罪を調べる特別検察官制度が廃止されたからです。

この特別職はニクソンの暴走に学んだ議会が、大統領と政府高官の悪事と、大統領選挙の不正を正すという2つの役目だけのために1978年に設立されました。議会又は司法長官の要請で調査を開始し、誰の干渉も受けることがありません。そのうえ費用は好きなだけ使ってよく、捜査終了期限もないので結論がでるまでじっくりと捜査できます。特別検察官制度は他にもありますが、この検察官は必要とあらば大統領をも召喚して証言させることができる大変に強大な権限を持った職でした。

クリントンは女好きで知られていました。ホワイトハウスに勤務していた22歳の見習い実習生とホワイトハウスの中で性的接触をもったとして、当時の現職大統領の弾劾決議が可決されるという事態にまで進みました。

しかしこの事件では当事者2名の事よりも、独立検察官ケネス・スターの動向をマスコミが毎日くわしく報道していました。名前どおり彼が、最初から最後まで〝スター〟の座についていた事件でした。

22歳の見習い生の下着についたシミが大統領のものかどうかを調べるために、ケネス・スターがかけた費用は56億4000万円に上りました。議会の要請によってこれだけの大金をかけて、議会に提出した報告書にケネス・スターが書いた結論は、「2人の間には都合9回のオーラルセックスはあったが、実際の性行為はなかった」という簡単なものでした。

ちなみにクリントンは周辺に「本番はあった」と言ったことが伝わっていますが、実習生は「本番はなかった」と言い続けています。

本番があろうがなかろうが正直に言えば大した罪にもならなかったはずですが、クリントンも相手の女性も宣誓後の証言で一切の関係はなかった、と嘘をつきました。これが議会におけるクリントンの弾劾決議につながりました。

このスキャンダルに関するマスコミ報道の異常さに国民の多くが辟易してしまい、もういい加減にしてほしいという雰囲気がアメリカ中に蔓延《まんえん》していたことを私は明確に覚えています。国家の浮沈にかかわるような政策上の嘘ならまだしも、大統領という職にあるとは言え一人の男の浮気に関して、ここまでしつこく報道する必要があるのかと、痛切に感じたことを覚えています。

この独立検査官制度があれば、２０００年にブッシュ・ジュニアたちが起こしたインチキ大統領選挙の追及と、２００１年同時テロ真犯人解明のために大いに利用されていたはずでした。ところが検察官の権限が強大すぎるという理由で、セックススキャンダルのあと議会の手によってこの制度は廃止されたのです。

実習生と大統領の最初の性的接触は１９９５年11月15日でしたが、〝女人局計画《つつもたせ》〟は、１９

93年ごろにはすでに練られていたように思います。

実習生がネオコンと同じ人種なばかりか、1997年9月にこの実習生が大統領との関係を告白した録音テープを、1998年にケネス・スターのところに持ち込んだ女性もネオコンと同じ人種でした。

その他にも私はこの事件に不自然さを感じることがあります。

過去のアメリカ大統領の中には女好きで知られたケネディ大統領や、ジョンソン大統領のようにセックス用秘書を公費でホワイトハウスに置いていた強者もいたのです。FBIの記録によれば、ケネディは在任2年10か月の間にホワイトハウス内で肉体関係を持った女性が少なくとも32人いたのですが、問題になりませんでした。それなのにクリントンの場合は一人を相手に本番が行われたどうかが、国中を上げて大問題になりました。

これはいわば同時テロを成功させるための準備段階の一つとして作戦チームは、大統領とホワイトハウスの犯罪摘発に的をしぼって捜査する独立検査官制度廃止をねらって引き起こした事件と思います。

ちなみにジョンソンはホワイトハウスではいつも酔っ払っていたようです。ある時大統領執務室でセックス秘書と本番中に、夫人が入って来たことがありました。シークレットサービスはこっぴどく叱られたとのことです。

また夫人が同行しているにも拘らず、大統領専用機エアフォース・ワンの個室にセックス秘書と一緒に入ったまま出てこなかったこともあったようです。

クリントンよりも数段悪いケネディーとジョンソンの素行が全く問題にされなくて、クリントンが槍玉《やりだま》に上がったのは偶然ではないと思います。

クリントンは承知で協力したと思います。ヒラリーも知っていたと思います。そうでなければ、あれほど気位が高く気の強い彼女が黙っているはずがありません。

ブッシュを勝たせるための2000年大統領選挙

米国同時多発テロ準備段階において最も重要かつ困難だったことは、間違いなくブッシュ・ジュニアを大統領にすることだったと思います。

アメリカの大統領になるには2つの選挙に勝利する必要があります。最初は党の予備選挙に勝って党の公認候補になることです。

2000年予備選挙の対立候補上院議員ジョン・マケインは、知名度の点ではブッシュの方が断然上ですから勝利は固いと思われました。ところがちょっとした番狂わせが起きて運命の流れは一時マケインの方に傾きましたが、うまく切り抜けて党の指名を勝ち取っています。

予備選挙は同じ党から出ている何人もの立候補者の中から一人を選びますが、政党の候補者一本化はシンプルです。

予備選開始直後に選挙が行われるアイオワ州や、ニュー・ハンプシャー州において勝者となった人のところに、その政党を応援する個人や企業からの献金が集中するのが通常の流れです。資金が潤沢であれば選挙に勝てるのが常ですから、最初の州で勝利を得れば選挙資金が大幅に増えて本選挙に勝利を得る可能性が高くなります。どの候補も序盤州に全力投球します。

ところが2000年の共和党予備選挙において、序盤選挙の一つがおこなわれたニュー・ハンプシャー州では当初のブッシュ勝利の予想に反して、地元出身議員ジョン・マケインが大量の票を獲得して圧勝してしまいました。その結果を受けて共和党穏健派が彼の支持に回り、その後の2州においてマケインが連続して勝利を勝ち取るという、予想外の事態になりました。

しかしその後、選挙資金は敗者のブッシュの方にどんどん流れ始めました。ニュー・ハンプシャー州でのブッシュ敗戦後もブッシュの方にどんどん資金が集まり、勝者のマケインの方に行かなかったのです。その後に選挙が行われる州において選挙の神様カール・ローブが参謀になって潤沢な資金を使って大々的な反マケインキャンペーンを展開し、その運動が功を奏してブッシュ・ジュニアが指名を獲得しました。

このような異常な金の動きを演出できるのはディープステイト奥の院しか考えられません。

傘下企業に命じてブッシュに多額の政治献金をおこなわせたに違いありません。

予備選が終わるといよいよ本選挙です。

民主党候補は当時の現職副大統領アル・ゴアになりました。前人気はゴアの方がブッシュよりも高かったのですが、ネーダーを引っ張り出して民主党の票を緑の党に流す作戦が図に当たりました。全国レベルの本選挙ではブッシュとゴアの獲得した代議員の数は伯仲して、勝敗の行方は大票田フロリダ州の投票まで持ち越されました。

伝統的にフロリダ州は民主党と共和党の勢力が拮抗していました。共和党は企業経営者や富裕層から支持され、民主党支持層は一般労働者や黒人と言われていました。フロリダ州で、黒人から絶対的な支持を受ける民主党の票を減らすために露骨な方法が行われました。

当時のフロリダ州務長官キャサリーン・ハリスはフロリダ州の選挙人名簿に手を加えました。重犯罪者は投票権がないという州法を利用して、名簿の中から元犯罪者の疑いがある人間17万人以上を本番の前年1999年に選挙人名簿から永久削除しました。疑いがあるというだけで削除された人の半分以上は黒人だったのですが、中には単なる軽犯罪で捕まった人や、一度も逮捕などされたことのない人たちが何千人も含まれていたようです。

州務長官というのは多くの州で、州知事が欠けた場合副知事に次ぐ昇格順位とはいえ通常それほど大きな権限を持ちません。しかし選挙証明の大半に責任を負うため、しばしば選挙の際に極めて重要な責任を果たすことになります。

大量の選挙人名簿の削除で勝利を確信したのか、投票日が来て開票が進んでいる間はブッシュ陣営に大きな動きはなく静かでした。ところがテレビがゴア優勢を放送し始めるやいなや、慌ててブッシュ必勝大作戦チームは活動を開始しました。

共和党びいきで知られる兵隊に海外不在者投票を呼び掛けるために、チームは急いで海外駐屯地や軍艦に向けてメールを送りました。3000票近く集まった80%はブッシュに入ったので、不在者投票においてブッシュはゴアを上回る票を得ました。しかしその票の中には日付が投票日翌日のものや、他の理由で無効投票とされるべきものが全不在者投票数の3分1近くもありましたがすべて有効とされました。

それに気が付いたゴアが選挙管理委員会に対して、海外不在者投票の有効票だけ数えるべきだとクレームをつけました。すると共和党議員たちから、祖国のために海外で任務についている兵隊たちの意志を切り捨てる行為だ、という非難の声が出ました。

そのとき民主党副大統領候補ジョー・リーバーマンから、「票を数えなくてもいいではないか」という声が出るに及んで、ゴアはこの件に関するクレームを引っ込めました。ちなみにリーバーマンはネオコンと同じ人種で、ゴアは強大な集票組織を持つユダヤ人票取り込みのために2大政党では歴史上初めてユダヤ人を副大統領候補に選びましたが、裏目に出ました。

ハリス州務長官は海外不在者投票の結果を受け取ってから、２０００年11月26日にブッシュ勝利を認証しましたが、その日のうちにフロリダ州内で選挙訴訟が起きました。

ゴタゴタしたフロリダ州大統領選挙も12月８日、フロリダ州最高裁が州全体での手作業による票の数え直しを命じたことで決着が着くかと思われました。ところが、翌日12月９日に連邦最高裁がしゃしゃり出てきて、フロリダ州最高裁の命じた票の数え直しにストップを命じました。

当時９名だった連邦最高裁判事の任命権は大統領が持ち、議会の承認を経て決まります。一旦任命されると解任されることのない終身制のためか、任命してくれた大統領に肩入れする傾向がありますが、２００１年12月の構成は共和党系７人と民主党系２人でした。

明らかに共和党のインチキで投票の公正さが失われ、最後の場面で出てきた最高裁が票の数え直しをストップし（全部正しく数えたらゴアが勝っていたと言われています）、軍配を上げたのが共和党の方でした。この一連の大統領選挙騒動は、この国を牛耳るディープステイトの手は司法にまで及んでいることを如実に見せてくれました。

９・11事件はブッシュでもゴアでも関係なく起きたという説がネットに流れたことがありますが、ブッシュ当選までの関係者の大変な苦労を知るとその説には説得力がないような気がします。ゴアが当選していたら9・11は発生しなかったと思われます。

準備段階で最も綱渡りだったブッシュ・ジュニアの大統領当選を無事果たしたことで心配事は消え、同時多発テロの成功は間違いのないものになりました。

あとは本番を実行して、証拠隠滅するだけとなりました。

Chapter
⑤

シナリオはいつから存在したのか⁉

タイミングよく公開された映画『パールハーバー』

2001年5月、ベン・アフレックとジョシュ・ハートネット、英国女優ケイト・ベッキンセール主演の、戦争を舞台にした恋愛映画をディズニーが制作して事件4か月前に全米公開しました。日本でも7月に公開されたのでご覧になった方は多いと思います。

ディズニーは封切り試写会を行うために、原子力空母ジョン・C・ステニスを母港サンディエゴから真珠湾に移動させ、飛行甲板に特別なグランドスタンドの座席と世界最大の映画スクリーンの一つを組み立て、2000人以上の人を招きました。500万ドル（6億円）の費用をかけたこの試写会には、様々なハワイの政治指導者、映画の主要出演者のほとんど、世界中の500以上のニュースメディアが含まれていました。

1億4000万ドル（168億円）の予算をかけた大作はアカデミー賞4部門にノミネートされ、ベストサウンド編集部門で受賞しましたが、その年の「最悪の映画」「最悪の俳優」「最悪の画面のカップル」「最悪の映像」「最悪の監督」「最悪の脚本」の6部門でゴールデンラズベリー賞にノミネートされました。受賞は逃しましたが、アカデミー賞を受賞した映画で「最悪の映画」にノミネートされた最初の作品になりました。

批評家からは否定的な評価を受けましたが、全世界で『シュレック』を上回る約4億5000万ドル（540億円）を稼いで興行的には大成功でした。

プロデューサーと監督はR指定映画を作りたかったのですが、ディズニーは子供たちに見せるべきとしてPG—13指定になりました。2001年の高収入映画6番にランクされ、2013年時点では、『タイタニック』と『ゴースト』に次ぐロマンチックドラマ映画でもありました。

この映画の制作開始時期は不明ですが、公開のタイミングは完璧でした。戦争を知らない多くの世代の頭に、宣戦布告なしの先制攻撃（真珠湾攻撃）に反撃したアメリカの姿が刻み込まれました。

事件発生を前もって述べた人々

ディープステイト奥の院の中心であるロックフェラー家の一員、ニコラス・ロックフェラー（Nicholas Rockefeller）が２０００年10月に、映画監督アーロン・ルッソ（Aaron Russo）に語った言葉があります。（＊5）

「ある事件が起きるぞ。その後あなたたちは山の中の洞窟に隠れているアラブ人を探すアメリカ兵や、アフガニスタンとイラクの人たちを頻繁にテレビで見ることになる」

ニコラスは、ロックフェラー家第3代当主であるデービッドの従兄弟で本業は弁護士です。外交問題評議会（ＣＦＲ）永久会員でロックフェラー家と中国のパイプ役です。ルッソは２００７年8月に膀胱癌《ぼうこうがん》で64年の人生に幕を下ろしましたが、ユダヤ人の映画プロデューサーで、ベット・ミドラー主演『ローズ』（１９７９年）やエディ・マーフィ主演『大逆転』（１９８３年）などを手がけました。ＣＦＲがルッソを入会させようとしてニコラスを近づけたことから

2人の交際が始まりました。ニコラスは自分たちの偉大さを印象づけたかったようで、ウーマンリブ拡大に成功した彼らの意図を初めとして色々なことをルッソに語りました。

ニコラスの言葉から、米国内テロ作戦はアメリカ軍がアフガンとイラクの両方に侵攻することも想定していたことがわかりますが、同じ頃に私自身が経験したことも同じ事を物語っています。

ブッシュとゴアの選挙戦たけなわの2000年夏のことでした。私の子供がよく世話になっていた当時90歳になるユダヤ人女性が「ブッシュを大統領にしたらイスラエルと組んで戦争を始めるから、ブッシュは絶対に阻止しなくてはいけない」と何度も言っていたのです。

米国同時多発テロが起きるのを知っていたかどうかまでは訊いていませんが、ブッシュ政権は中東で戦争を始めることをアメリカ国内に住むユダヤ人が知っていたのです。薬剤師の彼女はイスラエルに親戚なり友人なりがいてその筋から伝え聞いたのだろうと思います。

9・11同時多発テロはとてつもなく大胆な捏造犯罪ですが、計画立案段階では外に漏れなかったのでしょう。しかし下準備に移ると多くの人間が関係してきたでしょうから、外に漏れてしまったのです。

米国内テロ発案国イスラエルの一般市民に計画が知れ渡っていたとしてもおかしくないですが、パキスタンでも知っていた人が多かったのです。その理由は、米国内に滞在していたアラブ人8人とパキスタン諜報部が繋がっていたからだと思います。

パキスタンのCIAにあたる諜報機関ISI長官の指示によって、事件の1年前と1か月前(8月11日)の2度にわたり、ハイジャック犯のリーダーとされるモハメド・アタに、一回につき10万ドル(1200万円)が送金されていたことは広く報道されました。

1999年7月14日、米国政府の情報提供者ランディ・グラス(Randy Glass)は、WTCから徒歩4~5分の距離にある著名レストラン、トライベッカ・グリルで武器商人3人とパキスタンISIのエージェント、ラジャ・グルム・アバス(Rajaa Gulum Abbas)と総勢5人で食事がてら会合を持ちました。隣のテーブルには一般客を装ったFBIエージェントが密かに陣取りました。アバスは「ビン・ラディンに渡したいので、盗難市場に出ているアメリカ軍の武器・兵器を大量に買いたい」と言いました。

この会合中にアバスはWTCの方を指さして、言いました。「あの2つのタワーは崩れ落ちることになるよ」。グラスはこの時ヴォイスレコーダーを隠し持っていて、5人の会話を全て録音していました。(Cox News Service, 8/02/02)

グラスは2006年に発売されたDVD『9/11: PRESS for TRUTH』の中で、「(FBIから)このときの出来事を話すと逮捕する、と脅された」と言いながら、トライベッカ・グリルでの出来事を詳細に語っています。

事件直前の２００１年９月６日、ブルックリンで奇妙なことが起きました。

パキスタンから来て間もない10歳の男の子が、３階の教室の窓から見えるＷＴＣを指して、「あのビルが来週無くなるんだね」と言いました。それを聞いた先生アントワネット・ディロレンゾはその時は何も思わなかったのですが、実際にビルがなくなってからその子の言ったことの重要性に気がついて、マスコミに連絡してこの坊やの一言が明るみに出ました。

(Newsweek / MSNBC, 10/12/01)

この子は自分の家で両親が話していたのを耳にして、何の疑問もなく学校で口に出したのだと思います。この子の両親が何者なのかはわかりませんが子供の前で話題にするくらいですから、テロの内容がパキスタンの一般人にも知れ渡っていたと思われます。

米国内の一般人にもテロを知る人が出てきました。

事件１ヶ月半前の７月26日、テキサス州オースチン市のラジオ局で、局のホスト、アレックス・ジョーンズ（Alex Jones）が「これからアメリカ国内でアルカイダやビン・ラディンの名前を使ってテロ行為が発生しますよ」と述べています。

彼はサンフランシスコ郊外で年に一度行われていた秘密結社ボヘミアン・グローブの儀式の隠し撮りに成功したことで有名になった人物で、連銀（ＦＲＢ）の廃止と９・11再調査を訴えています。自分のラジオトーク番組「アレックス・ジョーンズ・ショー」を持っていて、大手メディアが無視する情報を採り上げるのを得意としています。

トランプも知っていたか⁉

意外なところでは、前米国大統領ドナルド・トランプがいます。

２０００年1月1日に発表した著書『The America We Deserve』で、テロを予言しました。彼は大統領になった場合に実行するつもりの一連の政策案をこの本にリストアップして説明しましたが、その中に次の一文があります。

「私は本当に確信している。我々は一種のテロ攻撃の危険にさらされている。世界貿易センター地階での１９９３年の爆破事件は、爆竹で遊ぶ子供のように見える規模の大きいテロであることは聞いていたに違いないですが、飛行機ともWTCとも言っていないのでどこまで深く知っていたかはわかりません。

ハッキリ言えるのは、トランプだけでなくアレックス・ジョーンズもイスラエルやパキスタンの人たちもイスラムテロが起きることは聞いたにしても、まさかアメリカ政府の自作自演テロとは気付いていなかったと思います。

テロを利用した投機筋の動き

ところが自作自演テロのことだけでなくその後の米軍中東侵攻まで知っていた人たちがいました。猫も杓子《しゃくし》も株をやるアメリカですから、その情報を利用しないはずがありません。案の定9・11事件の前の週、株式市場で異常な動きがありました。

株の売買方法の1つに、プットオプションと呼ばれるやり方があります。これはある一定期間内に株が値下がりすると予測して賭けるものです。

数あるアメリカの航空関連会社の中で、テロに使われたユナイテッド航空が9月4日に通常の4倍、アメリカン航空は前日10日に11倍、飛行機が使われたボーイング社が7日に5倍のプットオプションが買われました。買った人間は何が起きるかハッキリ知っていたことは間違いありません。この売買における利益は2000万ドル（2億4000万円）から、400万ドル（4億8000万円）と見積もられています。

この3社の他にもプットオプションが買われた会社があります。

WTCの保険を引き受けていた再保険会社スイス・リーと西ドイツのミュンヘン再保険会社、ツインタワーで22階分のフロアを使っていたモルガン・スタンレーなど、すべて同時多発テロによって大きく損害を受けた会社です。

ドイツ銀行子会社の投資銀行アレックス・ブラウン社が、大量にプットオプションを買っていたことが判明しました。アレックス・ブラウン社の社長を１９９８年まで務めた男が、２００１年３月26日からＣＩＡ第３位の地位のエグゼクティブ・ディレクターになりました。

ＣＩＡは、モサドや空軍と並ぶ９・11の主要実行犯です。事情を知るこの男の指示で株が買われたと思います。

ＣＮＮが、アレックス・ブラウン社を通してプットオプションを買って利益を上げた企業の名前を発表しました。それには、ドイツ銀行、ＨＳＢＣ、バンク・オブ・アメリカ、メリルリンチ、モルガン・スタンレー、リーマンブラザース、ディーンウィッターー、アクサ（フランスの保険会社）、ゼネラルモーターズ、レイセオンといった大企業の名前が連なっていました。

その他に米国証券取引委員会によると、８月26日から９月11日までのあいだに、イスラエルの投機グループが、カナダのトロントとドイツのフランクフルトの２か所を基点にして、38銘柄の値下がりを見越して短期の売りに出したことが知られています。彼らは下がったところで買い戻していて、その利益は２２００万ドル（26億４０００万円）にのぼると言われています。

この投機グループは同時テロのシナリオを作った連中と繋がりがあったのではないでしょうか。下降することになる38もの銘柄を割り出すにはそれしか考えられません。

アメリカ政府はプットオプションを買った個人や企業の調査をすると事件直後に約束しているにもかかわらず、20年後の現在において何も発表されていません。

CIAは国外担当諜報機関ですが、運輸省や国務省のような独立した省庁ではなく、ホワイトハウス直属で大統領の直接指令で動きます。

アレックス・ブラウン社元社長を含めて数多くの銀行家が、長官を始めとしてCIAの重要な役職についています。スパイ組織CIAと銀行家とはあまり関連がないように見えますが、CIAの業務の1つは、巨額の双子の赤字を抱え、いつパンクしてもおかしくないアメリカ経済を裏から支えることです。だから金融の専門家たる銀行家たちがCIAの上級職に転出していくのです。

CIAの裏活動というのは大変な悪事です。1947年の設立以来この政府機関が過去に外国でおこなってきた不正行為の数々は、すべてホワイトハウスの指示を受けて実行してきたことなのです。CIAが世界でやってきたことを知ると、一般に知られている現代史に対する見方がひっくり返ってしまいます。

兵器製造会社レイセオンの大量のコールオプションが買われました。(Bank of America, 10/30/01)

コールオプションは先物買いで、株が上がることによって利益がでます。アメリカ政府の外交基本方針の中に、アフガン侵攻と（CBS, 08/05/01）イラクのサダム・フセイン排除（TCM Breaking News, 09/10/01）が同時テロ事件前から決定されていたと報道されたので、これはどう考えてもアメリカがイラクに戦争を仕掛けて、そこでパトリオットミサイルを大量に撃ち込む事になるのを知っていた人が一儲けした可能性が高いと思います。

突入直前、その朝に盗まれた金額は1兆2000億円⁉

「EUが疑わしい取引を調査中」というEU高官談話が報道されました。

◉EUの金融関係者が土曜日、米国における9・11攻撃に先立って起きた、疑わしいインサイダー取引を嗅《か》ぎ出す取り組みを強化した。ドイツ中央銀行総裁（Ernst Welteke）は、彼の銀行の慎重な調査は〝テロリストによるインサイダー取引〟は事件で深い影響を受けた業種の株取引だけでなく、金塊や石油にも及んでいることを指摘している、と述べた。（FOX, 09/22/01）

◉アメリカ財務省発行の5年間の中期証券が攻撃前に大量に買われた。一度に5兆ドルの購入があった。（wsws.org 10/6/01）

テロ発生後、この証券の価値が急激にあがりました。公正証券取引委員会が事件直後に購買主の調査に乗り出したことになっていますが、20年たった現在も名前は公表されていません。

9・11を利用した金儲けは事件発生直後にも起きました。ツインタワーのなかには銀行がいくつかあり、そのなかにはメインコンピューターを置いた銀行がありました。

◉9月11日の朝、飛行機が突入する少し前に異常に多数のクレジットカード決済が行われて、そのデータが失われたことで総額100億ドル（1兆2000億円）に達する金額が消失した。

（ロイター 12/16/1）

事前に逃げた人々もいる

あの日ビルから飛び降りたり、中で焼け死んだりした一般人は2602人いますが、直前で逃げて命拾いした人たちがいます。もちろんこの人たちは前もって、もしくは直前にテロ情報を得たのです。
◉ブッシュ大統領の従兄弟ジム・ピアスは、彼の会社のNY事務所が置かれているWTC2号棟105階で9月11日に会議を開く予定になっていたが、出席予定の人数が多くなったという理由で、東隣に位置するミレニアムホテルに会議の場所を移した。（Ananova, 9/18/01）
◉WTCの99年間のリース権をテロ攻撃6週間前に取得したシルバースタイン不動産会社は、どちらかのタワーの88階で9月11日に会議をする予定だったが、1名が出席できないという理由で前日の10日の夜会議をキャンセルした。会議の議題は「テロ攻撃の折には、如何に対処すべきか?」だった。(NY Times, 9/12/01. PageC6)

◉ラリー・シルバースタイン（注：シルバースタイン不動産会社社長）の息子ロジャーと娘リサは、7月26日に紙一重の差の土壇場でリース権を獲得したWTCのテナントと、毎朝WTC北棟の106階と107階にあったレストランWindows on the Worldでミーティングを行っていたが、当日に限って出席しなかった。(NY Observer, 03/13/03)

◉ラリー・シルバースタインは北棟88階に一時的な事務所を構えていたが、当日は医者の予約があるとして休んでいた。そして同じ事務所に勤務していた2人の子供、ロジャーとリサの両方とも出社していなかった。理由は遅刻だった。(NY Magazine, 04/18/05)

◉司法長官ジョン・アシュクロフトはFBIの助言により、商業飛行機の利用をやめて貸切りのプライベートジェット機だけを利用し始めた。(CBS, 6/26/01)

この報道が出たのは事件が起きる2か月前です。

民間の飛行機を避ける理由をFBIがアシュクロフトに説明したかどうかは定かではありませんが、明確な決行日そのものに関しては、アシュクロフトに助言したFBI職員も知らなかったものと思われます。

同様なケースがありました。

◉国防総省高級官僚10人が、9月10日になって翌日11日の旅行計画を安全に関連した理由で突然取りやめた。（News Week, 9/24/01）

この人たちは空軍でないことは確実です。何かが起きることは薄々感づいていたとしても決行日を知ったのが前日で、慌てて予約をキャンセルしたのでしょう。この事実と、ペンタゴン館内の死者125人の中に職業軍人が一人もいなかったことを考えてみると、制服軍人たちはペンタゴンの何処が破壊されるか知っていたのではないでしょうか。

ペンタゴンで犠牲になった軍人たちは、ほとんどが軍の予算関連や会計に携《たずさ》わっている文官だったのですが、これは単なる偶然の出来事ではなくて意図して起こされたものなのです。ペンタゴンの項⑩章で紹介します。

◉当時のサンフランシスコ市長ウィリー・ブラウンは月曜日（テロ前日）の夜遅く、市の空港警備係から警告を受けたと認めた。（SFgate.com 9/12/01）

黒人市長ブラウンは、9月11日の午前中の飛行機でニューヨークに出張予定でした。前日の晩に翌日のフライトを確認するように頼んだところ、飛行機に乗るべきでないと警備係に言われたのでフライトをキャンセルした、と信じられていましたが、違うことを言う人が現れました。

2002年5月16日、第2次大戦に関する歴史作家として30冊もの著書を持つ英国人作家デービッド・アービングは、「サンフランシスコ市長への警告は、コンドリーザ・ライスによるものだ」とにパシフィカラジオ（Pacifica Radio）に出演して語りました。（Action Report, 05/16/02）

パシフィカラジオは１９４６年創業の米国最古の公共ラジオ放送網で５つの独立したラジオ局が加盟しています。コマーシャルは流さず聴取者のサポートで運営されていて、進歩的な政治姿勢のニュースや公共の事柄を１００以上のラジオ局に配信しています。

◉ロンドンの警視庁、スコットランドヤードの保護の下にある作家サルマン・ラシュディー（筆者注：『悪魔の詩』を書いて以来、イスラム教徒から命を狙われている人物）は、当日飛行機に乗ることを中止させられた。（The Times, 9/21/01）

いくら事故とはいえイスラムテロによってラシュディーが死亡したら警備の落ち度になるので、今日はまずいからとスコットランドヤードは必死で止めたものと思われます。スコットランドヤードにはテロ発生日を摑んでいた人がいたようですが、アメリカの自作自演テロとは気付いていなかったと思います。

同胞愛の強いイスラエルのやることは大胆です。

◉会社の本部がテルアビブで、しかもイスラエル諜報機関本部の隣にあるオディゴという名のメッセージ配送サービス会社の従業員が、攻撃の始まる2時間前に受け取ったe-mailには攻撃が予言してあった。このe-mailが送られてきたプロバイダーの名前はすぐＦＢＩに報告さ

れたが、e-mail の送り主の名前はいまだ発表されていない。(HAARETZ.com)

◉イスラエル最大の海運会社ZIMは、会社があったWTC16階を攻撃の1週間前に立ち退いた。その年の年末まで残っていた契約を、600万円の違約金を払って破棄して9月4日に引っ越しを完了した。(アメリカン・フリープレス)

この運送会社は世界第9位の規模を誇り、航空機、大型船舶合わせて80台を所有しWTC勤務の従業員は200名という大所帯ですが、引っ越した理由はWTCの家賃が高すぎるというものでした。

事前に逃げた人々の極めつけはイスラエル人4000人が、示し合わせたようにテロを避けて命拾いしたことです。

WTCは金融都市ニューヨークの重要な一角を占めていましたから、世界中から色々な国の人たちが集まってセンター内に勤務していました。そのため80か国から500名近い外国籍死者が出ました。日本人ももちろん含まれていて24人亡くなっていますが、他にグラナダ、アイルランド、バミューダ、フィリピンなど国連加盟国が2020年時点で193か国ですから、その半分近くの国から死者が出たことになります。

イスラエルに関しては、あの日在米イスラエル大使館に家族や知人の安否を気遣う国際電話が4000本近くもイスラエルからかかってきたようです。またイスラエル建国前創業の新聞

『エルサレム・ポスト』が事件翌日の12日に「貿易センターにいたはずの4000人のイスラエル従業員が全員行方不明」と記事にしました。ところがこの行方不明の4000人について、ベイルートのテレビ局が9月18日に「行方不明だったイスラエル人4000人は9月11日には全員出社せず、全員無事だった」と報じました。

9月11日はユダヤ教の祭日でもなんでもないですから、4000人が揃《そろ》って出社しなかったのは偶然の出来事として片付けてしまうのは馬鹿げています。全員が前もって「9月11日は出勤するな」という知らせを受けていたとしか考えられません。

その時に、「家族に連絡を取るな」と相当厳重に口外を禁じられたと考えられます。その結果、だれ一人として事件発生後に故郷の親兄弟に知らせなかったのです。それが事件翌日の家族からのイスラエル大使館への多数の電話連絡と、『エルサレム・ポスト』紙の全員が行方不明という記事掲載が起こってしまった原因と思われます。

私がもし同じ立場にいたら自分から連絡しないにしても、父母から電話がかかってきたら応答します。「俺は無事だから心配しなくていいよ。でも口止めされているから俺が電話に出たことは内緒にしてよ」と抜け駆けしてしまいますが、この4000人はだれもそれをやりませんでした。

この信じがたい事実を裏付けたのが、事件から10日経過した時点での国別死者数を発表した

9月22日の『NYタイムズ』の記事です。それによるとイスラエル人の死者は3名で、そのうち2名は飛行機の乗客で、WTCでは1名の死者が出ました。この人はイスラエルのビジネスマンでNY《ニューヨーク》に出張に来ていて、運の悪いことに9月11日の朝はWTCの中にいたのです。いかに世界最高レベルの情報網を持つイスラエル諜報部といえども、この人の出張先の情報までは摑みきれていなかったようです。

アメリカ国籍のユダヤ人の中には犠牲者が出たと思いますが、イスラエル国籍のWTC従業員犠牲者が皆無だったことは、『NYタイムズ』も暗に認めた厳然たる事実です。ちなみに日本人は24人がWTCで亡くなり、早稲田大学の学生さんが一人93便に乗っていて、計25名の犠牲者が出ました。

ところでアメリカン航空11便に搭乗したイスラエル人男性はイスラエルの特殊部隊元隊長です。この人はテロ見物のために乗り込んだと思われます。詳細は⑪章で説明します。

Chapter ⑥ 世紀の捏造犯罪はこうして実行された！

本番当日の様相——墜落していない!?

2001年9月11日、ぬけるような青い空を背景に世紀の捏造犯罪は起きました。きらめく朝の光をあびながら、飛行機2機が短い時間差でニューヨーク世界貿易センタービルに突入しました。1機目のジェット機（ボストン・ローガン空港発ロサンゼルス行きアメリカン航空AA11便）が8時46分に、2機目（ボストン・ローガン空港発ロサンゼルス行きユナイテッド航空UA175便）が17分後の9時3分に、WTCの110階建てビル2棟にそれぞれ突入して炎上しました。

さらに3機目の飛行機（ワシントンDC・ダレス空港発ロサンゼルス行きAA77便）が9時38分にアメリカ国防総省の〝ペンタゴン〟と呼ばれる5階建てのビルに突入したと報道されま

した。

そして4機目の飛行機（ニューアーク空港発サンフランシスコ行きUA93便）はホワイトハウスか議事堂に突っ込むはずだったが、乗客がテロリストにたちむかっていってもみ合っているうちに、10時3分にペンシルバニア州シャンクスヴィル山中の廃鉱になった露天掘り炭鉱跡に墜落した、と米国政府は発表しました。

ところがこの民間機4機はそれぞれボストン、ニューアーク、ワシントンDCの空港から飛び上がって暫《しばら》くしてから、3機がニューヨーク州スチュワート空港に、1機がペンシルバニア州あたりの空軍基地に着陸させられた可能性が高いのです。ツインタワーに激突した2機も、ペンタゴンに衝突したとされた1機も、シャンクスヴィルで墜落したとされる1機もすべて替え玉で、誰も乗っていない無人機だったのです。使われたのは4機とも改造された軍用機と思います。

いきなり衝撃的なことを書いたので驚かれた方もいらっしゃると思います。9・11事件ではユナイテッド航空所属ボーイングが2機失われたことになっています。ところが、この2機とも事件後4年間ほどユナイテッド航空が使っていたことを示す確かな情報があります。

世界中に存在する民間機は、1機ごとに所属国認識マークと識別番号がついています。車でいえばプレート番号と同じで、その登録に関する事実は2機とも事件後に存在していたことを教えてくれます。

アメリカの認識マークは〝N〟です。プライベート用や営業用を問わず全民間機にNを頭につけた数字とアルファベット混合の機体番号が、胴体後部の尾翼に近いところか垂直翼下部や主翼などの、見やすい部分に大きく書かれています。ちなみに日本は〝JA〟から始まります。

AA11便とAA77便の機体番号の飛行機は“Destroyed”（全壊）として、廃車ならぬ廃機届けが2002年1月14日に提出され、同時に登録抹消されました。この2機の廃機届けは事件直後には出ておらず、提出されたのが4か月後なのはそれまで機体はどこかに存在していたからだと考えられます。

UA175便とUA93便の機体番号を持った飛行機は、登録抹消も廃機届けも事件後永く出ておらず、ようやく2005年9月28日に“Cancelled”（取り消し）として、ユナイテッド航空における使用取り消し届けが提出されました。ということはこの2機は事件後4年間も、ユナイテッド航空が現役で使っていたことになります。

まえがきで触れましたが、UA93便の機体番号N―591UAのついた飛行機が、「2003年4月10日に、1111便としてシカゴのオヘア空港で使われていたのを見た」というUA整備部門の整備士デービッド・フリードマンの話が伝わっています。整備士が、UA93便の認識番号を見たというのは真実味があると思います。

その後ＵＡは使用取り消し届けを出しましたが、機体の廃機届けは出ていません。ということはこの２機の飛行機は中古飛行機としてどこかへ売られ、まったく新しい認識番号をつけられて地球上のどこかでその後も飛んでいた可能性があります。

あの事件の日、この４機は突入も墜落もせず乗員・乗客を乗せて無事地上に降りていたのは確実で、乗員・乗客の中に事件後も生存していたとしか考えられない人たちがいます。後の章で紹介します。

不可解すぎる空軍の不手際

９・11関連の飛行機４機は、ハイジャックされたことが判明してからいずれもかなり長い間飛行していました。ＷＴＣに突っ込んだＡＡ11便はコースを外れてから47分間、ＵＡ１７５便は49分間、ペンタゴンに突っ込んだＡＡ77便は１時間と23分間、ペンシルバニアの林に墜落したとされるＵＡ93便はハイジャックされたと断定されてから墜落するまで、31分間飛行していました。

チャーター便や定期便の区別なく、民間機が前もって提出している飛行コースを外れるとアメリカでも日本でも対応プロセスはほぼ同じです。コースを外れて10分から20分以内に最寄りの空軍基地から、ジェット戦闘機2機が緊急発進します。そして問題機のパイロットを肉眼で捕らえられる距離にまで近づき、翼を上下させたり目前を横切ったりして相手の注意を引き、そこで始めて問題機の操縦士とコンタクトを取ります。

ところが9月11日にハイジャックされた飛行機4機の近くまで到達した戦闘機は、1機もなかったのです。事件当日空軍が通常通りに動いていれば、ハイジャックされた4機の目標到達前に阻止できた、というのは衆目の一致する見解です。4機が計画通りに目的をはたせたのは、通常ではありえない空軍の動きが結果的に犯人たちを助けることになったからです。これは現場のパイロットたちの落ち度ではなくて、そうなるように空軍上層部が仕組んだからなのです。目視可能距離まで近づかれたら操縦士のいないことがバレますから、絶対近づかせないために複数の巧妙な策が練られていたのです。

北米の空を守る米国空軍の、ハイジャック機への不適切な対応と度重なる不可思議な行動と沢山の信じがたい失敗は、大手マスコミによって報道されただけでなく政府の公式発表さえも認めました。

この不手際が起きた原因は、２００５年2月11日にラムズフェルドが議会で証言したように、事件当日北米全体を対象にした軍事演習が少なくても4つ行われていたからです。(C-Span,

3/11/05)

軍事演習の内容が実際に起こっていたテロ攻撃と似ていて、NORADのレーダーには軍事演習用の偽ハイジャック機の機影が当日合計で21個も映し出されていました。(Aviation Week, 06/03/02)

どれがどれだか判別不能で現場の軍人たちが惑わされてしまい、連邦航空局（FAA）から知らせを受けたNORAD係官が、「演習なのか現実に起きていることなのか？」と聞き返すということが起きました。

◉AA11便とUA175便がNY市に向かっているというのに、近くのバージニア州ラングレー空軍基地からスクランブル発進は行われなかった。(USA Today, 9/16/01)

事件が起きた時すでに飛行中の戦闘機がありましたが、ハイジャック機を捕獲しろという迅速な指示がありませんでした。

事件当時F－15戦闘機2機がロングアイランド沿岸を飛行中でしたが、WTCに2機目が激突するまでマンハッタンへ移動しませんでした。

WTCへの激突後、F－15戦闘機2機がオーティス空軍基地からスクランブル発進して上空警護の為にマンハッタン上空に来たのは、ペンタゴン攻撃が起きる34分も前でした。マンハッタンから首都ワシントン上空までは9・6秒しかかからないので、適切な指示があればペンタゴン衝突は防げたはずでした。

◉ペンタゴンから24キロしか離れていないアンドリュー空軍基地所属の第121飛行隊のF―16戦闘機3機は、当日180海里（333・36キロ）離れたノースカロライナ州で訓練飛行中だった。アンドリュー空軍基地には緊急発進できるジェット機が一機もいなくて、ペンタゴンが攻撃されてからようやく離陸した。（Aviation Week, 09/09/02）

◉バージニア州ラングレー空軍基地を離陸したNORAD所属の飛行隊は、ペンタゴンに飛行物体が激突したとき、ペンタゴンとは反対方向240キロ離れた大西洋上にいた。

(9-11commission.gov)

通常は既定コースを外れた民間航空機がみつかったら、直ちに連邦航空局（FAA）がNORADに連絡します。FAAから連絡を受けたらその場でNORADの責任者がスクランブル発進を指示し、ジェット機2機が緊急発進して問題機を捕獲するのが長年の行動手順でした。NORADは2000年9月から2001年6月までにスクランブル発進を67回行いました。

ところが2001年6月、1997年から久しく行われていなかったことですが、文官による統合参謀本部への指示（国防総省指令3610.01A）が出て、ハイジャック機対応マニュアルが変更されました。

この新しい通達はＮＯＲＡＤが直ちにスクランブル発進指示を出すことを禁止しました。以後はＮＯＲＡＤから国防長官に報告して、長官の許可をもらってからでないと発進指示を出せなくなったのです。

これは警察に例えると、泥棒の電話が入ったらそこの警察署の判断でパトカー出動を指示できたものが、一旦県警なり道警や府警の本部長、東京だったら警視総監に連絡して出動許可を貰ってからでないとパトカーを出せなくなったのと同じです。

そのうえ事件当日、肝心の国防長官と暫《しばら》く連絡が取れないという馬鹿げたことが起きました。彼は当日ペンタゴン館内の長官執務室にいましたが、いつの間にか姿が見えなくなりました。連絡将校が必死になって彼を探し回っていた頃、当の本人は建物の外で血を流して倒れていた女性職員をみつけてかかえて避難して、救急車が来るまで付き添っていました。

（CNN, 8/17/02が報道したその時の写真〔図４〕、担架の手前、左から４番目、メガネの人が国防長官）

そのためにＮＯＲＡＤがスクランブル発進許可を即座に貰えなかったことが、ハイジャック機４機を最後まで野放しにしてしまった最大の理由です。

図4

◉NORADはハイジャックが起きているという正式な通告を8時38分に受け取っていたが、近くのアンドリュー空軍基地から最初の戦闘機がスクランブル発進したのはペンタゴンが攻撃されてからで、9時37分のことだった。(Aviation Week, 9/09/02)

緊急事態が発生した時には政府高官たるものは、女性職員の看病は他の人に頼んでもっと他にやるべき事があるはずです。これなどはスクランブル許可を出したくないので、故意に看病に時間を取られていたと解釈できます。

彼はおそらく作戦シナリオどおりに行動していただけと思います。

ようやく許可を貰《もら》って発進したジェット機ですが、パイロットはまさかハイジャックが実際に起こっていると思わなかったようです。

NORADと911調査委員会の発表した時間の経過に伴う行動表によると、戦闘機はその最高速度からすると非常な低速で飛行していました。AA11便を追跡するためにオーティス空軍基地から発進したF－15戦闘機は最高時速3000kmで飛べますが、この時は平均時速715kmで飛んでいました。首都ワシントン上空警護の為にラングレー空軍基地を飛び立った最高時速2400kmのF－16戦闘機は、平均時速656kmで飛行していました。

この馬鹿げたシステムが解除になったのは、事件翌日の9月12日です。6月の通達の目的がこの日にスクランブルを遅らせるためだったのは明白です。

◉解除後はスクランブル発進回数が大幅に増大して、２００１年９月から翌２００２年６月までにＮＯＲＡＤがスクランブルをかけた回数は４６２回で、１年前の同時期と比べて７倍に増えた。（San Diego Union Tribune, 08/12/2002）

通達解除後にスクランブル発進が７倍も増えたのはＮＯＲＡＤ職員のストレス発散だったのでしょうか。

ちなみに司法長官アシュクロフトがＦＢＩの助言によって商業飛行機利用をやめたのもこの通達発令と同じ６月でしたから、おおよその決行時期が決まったのがこの頃だったのではないでしょうか。

ちぐはぐな対応が起きたのはＮＯＲＡＤだけではありません。

アメリカ国家偵察局（ＮＲＯ）は、空軍長官直轄の独立組織で国防総省の諜報機関です。宇宙衛星等を使って空中に存在する物体をリアルタイムで偵察する組織で、宇宙空間における目となり耳となって情報を提供していますから、正常に機能していればハイジャック機の存在を探知できたはずです。

◉事件当日の朝、敷地内の４つの建物の一つに企業所有の小型ジェット機が突っ込んでくるという想定の避難訓練真っ最中で、ＮＲＯの本部は空っぽになっていました。（Boston Globe, SF Gate, 8/21/02, USA Today, 8/22/02）

アメリカ防空体制史上最悪の失敗の責任者は本来ならばその責任を問われるのが筋ですが、NORAD司令官と統合参謀本部議長は事件後昇進のご褒美が与えられました。

事件当時統合参謀本部議長代理だった将軍リチャード・マイヤーは、何故防空システムが機能しなかったのかという質問に対して責任者として満足な返事をしていませんでしたが、事件2日後の13日に議長に正式任命されました。

事件当時NORAD指揮官だった将軍リチャード・エバーハートは、アメリカ合衆国本土防衛のために事件から1年後に新設された、NORADの上級組織アメリカ北方軍NORTHCOMの長官として栄転しました。(afa.org 8/02)

ブッシュは議会で事実上満場一致の支持受け、国防総省は予算の大幅な増加を受けました。

ブラックボックスは発見されないまま⁉

空軍が行った本番さながらの模擬演習は、空で実際に起きていたハイジャックを隠すためですが、地上でも真相隠しが行われました。

事件4日目からのWTC掃討作業、事故直後からのペンタゴン事務員による瓦礫片付け作業は証拠品撤去です。FEMA(連邦緊急事態管理庁)調査隊がWTCとペンタゴンの事故現場に入ることを許されたのは、全ての瓦礫が取り除かれた後でした。

ブラックボックスも真相隠しに使われました。

通常、飛行機には飛行軌跡記録器（Flight DataRecorder 略称ＦＤＲ）と、コックピット内の会話を記録する会話記録器（CockpitVoice Recorder 略称ＣＶＲ）の２種類のブラックボックスが積まれています。

ブラックボックスと呼ばれていますが、めだつように非常に明るいオレンジ系か赤系の色で塗られています。こわれないように非常に頑丈に作られていて、３４００Gsの衝撃加速と最大30分間摂氏１０９３・３３３度（華氏２０００度）の温度から内部を保護します。（地球の重力は１Gです）

高い耐衝撃性・耐熱性だけでなく耐水性も備えていて、海洋に飛行機が落ちて水に触れたときには場所を知らせる信号を発するようになっています。

墜落や衝突があったときに一番衝撃が少ないと考えられる機体最後尾に搭載されているので、飛行機事故でブラックボックスが発見されなかったという例は非常にまれです。

その非常にまれな例が９・11テロに使われた４機のうちの２機に起きて、別の２機のブラックボックスは発見されたが、大破して解読不能と発表されました。

政府発表（CBS News.com 2/23/02）

●フライト11（WTC）2個共発見されず。
●フライト175（WTC）2個共発見されず。
●フライト77（ペンタゴン）2個共発見したが損傷が激しく解読できず。
●フライト93（ペンシルバニア州に墜落）CVRの解読成功。FDRは大破。

WTCでは、2機分4個のブラックボックスが一個も発見されなかったとFBIは発表しました。ところがNY市消防隊員が2003年に『グランドゼロの舞台裏』と題する本を自費出版して、その中で彼と仲間が「2001年10月に現場で3個のブラックボックスを見つけて、FBIの職員に手渡した」と書いています。

WTCに突入した改造軍用機2機には、民間機であることを偽造するための小道具としてブラックボックスが搭載されたと思います。ただし飛行機の計器に繫げたものではなくて、ただ機内に乗せただけだったと思います。消防隊員から手渡されていたのに隠し通し、2004年刊行の9・11調査委員会報告書にも両機のブラックボックスは発見されていないと書かれたのは、データ解読されると困るからだと思います。

人前に出せないブラックボックスなら最初から機内に持ち込まなければよいと思いますが、詳細実行シナリオ作成チームが搭載を決めたからにはそれなりの理由があったと思いますが、はわかりません。

ペンタゴンでは2個共発見されましたが、両方共損傷が激しく解読できずとされました。後述しますが、ペンタゴンにはミサイルも飛行機も突っ込んでいなかったのです。このブラックボックスは、いかにも飛行機がペンタゴンにぶつかったように見せるための小道具の一つと思います。

ＡＡ77便のＦＤＲはペンタゴン内部で回収されたが損傷が激しく解読できない、とＦＢＩが発表しました。それを２００6年8月に国家運輸安全委員会（ＮＴＳＢ）が解読して、それに基づくアニメーションを作成しました。

その飛行記録データを「９・11の真相を追究するパイロットたち」（Pilots for 911truth）という組織が入手してアニメーションを作り、２００6年8月20日に一般公開しました。そのアニメはＮＴＳＢ版と殆ど同じでしたが、一か所だけ、出発空港の高度が大きく違いました。ペンタゴンの⑩章で説明します。

シャンクスヴィルではＵＡ93便のブラックボックス2個は、地中に埋まっていたのが掘り出されました。後の⑪章で説明しますが、シャンクスヴィルでは飛行機の墜落は起きていませんから、墜落偽装のためにあらかじめ地中に埋めてあったと考えられます。当初はデータが取り出せなかったとＦＢＩは発表しましたが、２００4年にＣＶＲを解読しました。

ＦＢＩが唯一解読成功したＣＶＲは、乗客がテロリストに立ち向かったというヒーロー物語を描いた映画を生みましたが、実際の音声は一切公開されず、すべてＦＢＩによって書き写されて発表されました。音声記録を筆記にして発表したＦＢＩの言い訳は、内容が残酷で公開できないというものでした。

このＣＶＲの中には、コックピットのドアをぶち破って中のハイジャック犯に飛びかかる寸前の、乗客たちのドアの外での会話が含まれています。しかしＣＶＲが録音するのはコックピット内部だけで、客室の音声は録音しません。これも捏造されたのは明らかです。

果てなき真相隠しの様相

真相隠しはまだあります。

事件当日、ＮＯＲＡＤ職員は偽の飛行機21機が映ったレーダー画面を見せられていましたが、空港管制塔レーダーには偽飛行機は映りません。航空管制官たちは実際の飛行機だけを見ていましたが、ＦＢＩから一切喋らないように通達を受けました。

そのうえ9月11日のハイジャック機の真実の動きを知ることが出来る、ＮＹ地区航空管制官たちが作ったテープが廃棄されてしまいました。

それを伝える２００４年５月６日のＮＹタイムズの記事の抜粋です。

◉ワシントン、５月６日――２００１年９月11日にハイジャック機２機と交信した少なくても６名の航空管制官たちが、その出来事について話したことをその日のうちにテープに録音した。しかしテープは、誰も聞いていなくてコピーも作られていないうちに、マネージャーによって破壊されてしまった、と運輸省の報告書に記されていた。

本日公開された運輸省監察官の報告書によれば、ロングアイランドのロンコンコマにあるＮＹ地区航空管制センターで、９月11日の正午前からテープの録音が開始された。そこの〝蝙蝠《こうもり》の洞穴〟として知られている地下の会議室に約16名の人間が集まって、各々が順番にマイクを手にして数時間前に起きた出来事を思い出しながらその時のことを語った。しかしセンター職員たちは誰もテープの存在を上司に話さなかったが、報告書には品質管理マネージャーの肩書を持つ航空管制センター職員によって、テープは後日破壊されたとある。そのマネージャーはカセットテープを手の中で握りつぶし、引っ張り出したテープをズタズタに切り裂いて、センター内のあちこちのゴミ箱に少量ずつ投げ捨てた。（NY Times, 5/06/04）

ペンタゴン周囲のホテルやガスステーションに設置してあった監視カメラ６台は事件直後ＦＢＩが押収していったままで、わずかな数の写真を除いて一切公開されていません。

政府の緘口令《かんこうれい》は徹底していて、現場で見た事を一般に公開しないようにＦＢＩから口止めされたと、NY消防局員達は話しています。

後日、あるNY消防局チーフが「政府が言うようにアルカイダの犯行だろうけれど、WTC内部に手助けした人間がいるんじゃないだろうか？」と言っただけで解雇処分を受けた、と私は現地で聞きました。

事件直後のWTCからの実況中継では、多くの消防隊員やメディアのレポーターたちが、ビルから逃げ出してきた人たちと共に口を揃えて大規模な爆発が起きたことを語っていました。ところが実況中継で報道された爆発に関する多くの証言は、その後2度と報道されることはありませんでした。マスコミが真相隠しの片棒を担いだのです。

証拠隠滅のための犯罪現場荒らしはペンタゴンでも起きました。

逆にシャンクスヴィルではFBIが事故直後すぐに墜落現場を犯罪現場保存のためと言って立ち入り禁止にしました。2009年に周辺の土地を買い上げ、その周囲に壁（図5）を立ち上げて壁面に犠牲者の名前を刻み、集めた瓦礫や残骸を壁内部に埋めて国立の記念公園（Flight 93 National Memorial）としました。現在、その壁の中には一般人はもちろん報道関係者さ

図5　Photo source: Library of congress

えも入れません。

目撃者の証言も捏造まるだし！

9・11事件に関するウソは、米国政府とFBIだけではなくて一部の目撃者の証言にも見られます。事件現場3か所のうち、UA93便が墜落したと言われるシャンクスヴィルを除く2か所は人口密集地帯なのでたくさんの目撃者が出ました。3か所の現場での目撃証言に共通するのは、実際の現場の状況とは違うのに、政府が後日発表した内容と驚くほど一致していることです。

WTCに2機目が突っ込んだのを目撃した人たちは、生中継で「窓がまったくなかった」とか「機首に青い色のマークがあった」などと、一様に民間機とはちがう飛行機だったと証言していました。

その多くの目撃者証言に混じって、不可思議な証言がありました。

ツインタワー崩壊を目撃した人々の恐怖に満ちた表情をテレビは実況中継で生々しくうつし出していたとき、一般の人たちに混じって年のころ30代半ばに見える一人の男性が冷静な顔つきで、「大量のジェット燃料がビル全体に飛び、その熱で支柱の鉄骨が溶けてビルが崩れてきたんだ」と、後日政府が発表した説そのままの内容をまことしやかにマイクに向かって解説していました。

2番目の現場ペンタゴンのすぐ横には高速道路が走っていて、事件が起きたのは朝のラッシュ時でした。渋滞の真っ最中だったので多数の目撃者が出たのですが、その証言内容には大きな食い違いがあります。

音に関しては沢山の人が「ジェット噴流がうるさくて耳がつぶれそうだった」と言っていますが、「スムースに、静かに飛んでいた」（USA TODAY 全国版編集長）というまるっきり逆の証言や、ミサイルのような音だった」（ペンタゴン工事作業員）や「大砲の砲弾のような音だった」（USA TODAY のレポーター）という証言もあります。

その中に「アメリカン航空の大きなジェット機だった、騒音が大きく耳が聞こえなくなりそうだった、高速道路を横切る時に街路灯を倒していった」と後日の政府発表説どおりの内容を明確に表現している人が、20人近くいました。

この20人の証言は現場の状況を詳細に観察すると矛盾します。

ボーイング757型機程の大型ジェット機が街路灯をなぎたおすほどの低空を時速843キロもの高速で飛行した場合、エンジンの後ろにいる人や車は間違いなくジェット噴流を受けて吹き飛ばされます。ところが、政府発表の飛行コースの真下にいたという車や人はまったくジェット噴流を受けていません。

受けていないはずです。FBI発表の飛行コースはでっち上げである事が、国家運輸安全委員会（NTSB）が2006年に解読・公表したFDRのデータによって判明しました。NTSB発表コース上の飛行機は街路灯にはかすりもしませんから、この20人の証言は作り話と考えたほうが筋は通ります。

3つ目の現場ペンシルバニア州シャンクスヴィルでも、現場の状況に矛盾する目撃者証言が出ました。墜落地点が山中だったせいか目撃者は数少なく、墜落の瞬間を目撃したと名乗り出たのは数人しかいないのですが、彼らの証言の内容は驚くほど似通っています。「飛行中の機体が最初少しふらついてからエンジン音が消えて、鼻先からダイビングするような格好で落ちて行った」と政府の墜落説をサポートするような内容になっています。その中にはごていねいにも「ミサイルで撃ち落されていない」と、政府の主張を先取りするようなことを言っている人もいました。

それに加えて、飛行機が地面に突っ込んだ瞬間を見たというただ一人の目撃者は、墜落現場から非常に近い作業所で勤務していて「大型機が鼻先から地面に突っ込んで大爆発したのを見た」と話しました。しかし現場には大型機が突っ込んで大爆発した痕跡がまったくありません。衝撃音におどろいて墜落直後に現場に駆けつけた近くに住む目撃者や、しばらくして現場に到着した捜索隊の証言はすべて一致していて「現場には空から落ちてきた物体が作った大きな穴があり、その窪地の中にはダンプか何かから放り出されたような小さい瓦礫の山があるだけで、飛行機の残骸らしき物がまったくみあたらない」と言っていました。

この3か所の現場における目撃者の中には見てもいないものを見たとウソをついて、政府発表説をバックアップした人達が混ざっていたのは明らかです。

捏造犯罪の本丸、テロ実行手順

世紀の捏造犯罪解明に向けた外堀はここまで書いたことで大体埋まりましたが、最も厄介なのが残っています。捏造犯罪の本丸と言えるテロ実行手順です。それを知る上で、重要なのがこの日の民間機4機の動きです。未《いま》だに解明出来ない部分が多いですが、これまで明らかになった事実を総合的に検証してできる限り辻褄があうように推測してみます。

同じ事を繰り返しますが9・11テロは捏造ですから、政府発表の資料やデータは全てフェイクです。その典型が、6人の生存者を含むテロリスト19人の氏名と、彼らの名前を記した4機の座席表です。そして彼らがハイジャックしたとされる4機の飛行ルートも信用できません。

その好例がアメリカン航空の2便です。

２００２年２月19日、ＮＴＳＢオフィス・オブ・リサーチ・アンド・エンジニアリング（Office of research & Engineering）が４機の詳細な飛行経路と管制塔との通信記録を公開しました。（＊6）

それによるとＡＡ11便は８時26分頃に機首を南に向けて、ハドソン川沿いをひたすら南下し、激突９分前の８時37分から高度を下げ初めてそのまま１号棟に突っ込みました。ところがＮＹ州の中でも住民と交通量の多い地域を下降飛行していたにもかかわらず、ＡＡ11便を見たという目撃者は一人も出ていません。

それに加えてＡＡの２便はこの日に限って飛行していなかったとする運輸省統計局のデータが存在します。この件は後の章で採り上げますが、このような情報混乱は捏造事件だから仕方がありません。

この後も矛盾する出来事は数多く出てきますが、とりあえず今は４機の民間機がハイジャックされたという前提で話を進めます。

飛行ルートはともかく、４機が離陸したとされる空港３か所とニューヨークのスチュワート国際空港（図６でボストンから出た２つの矢印が交差する二重丸の地点）と、クリーブランド・ホプキンス国際空港（ＵＡ93便がＵターンするあたり）の位置関係を頭の片隅に置いてください。

2001年9月11日アメリカ同時多発テロ事件
公式公表におけるテロの現場と旅客機4機の飛行経路

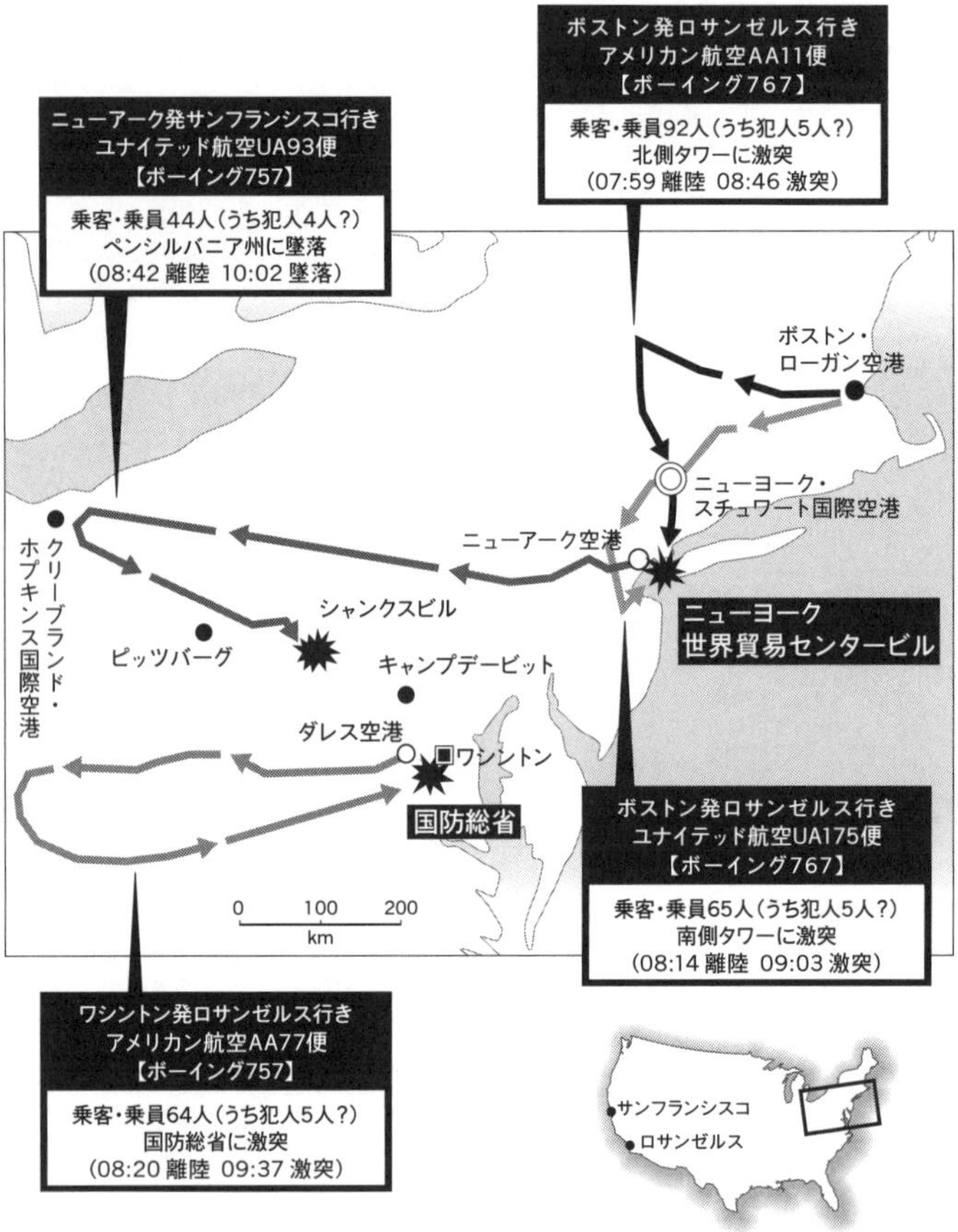

図6　時間はいずれも米東部時間、日本との差はマイナス13時間。ロイター配信の図を基に作成。

ボストンのローガン空港とスチュワート空港の飛行距離は272・8キロです。スチュワート空港とホプキンズ空港の飛行距離は645・38キロです。巡航速度はボーイング757－223型機（AA11便とUA175便）が時速858キロ、ボーイング767－222型機（AA77便とUA93便）は862キロです。巡航速度は最も経済的に運航する速度ですから、もっと早く飛ぶことは可能です。

9・11事件で非常に重要な役割を果たしたのはニューヨーク市北方88・5キロにあるスチュワート空港です。その位置はボストン・ローガン空港を離陸してからWTCに向かった民間機2機の飛行コースが交わる地点です。

当初の作戦シナリオでは、出発時間がほとんど同じ8時前後の4機を、AA11便、UA175便、AA77便、UA93便の順にスチュワート空港に集めることにしていたと思われます。4機ともGPS装置で地上から操縦されるので、パイロットは着陸するまで気付きません。4機の着陸後、犯行仲間を除く乗員・乗客を全員UA93便に移して、UA93便をクリーブランドに向かわせる手はずだったと思います。番狂わせが2つ起きましたが、修正しながら最終的には目的を達しています。

本番当日の朝、8時15分頃にAA11便が、8時半過ぎにはUA175便がスチュワート空港に下りたと思われます。

空港で待機していたモサドのスチュワート分隊は、ＵＡ１７５便の到着と相前後して、ツインタワー激突用に改造した空軍所有ボーイング２機をスチュワート空港から離陸させてＧＰＳ操縦器で誘導してＷＴＣに向かわせました。この２機にはパイロットはもちろん乗客も乗務員も乗っていません。

地上のＡＡ11便には犯人一味の乗員・乗客が残り、残りの乗員・乗客全員をＵＡ１７５便に移しました。犯人一味のＵＡ１７５便乗員・乗客はＡＡ11便に移動しました。ＵＡ１７５便の機内には、犯行に加担していない両機の乗員・乗客合わせて１６０人ほどが集められたと思います。

シナリオでは、次にＡＡ77便が着き、最後は最も遠いワシントン・ダレス空港からのＵＡ93便が８時半過ぎにスチュワート空港におりてきます。ただちにＵＡ93便代替機を西に向けて飛び立たせ、ＵＡ１７５便機内の１６０人を実際のＵＡ93便に移動させて、９時半にはクリーブランドに向けて飛び立たせる予定でした。

ところが、ＡＡ77便とＵＡ93便に異変が発生しました。

ＡＡ77便はダレス空港を離陸してから36分後に無線送信機が切られ、その４分後にＦＡＡ（連邦航空局）のレーダーから姿が消えたのですが、その直前に自動操縦装置スイッチがＯＮ

とＯＦＦに交互に何度も切り替えられました。これは操縦士が自分たちの行き先のロサンゼルスとは違う飛行ルートを飛んでいることに気付いて、自動操縦装置が壊れていないかチェックしたのだと思います。

チーフパイロットのチャールズ・フランク・バーリンゲーム３世（Charles Frank Burlingame III、51歳）は元海軍のジェット戦闘機乗りです。アメリカン航空に勤務する前は海軍予備軍で何年もペンタゴンで対テロ対策室に勤務していて、各種の対テロ装置を熟知していました。ＧＰＳ誘導に気付かれたと知ったモサドの誘導係は、ただちにＡＡ77便を最寄りの軍の飛行場に着陸させたと思います。

ＵＡ93便の方は出発が大幅に41分遅れて、８時42分になりました。

８時42分にニューアーク空港を出て、スチュワート空港でＵＡ１７５便の乗客１６０人を乗せて、９時半頃にスチュワート空港を離陸するのは少し無理があります。

そこで代わりにＵＡ１７５便を飛ばすことにしたのだと思います。

ＵＡ93便代替機が離陸して西に向かったのはシナリオ通り８時半過ぎだと思います。これが10時３分にシャンクスヴィルの山中に墜落することになります。

ＵＡ93便のスチュワート空港到着は９時半過ぎになったと思われます。急いで同機の乗客37人をＵＡ１７５便に移し、ＵＡ１７５便をクリーブランドに向かわせたのは10時頃になったと思います。上空に上がったUA175便はホプキンズ空港管制塔を呼び出して93便を名乗って着陸要請し、同空港に降りたのが10時45分でした。

スチュワート空港に残ったのは、誰も乗っていないUA93便と犯罪者一味が集結したAA11便です。AA11便に残った犯行仲間の乗員・乗客たちは、家族や会社や同僚への電話連絡を行いました。

最後になったUA93便の9時58分の電話連絡終了後、犯行仲間たちはAA11便を出てスチュワート空港をあとにしたと思います。行く先は不明で無事生きているのか口封じのために殺されてしまったのかもわかりません。

4機の機体は運輸省による飛行禁止命令を利用して、AA11便とUA93便はスチュワート空港に、AA77便は軍の飛行場に、UA175便はクリーブランドのホプキンズ空港に置き去りにされたのだと思います。

3日後に飛行禁止命令が解除になってから各々の航空会社が何の事情も知らないパイロットを送り、それぞれの空港から引き取ったと思います。

AA2機の廃機届け提出と登録抹消は事件の4か月後で、UA2機の使用取り消し届け提出は4年後だったことは既に書きました。

これからいよいよ現場ごとの出来事を順番に詳しく見ていくことにします。

Chapter ⑦ クリーン水爆その他ハチソン効果のようなニューテクノロジーが使われた!!

世界貿易センター（WTC）で本当に起きていたこと

WTCは、通称ポート・オーソリティーと呼ばれるニューヨーク・ニュージャージー港湾公社が建設した7棟の建物から成る複合ビル群で、7号棟を除いて土地も建物もこの地域開発公団が所有していました。

マンハッタンのダウンタウンに巨大金融センターを建設する案は第2次大戦終了直後から論議されていましたが、沸騰する議論を終わらせて建設を推進したのはネルソンとデービッドのロックフェラー兄弟でした。

1960年にチェース銀行（現在のJPモルガン・チェース銀行）社長に就任した弟デービッドには、ダウンタウンに大規模な商業施設とオフィスビルを建設して、隣接するバッテリーパーク地域の商業を抑えて不動産価値を下げようという魂胆がありました。ニューヨーク州知事だった兄ネルソン（任1959年~1973年）は、公団の理事たちを指名する権限を持っていました。

この公団はWTCだけでなくニューヨークの3つの空港、ニューヨーク州とニュージャージー州にかかるすべての橋と2つのトンネルを含めて多くの公共施設を所有し、かつそれらを運営しているので潤沢な資金を持っています。そして港湾公社警察という、自分たちの運営する土地と建物だけを専門にパトロールする警察組織まで持っています。

WTCビル群7棟の中の7号棟を除いた6棟が完成したのは1973年で、日系人ミノル・ヤマザキの設計でした。基礎工事は難工事でしたが、ツインタワーとして知られる1号棟、2号棟は当時世界最高の品質を誇った日本製鉄骨を支柱に使って、ヤマザキ考案の優れたアイデアが随所に生かされた高層ビルの傑作（制作に携わった技術者談）でした。

1987年に完成した7号棟は最初からシ

図7　左端が7号棟

ルバースタインが所有していました。７号棟は左の図で左端に立つ３番目に高いビルで、他の６つのビルを見渡せる位置（図７）にあります。この位置関係を覚えておいてください。

テロ直後に日本のメディアは、「ニューヨークでは地震がまったく心配ないので、ビルの構造は簡単で非常に脆くできている」と報道したようです。確かに耐震構造にはなっていなかったかもしれませんが、脆《もろ》いと言う言葉はこのツインタワーにはまったくあてはまりません。

ビルの構造はシンプルでしたが、１本１本の支柱はとても巨大で２つのビルで20万トンという大量の鉄骨支柱が使用されました。雑誌『サイエンティフィック・アメリカン』がエンジニアの言葉として、「現在では、世界貿易センタービルのように堅牢なビルはもう造っていない」と書いたほどです。

ヤマザキが堅牢さにこだわったのには理由がありました。

１９４５年（昭和20年）７月28日の霧の深い朝、ニューアーク空港におりようとしたＢ－25爆撃機が方角を間違えて、９時50分にエンパイアステートビル79階に突入しました。エンジン片方がエレベーターシャフトの中に落ちて、当時のお金で３億６０００万円の損害を出して、死者が14名出ました。

ジャンボジェット機は１９６９年就航なので、１９６３年の設計開始当時世界で一番大きな飛行機はボーイング７０７型機でした。ヤマザキはボーイング７０７型機が、乗客満載で燃料タンク満タンの状態でビルに突入したことを想定して、ツインタワーを設計しました。

政府は「７６７型機は７０７型機よりも速いスピードで飛行していたから、衝撃が大きかった」と説明しました。

最大離陸重量が15万１３２０kgの７０７－３２０Ｂ型機と、ツインタワーに突っ込んだ最大離陸重量17万９１７０kgの７６７－２００型機を比べると、スピードや航続距離は新型機の方が進歩していますが、機体の大きさはそれほど大きな差がありません。離陸可能重量は７６７型機の方が７０７型機よりも18％増えていますが、衝突時にビルにあたえるインパクトからみた場合、両機はそれほどの違いはないと言えます。

ＷＴＣ建築プロジェクトマネージャー、フランク・デ・マティーニ（Frank A. DE Martini）はドキュメンタリーフィルムのインタビューの中で「複数の大型ジェット機が同時に突入してもビルは持ちこたえられる」と証言しています。彼は事件当日１号棟88階にいて、帰らぬ人となりました。（World Trade Center — A Modern Marvel, 1/25/01）

日本で一部の建築家が発表した、ビルの建て方に問題があったので一機の衝突で崩壊した、と片づけるのは全く何の根拠もないお門違いの説です。

ＷＴＣはロックフェラー兄弟の肝いりで建設されてビルそのものは高層ビルの傑作だったとはいえ、建設当初から大きな問題を抱えました。

期待したほどテナントが入らず、常に赤字で巨額の補助金を必要としました。また巨大で高速な１０８基という多くのエレベーターを始めとして、ビルの維持費も膨大な額に上りました。

日進月歩の進歩を見せるコンピューターや各種の通信テクノロジーに対応していない設備の割にはテナント料が割高でした。そのうえ１９９３年のＷＴＣ地下駐車場爆破事件を契機にして、契約を破棄するテナントが続出したことが状況を悪化させました。

それ以上に頭の痛い問題は防火剤として大量に使用されたアスベストでした。２０００年に港湾公社が試算したアスベスト除去費用は１２００億円という巨大な数字が出ました。建設当初は脚光を浴びたＷＴＣですが、やがてWhite Elephant（無用の長物）とみなされるようになりました。

イスラエルが40年前から計画していたエンパイアー・ステートビルへのテロ攻撃がＷＴＣに変更されたのは、このようなアメリカ側の事情があったからというのは通説です。しかし真の理由は全く別のところにあります。

7号棟崩壊の怪

午前8時46分：AA11便が1号棟に激突。10時28分に崩壊が始まり、約9秒で崩壊完了。
同9時3分：UA175便が2号棟に激突。9時54分に崩れ始め、約10秒で完全に崩壊。

飛行機激突は1号棟が先ですが、崩壊が始まったのは2号棟が先でした。これは想定外の出来事だったようで、犯人たちの作戦の一部に狂いが出ていたことが瓦礫撤去作業中の10月30日に判明したので、後ほど紹介します。

WTC3号棟（22階建て）、4号棟（9階建て）、5号棟（9階建て）、6号棟（9階建て）は2つの超高層ビル崩壊の瓦礫の下敷きになって全壊、もしくは半壊状態になって鉄骨の骨組みが残りましたが、その年の12月に完全に取り壊されました。

第7号棟（47階建て）は他の6つのビルが立ち並ぶ地域から通り一つ離れて建っていたので、ツインタワーの瓦礫の下敷きになりませんでした。

その7号棟が夕方5時20分に突然崩れました。
鉄筋コンクリートが世界最初に作られた1849年から2021年まで172年間あります。

その172年間に世界中で数えきれないほど多くの鉄筋コンクリートのビルが建築されました。火災で崩壊したとされるビルは世界中で2001年9月11日のWTC3棟しかありません。

政府の9・11調査委員会は7号棟の存在を無視していて、最終報告書で一言も触れていません。FEMA（連邦緊急事態管理庁）は、その調査報告書において7号棟崩壊の理由を原因不明と投げ出しました。

ミノル・ヤマザキが考案したすぐれた構造の一つに、飛行機衝突時の被害を最小限に食い止めるための工夫があります。鉄骨をメッシュ構造にして十字型に組んでビルの外側全面を取り囲んだのです。飛行機が突入したとき、この十字型の鉄骨メッシュ構造がうまく機体を受け止めるようになっていました。

衝突のショックはここで緩和されて機体は外側で止まる構造で、ビル内部の中心部分に集められているエレベーターや電線やケーブルや、各種配管等のビル中枢部分には損傷がおよばないようになっていたのです。

飛行機の機体というのは、エンジン以外の大部分がカーボン樹脂やプラスチックでできています。本質的に柔らかい物なので、ビルに衝突した時にビルの一番外側にある硬い鉄骨を突き抜けて内部に機体が全部入ってしまうことはありえません。

ツインタワーに飛行機が突っ込んだ時のビデオをよく観察すると、飛行機の先端がビルにぶつかる寸前に、飛行機の鼻先にあたるビルの内部が一瞬ですが光るのが見えます。ビルの中でフラッシュを焚いたように光ったのです。

この現象の理由はまだ解明されていないのですが、ヤマザキ考案の飛行機衝突時のショックよけ特殊構造に、その理由を解く鍵があると考えます。

飛行機は2機とも全長が47メートルをこす大型機です。ビル衝突時にはメッシュ構造の鉄骨に受け止められて、機体の後ろ半分がビルの外側に突き出て残る可能性が高く、ビル崩壊後にその機体が回収されるおそれがあります。それを回避するために飛行機衝突箇所を何らかの方法で破壊して、翼を含めて飛行機の最後部まで完全にビルの中に入ってしまうようにしたのだと思います。フラッシュのような光は、その時の爆破によって生じたのではないでしょうか。

衝突時のビデオ画像（図8）を拡大すると、2機目の飛行機の胴体腹部片側半分に細長い出っ張りが見られます。そこからミサイルが発射されたのではないかという説がありますが、真相はわかりません。

はっきり言えることは、この悪魔の犯罪を立案実行した連中はツインタワーの構造をよく知っていたということです。

2機目の腹部の民間機とは思えないふくらみ

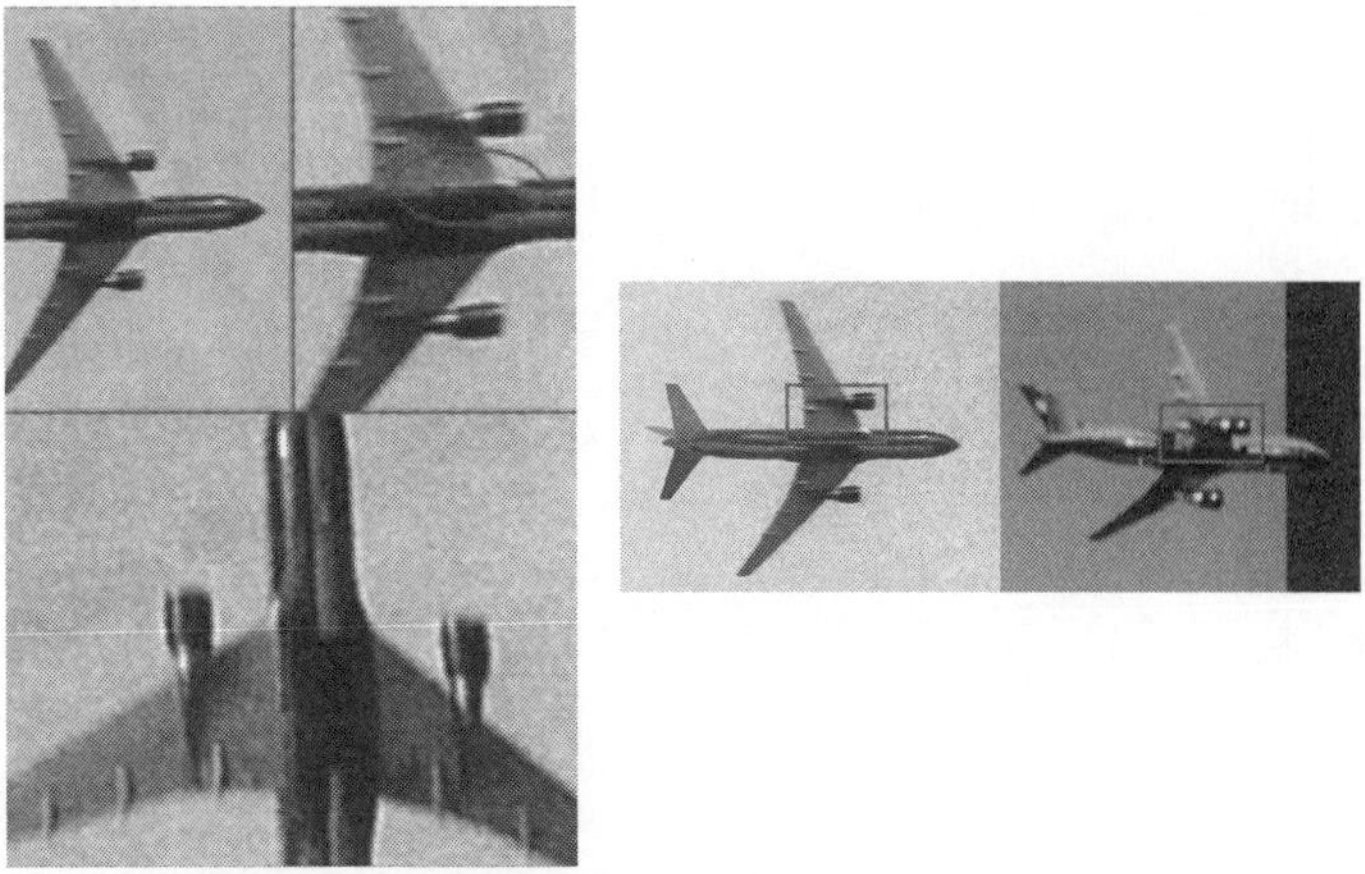

WTC に突っ込んだのは軍用機か（Photo source: Rob Howard）

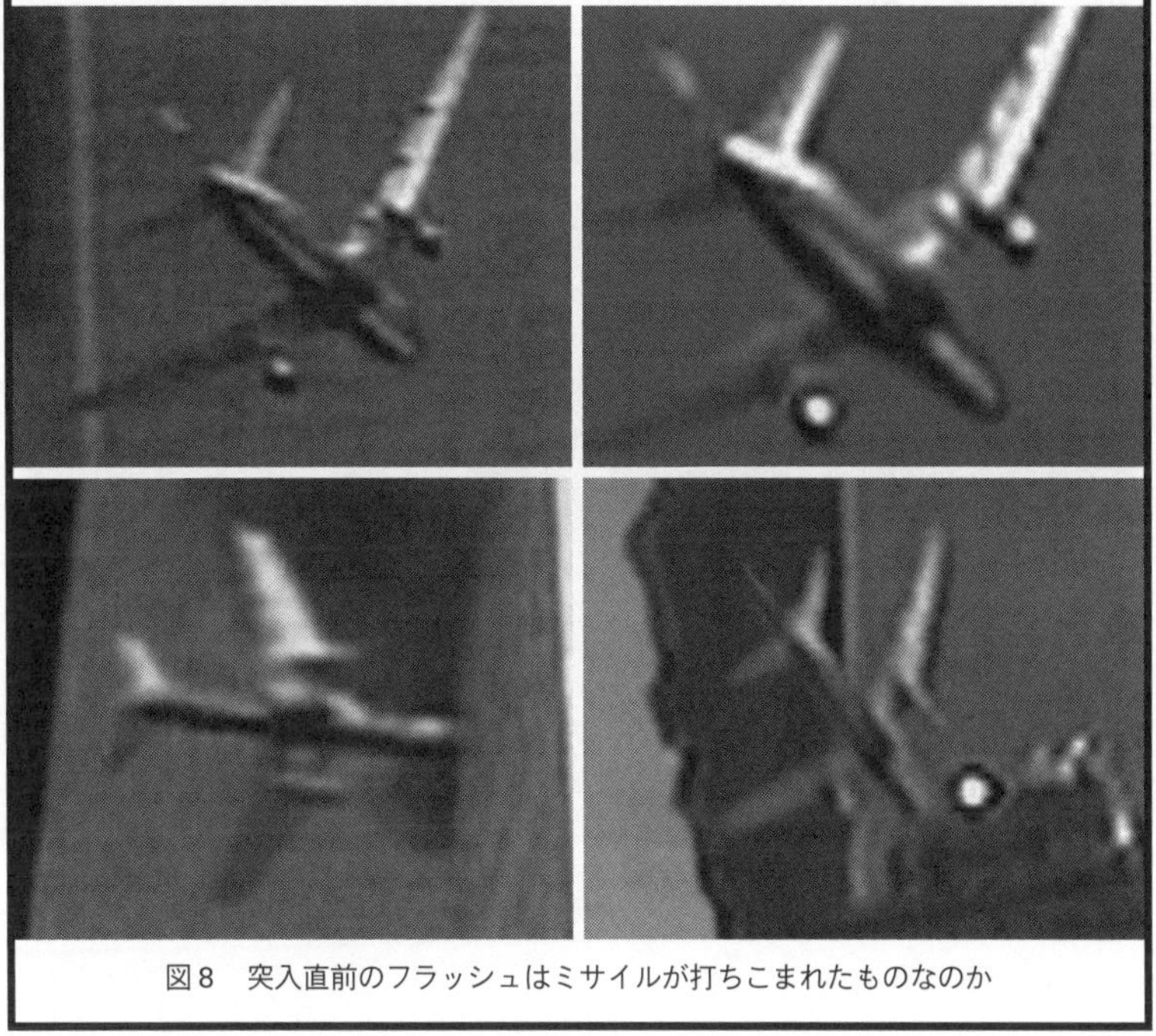

図8　突入直前のフラッシュはミサイルが打ちこまれたものなのか

ＷＴＣの鉄骨は新日本製鉄製

一部では鉄骨に問題があったように言われましたが、このビルに使われた鉄骨は当時世界最高の品質をほこった新日本製鉄製でした。

アメリカという国はいろんな面で基準がうるさい国です。その例にもれずこの時も検査に関して大変に権威あるアメリカ保険業者安全試験所（ＵＬ）という非営利機関が、ＷＴＣで使用予定の鉄骨を前もってテストしていました。この新日本製鉄製の鉄骨は摂氏１０９３度で６時間の耐熱実験にパスしました。（鉄骨の融解温度は摂氏１５１０度です）

強度の面でも基準値を大幅に上回っていたことが、事件後にアメリカ国立標準技術研究所（ＮＩＳＴ）がＵＬに依頼して実施したツインタワーの残骸鉄骨の強度テストの結果から証明されました。（Pittsburgh live, 8/28/03）

ジェット燃料は酸素を充分に供給した状態でも、温度は摂氏９８２度まであがるのが最高限度です。

ツインタワーに飛行機衝突直後から崩壊するまで黒い煙が上がっていましたが、これは酸素が充分に供給されていなかったためで、そういう状態では温度は摂氏７０４度まで上がるのが精一杯です。

ツインタワーは煙突のように細長いビルでしたから、中で火災が起きると煙突効果で上層階の火のめぐりが強烈になります。そこで設計者ヤマザキは、火炎が大きくならないように空気の流れをストップする構造を取り入れました。その工夫によって衝突で飛散したジェット燃料によっていっきに燃え上がった火炎も、酸素不足からすぐにくすぶる程度の勢いに落ちて行きました。

パンケーキ理論も現実を前にして、すでに崩壊している!

政府発表のツインタワー崩壊の説明は、「パンケーキ理論」——大量のジェット燃料によって鉄骨が溶けてしまい、床が自分の重みで上の階から順番にパンケーキのように落下してビル全体が崩壊した。——というものです。

この現象が起きた場合の一番の特徴は、崩壊箇所には重なりあった床とそのあいだには押しつぶされた家具・事務用品などがあり、その上に外壁がおおいかぶさって残ることです。しかしツインタワー崩壊現場には重なりあった床どころか、家具・事務用品も外壁さえも残っていませんでした。

専門家が算出したパンケーキセオリーによるツインタワー崩壊時間は96秒です。ところが実際には一方が9秒、もう一方は10秒で崩壊が完了しています。110階立てのツインタワーと同じ高さから落下した物体が地上に達する時間は9・3秒です。ということはこの両方のビルは、引力による物体落下とほとんど同じスピードでくずれ落ちたことになります。

政府が言うようにパンケーキ理論でビルが崩壊したとしたら、最上階の床は途中に存在する100階以上の床を素通りして地面に到達したことになります。

物理学者たちも、一人を除いて皆口を噤《つぐ》んだ！

アメリカに何百人いや何千人の物理学者がいるのか見当もつかないのですが、9・11直後に政府発表のビル崩壊説に表立って異議をとなえた物理学者は、たったの1人しかいませんでした。

ブリガムヤング大学教授スティーブ・ジョーンズ（Steven E. Jones）という常温核融合の研究で知られた物理学者です。

「政府発表のジェット燃料によるツインタワー崩壊は、物理学的にありえない」と発表しました。彼は衝突時のビデオを詳細に観察した後に、ツインタワーの崩壊は爆発物にサーマイト

（酸化鉄の化合物）とアルミ粉末を併用した結果によるものと発表しました。

政府発表説に異議を唱える学者や建築エンジニアが出た場合の対処方法は、9・11実行シナリオに書かれていたと思います。

その犠牲になった一人がジョーンズ教授です。大学当局から辞職を勧告され、自説をまげなかったので大学を辞めざるをえなくなりました。

アメリカ保険業者安全試験所（UL）マネージャー、ケビン・ライアン（Kevin R. Ryan）も犠牲者の一人です。彼はアメリカ国立標準技術研究所（NIST）の発表に異議を唱えて公開質問状を送りました。その結果、次の週に職を解かれました。

ニューメキシコ鉱山技術研究所副所長ヴァン・ロメロは爆発に関するエキスパートです。彼が「ビデオを見た限りでは、飛行機がWTCに衝突したあと建物の中に爆発物が仕掛けてあったことでタワーが崩壊した、と言うのが私の見解だ」と述べたことが、事件当日の地元の新聞アルバカーキ・ジャーナルで報道されました。（Albuquerque Journal, 09/11/01）

ところがそれから10日後の9月21日、アルバカーキ・ジャーナルは、9月11日に言ったことに反するが、WTCには爆発物はなかったと副所長は信じていて「間違いなく、火災がビル崩壊の原因だ」と彼が前言撤回したことを報道しました。（Albuquerque Journal, 09/21/01）

己の信念を通すか仕事を失うか、ロメロ副所長は10日間悩んだに違いありません。

そもそも鉄筋コンクリートのビルが火災で簡単に崩壊することが事実となったら、保険会社がパニックになるはずです。全世界の鉄筋コンクリートビルの保険料の再査定に取りかかる必要がありますから。

しかし、そんなことを実行した保険会社があるという話は聞きません。ということは政府発表説を世界中の保険会社は信じていないことになりますが、保険業界から政府発表説に異議をとなえた人は出ていません。

9・11の真相を追及する動き

2006年、正義感に駆られたビル建設に携わる設計士とエンジニアたちが非営利団体「9・11真相を追及する設計士とエンジニアたち」(Architects & Engineers for 9/11 Truth)を設立して、同時多発テロ再調査を求める活動を開始しました。2010年9月には1270名の設計士と建築エンジニアたちが会員になり、9467名もの多数の同業者の署名を集めて一人一人の名前をネットで公開しました。

その団体の中心人物で、20年間数多くの耐火鉄筋コンクリートビル建設にかかわってきた米国設計士学会員リチャード・ゲイジ(Richard Gage)は、きくちゆみを代表とする9・11真相追求グループに招かれて、2009年9月に日本に来て各地で講演しました。

この設計士と建築エンジニアたちの集まりが、トランプが次期大統領になることが決まってからトランプ委員会というサイト（TrumpCommission.Org）を立ち上げました。(＊7）設立目的はトランプにWTC崩壊の再調査を頼むためです。

トランプは事件当日、2つのインタビューで「あれは爆弾だ」と明確に断言していたので、政府発表説がフェイクだと分かっているはずだからです。

トランプ宛てに公開書簡を送りました。

「あなたは、鋼鉄は非常に強いので、WTCタワーに爆弾が使用されたに違いないと事件当日に認識した、最初の1人でした。2500人以上の建築家やエンジニアだけでなく物理学の博士号を持つ人たち、学術誌のために研究論文を書いている人たちも、あなたに同意していま す」と冒頭にあります。

WTC調査再開の根拠が列挙されています。

◉鉄骨の高層ビルが未だかつて火事で溶けたことはありません。歴史上、世界貿易センター第1号棟、第2号棟、第7号棟の3つだけです。

◉鋼鉄は火に強い。人々は毎日のように鉄のフライパンで料理をしていますが、鉄が溶けたり弱くなったりすることはありません。しかし、ナノサーマイトの爆発物は、鋼鉄を溶かすことができます。

◉公式9・11委員会はブッシュが任命した人間ばかりで、ブッシュ政権に関わるようなことは何も調査していません。

◉調査委員会設立まで411日もかかりました。他の悲劇的出来事では数日以内に調査委員会が設立されています。（参考：調査委員会設置までの日数。タイタニック号沈没事件は6日目、真珠湾攻撃は9日目、ケネディー暗殺は7日目、チャレンジャー号事件は7日目。）

◉ブッシュとチェイニーは宣誓証言を拒否しました。なぜか？　偽証罪で起訴されないためです。

結びの部分を紹介します。

「ニューヨーカーたちに加わり、www.NYCCan.org にある『9・11調査委員会』を設立するための請願書に署名することを考えてください。もしかしたら、あなたも委員会に参加したいのでは、おそらく委員長になりたいのではないでしょうか」

このサイトには建築エンジニアたちの、トランプだったら率先して調査してくれるはずだ、という大きな期待があふれていますが、残念ながら無駄に終わってしまいました。

ツインタワー崩壊原因が爆発物だったことは、多くの消防隊員やメディアのレポーターが事件現場から生中継で報道していました。

ＮＢＣのリック・サンチェスの報道です。

「爆弾と思われる怪しい装置があるとして、警察がＷＴＣ周辺から人々を退避させた。警察が言うには、バンに搭載された爆発物がＷＴＣの中で爆発した。そしてＷＴＣ内部かビルの近くに爆発物が仕込まれている恐れがある」

ＮＢＣのパット・ドーソンの報道です。

「爆弾が破裂したという報告を受けたので消防隊員たちを退避させようとしたとき、再び爆発が起きた。ビルの中には爆弾が仕掛けられている、とＮＹ消防局の安全主任が語った」

ＢＢＣのスティーヴン・エヴァンズは自分の目で見たことを報道しています。

「飛行機が衝突した個所からズーッと下の個所で、大きな爆発が起きた」

病院に収容された男性の衝撃的な言葉があります。

「そしていきなりそれは……、それは銃声のように鳴り響いた、ほら、バン、バン、バン、バン、バンと、それから突然3度の大きな爆発だ」（News clip: 'America Responds'）

しかし現場からの生のレポートは、ＷＴＣだけでなくペンタゴンもペンシルバニア州のＵＡ93便墜落現場も含めて、その後一切どこのテレビ局の画面にも2度と現れることはありませんでした。

その代わりに現れたのはオサマ・ビン・ラディンの顔写真です。ツインタワーに飛行機がぶつかるシーンとツインタワー崩壊映像と、煙が立ち上るペンタゴン映像とオサマの顔が、1日に何度も何度も繰り返し流されました。

NY消防局員には、9月11日に見聞きした爆発物に関して厳格な緘口令が敷かれました。事実の捻じ曲げに満ちた9・11調査委員会の報告書さえ、現場にいた消防局チーフでツインタワーが火災によって崩壊したと信じている者は皆無だ、と書いています。

ビル解体の専門家たちの言葉（制御解体）

爆発物を使ってビルの解体を行う専門家の言葉があります。

「まず地下の支柱をすべて爆破してから、最上階から爆破をスタートさせる。一階ごとに一番下の階まで爆破し続ける。全ての爆発物にタイマーがセットされている。だからこそ（爆発物を使った）ビル破壊は制御解体（controlled demolition）と呼ばれる」

ツインタワーでもその定石通りに、まず7階まであった地下をくずしておいてから地上階の爆破を敢行しています。

最初の地下爆発が飛行機のぶつかる前だったことは、地下で作業中だったビル従業員ウイリアム・ロドリゲス（William Rodriguez）（図9）が事件後生々しく証言しています。彼はビルのマスターキーを持っていたので、それを使って閉じ込められた人たちの救助活動にビル崩壊寸前まで従事して、〝WTC最後の生き残り〟として後日ブッシュから人名救助で表彰されました。

ロドリゲスは多くのマスコミ取材を受けましたが、飛行機衝突前に地下で大爆発があったと言う彼の言葉はすべて削除されたので、それ以後聴衆に直接話す必要を感じて世界中を講演して回りました。日本でも2006年に、9・11真相追求運動の中心人物きくちゆみが彼を招聘《しょうへい》しました。

9・11事件調査委員会は、ロドリゲスを含めて多くのWTC従業員や消防隊員で爆発を証言する人を一人も採り上げていません。

2001年以前に鉄筋コンクリートのビルが火災でつぶれた例は世界中の何処にもないので、現場に駆けつけた多くの消防隊員たちは誰一人としてあのビルが崩壊するとは思っていなかったはずです。

だからこそ大勢の消防士たちが重い消防服をつけて消化器

図9　ロドリゲス

ボンベを担ぎ、1機目がぶつかった94階と2機目の78階まで階段を駆け登ったのです。思いもかけないビルの崩壊によって消防士343人が亡くなりました。

現場に駆けつけた消防隊員は、ツインタワー崩壊が始まる前に何度もビルから聞こえていた強烈な爆発音のことを語っています。ビルの崩壊時に地上にいて間一髪で助かった消防隊員は、「ビルは上の階から一階ごとに順番に爆破でくずれてきた」(図10B)と証言しています。この証言は、当日NY市消防隊のドキュメンタリー映画を作っていた、ノーデブラザーズ製作のビデオ『9・11』に納められています。

ツインタワー崩壊原因はビル内部に前もってしかけられた爆発物だったのは疑う余地のない明白な事実ですが、使用された爆薬の種類は20年後の今も判明していません。

当初ジョーンズ教授は、ビル内部で溶鉱炉の中のように鉄骨がどろどろに溶けてしたたり落ちているのをビデオの拡大映像で見て、酸化鉄の化合物と爆薬を併用したという説を発表しました。日本語でテルミット(英語ではサーマイト thermite)と呼ばれる酸化鉄の化合物と爆薬を併用すると、2秒で鉄骨の融解温度である摂氏1510度(華氏2750度)を優にこえる摂氏2783度(華氏4500度)に達するのです。

しかしそれだけでは説明のつかない事があります。

ツインタワーと7号棟では、その崩れ方が全く違います。

飛行機衝突なしに崩壊した７号棟の怪

図10Ａ　７号棟は航空機の激突も火災もなかったのに、ペシャンコになった。言葉を失うほど、不可解な現象。ａの囲みは、爆風で窓が吹き飛ぶ様子。

図10Ｂ　ビルの上から「ボンボンボン」と爆発音があったことを語る消防士たち。『911ボーイングを捜せ』より。

9月11日午後5時20分、WTC7号棟は飛行機の突入もなしに突然崩壊しました(図10A)。その様子は、建物の中心がくずれ始めてから外壁がその上に倒れこみ、次に大量の粉塵をともなう爆風が巻きおこるという、ビル解体業者による爆発物を使った破壊方法の教科書通りの崩れ方をしました。ビルの敷地内には外壁等のビルの残骸が小山のようになって残りました。

一方ツインタワーの方は、上の階から順番に外側に瓦礫が飛び散り、110階立て超高層ビル外壁と床に使われていた33万立方メートルのコンクリートと、ビルの外側に使われていた数百枚の窓ガラス、照明に使われた数千本に上る蛍光灯などが、すべて粉々になって粉塵と化しました。

粉塵はダウンタウン一帯に10センチの厚さに雪のように積もり、ツインタワー内の各事務所にあったはずの机、ファイルキャビネット、電話機、コンピューター等の大量の事務用品等がまったく原型をとどめずに、一番大きいもので手のひらの半分くらいの大きさに破壊されました。

ツインタワー跡地には外壁をはじめとするビルの残骸らしきものがほとんどみあたらず、むき出しになった鉄骨の瓦礫だけが目立っていました。47階建て7号棟残骸の高さと、倍以上の110階建てツインタワーの鉄骨残骸の高さはかわりありませんでした。見事に〝解体〟された鉄骨の形状も不思議でした。

上の階から落ちてきて地上に転がっていた巨大な鉄骨の多くの切断面がきれいな直線だったのです。あたかも大型トラックの荷台にそのまま乗るような同じサイズに、ジョイント部分で切断されていました。運搬のことまで考慮して鉄骨支柱を切断したと考えられます。

図11の写真には、同じような高さで真横に直線で切断されている3本の鉄骨支柱の断面が見てとれますが、画面中央の一本とその向かって右手の1本は斜めに切られています。これは狙った方向にビルを落とし込むための技法で、ひも状にした爆薬を鉄骨の周囲に斜めに巻きつけて爆破するとこうなります。

図11
上　http://www.scribd.com/doc/10160/Amazing-911-WTC-Ground-Zero-Photo-Collection
下　http://moltenmetalsmokinggun.blogspot.com/

新しく開発された爆発物が使用されたとしか考えられない！

事件後3か月間もWTC地下に存在していたどろどろに溶解した金属をはじめとして、尋常でない現場状況がいくつも報告されました。これは通常の爆発物ではなく新しい大量破壊兵器が使われたと考えないと説明がつきません。

破壊力の大きい爆弾の解明にヒントを与えてくれる情報があります。

アメリカ国立衛生研究所が事件2日後の9月13日にWTCの下水、そして9月21日に6号棟地下から水を採取して、トリチウムレベルを検査しました。その結果を2002年5月14日、フロリダ州オーランドで開催された米国化学学会において発表しました。

このときのデータは米国エネルギー省科学技術情報局の「世界貿易センターのトリチウム濃度の上昇」と題するサイトに掲載されています。（＊8）ここにはトリチウムの危険レベルは書かれていませんが、「グランドゼロ（爆心地）以外のマンハッタン、イーストリバーの対岸ブルックリン、クイーンズでのトリチウムレベルは人体に影響のある数値ではなかった」と断っています。これはグランドゼロのトリチウムレベルは危険だったことになりますが、このデータが一般向けに公表されたのは事件発生から7年半後の2008年2月5日のことですから、

8年近くも一般の人には知らされませんでした。

水ではなくWTCの粉塵7・5グラムを調べた物理学者のサイトがあります。（＊9）ここでも検査はトリチウムだけで、人体に危険な通常の55倍の高レベルを検出したと書いています。

トリチウムは三重水素といわれる水素の同位体で、自然界には極微量しか存在せず多くは核実験や原子炉内で発生する物質です。したがってこのレベルが上がったということは、核爆発、それも原爆ではなくて放射能反応を出さない水素核融合に近いことがWTCで発生したとしか考えられません。崩壊したWTCを現地ではグランドゼロ、爆心地と呼び慣らしていたのも道理です。

事件直後、ダウンタウン一帯の空気が薄い茶色になっていたことが報告されたのですが、これは核拡散による硫黄酸の形成によるものと考えられます。しかし現在知られている原爆も水爆も、爆発後には強烈な放射能反応が出ます。ところがそのような報告はありませんでした。

核爆弾と言われるものには2種類あります。1つは原爆です。これはウランやプルトニウムのような重い分子が分裂して軽い2つの分子に分かれる時に発するエネルギーを利用しています。この爆発は強烈な放射能を発生します。

もう1つの水爆は、水素のような軽い分子2個が融合して分子1個になる時に発する核分裂以上の強烈なエネルギーを利用します。水素核融合は放射能放出がなく、爆発力は原爆以上という理想的なクリーン爆弾なのです。

しかし水素核融合は一定の条件下でないと発生しません。それで、その反応を起こさせるスイッチ（起爆装置）として原爆がつかわれているので、現在知られている水爆は放射能が必ず発生します。そして製造過程が複雑です。

原爆保有国は世界に英米露仏中、インド、パキスタン、北朝鮮とイスラエルの9か国に及んでいますが、水爆保有国は英米露仏中の5か国だけです。

建設工事用クリーン水爆の実験（プロジェクト・プラウシェア）は計519回も行われていた

現在のところ原爆を起爆装置に使わない水爆は知られていませんが、アメリカ政府はこの理想的クリーン爆弾の開発に専念していたことが知られています。

その一つにプロジェクト・プラウシェア（＊10）と呼ばれた核兵器の平和利用プロジェクトがありました。このときの平和利用の主目的は、パナマ運河拡張や山岳地帯への高速道路建設などの建設工事用に目的を定めたクリーンな小型核爆弾の開発でした。

このプロジェクトによる最初のオペレーション（作戦）は、「水爆の父」エドワード・テラー（＊11）が提唱した1958年のチャリオット作戦（＊12）と呼ばれるものでした。アラスカに核爆発によって大規模な人口湾を作りそこに港を建設しようというものでしたが、原住民イヌイットから拡大した反対運動によって計画は中止になりました。

ウィキペディアのプロジェクト・プラウシェアのページにリストアップされている数多くの大規模建設プロジェクトは結局すべて計画だけで実際には着手されなかったようですが、実験は確実に行われました。

1961年から1973年までの12年間に0・15kt《キロトン》の超小型から200ktを超す大型のものまで殆どがネバダ州実験サイトで、他にニューメキシコ州とコロラド州の実験サイトで、都合12の実験プロジェクトが実施されました。

広島に落とされた原子爆弾が15ktですから、いかに小型から大型までの幅広い範囲の核実験が行われたか想像できると思います。

プロジェクト・プラウシェアの12の実験プロジェクトで行われた核実験回数が半端な数ではありません。各プロジェクトにおける核実験回数は、最小が28回で最大が53回でした。最も多かったのは5つのプロジェクトで行われた48回の核実験でした。12のプロジェクトの爆破回数は合計519回に及びました。各プロジェクトはほとんどが1年から2年に渡っていたので週に一回ほどの核実験ペースでした。最も頻繁だったのは1962年4月から同年11月までの8か月間に105回もの核実験を行ったドミニクというプロジェクトでした。これは2〜3日に一回のペースで核実験を行ったことになります。

クリーン水爆は1995年に使用されていた!?

これほど数多くの核実験を行っていながら、建設工事用クリーン水爆は完成しなかったとされていますが、これに疑問を投げかける地質学者の言葉があります。

フィル・シュナイダーという名の地質学者が今から25年前に、この種の爆発物の存在を明確に指摘しました。彼によると起爆剤に原爆を使わない小型の水爆が1995年には工事用に使われていたというのです。（＊13）

アメリカ軍は理想的クリーン爆弾の開発に専念しているので、常

図12
上　http://en.wikipedia.org/wiki/File:Storax_Sedan_nuke.jpg
下　Photo source: Painful Questions

温核融合やレーザーを起爆に使った水爆が完成されている可能性は充分にあります。

彼はＷＴＣ地下爆破事件の爆発直後の現場写真を見て、この「支柱の崩れ方は工事用の水爆が使われている」とはっきりと断言したのです。

それを示唆するのが、ツインタワー崩壊時の崩れ方に酷似する核爆発写真（図12）の存在です。上の写真が砂漠での核実験で、下がツインタワーです。

総計５００回以上もの核実験が実行された

図12の上の写真は、セダンの呼び名がついた１０４ktの大型核実験のものです。セダンは１９６２年７月６日から63年６月25日にネバダの核実験サイトで行われたストラックス作戦最初の実験でした。（＊14）セダンの１週間後に２００ktの核実験を行い、その後20kt以下の核実験を46回も行っています。

プロジェクト・プラウシェアの最も古いプロジェクトは１９６１年から62年にかけて45回の核実験を行ったヌガ作戦で、その次に行われたのがストラックス作戦です。総計で５００回以上の核実験が行われたことからして、アメリカ政府のクリーン水爆に対する並々ならぬ執着ぶりが読み取れます。

したがって開発できなかったというのは表向きのことで、原爆を起爆装置にしないクリーン水爆が完成されている可能性は充分にあると思います。

シュナイダーは仕事の関係上爆発物にも精通していて、長い間政府の秘密プロジェクトに従事していました。1995年に何度か講演をおこなって、自分が関係してきた軍の地下基地建設に関することを内部告発し始めました。

彼が生きていれば、同時多発テロの3か所の現場での多くの不可解なことが解明されると期待されるのですが……、惜しむらくは1996年1月に、自宅の居間で首に太いチューブが巻かれた状態で死んでいるのを、たずねてきた友人が発見しました。死後1週間近くたっていたようです。警察は〝自殺〟でかたづけましたが、彼は翌週からフロリダ州を皮切りに、政府の秘密プロジェクト公表をテーマにして全米をまたにかけた講演旅行に出かける予定になっていたのです。現場に駆けつけた元妻が言うには、「フィルは事故で右手の親指を失っていたのでチューブを自分の首に巻いて息が出来なくなるほど強く絞めることなどできっこない」とのことです。

鉄骨が気化！ 他にもまだある核爆破解体の証拠群

ツインタワー崩壊に核が使われた可能性が指摘されたケースは、少なくありません。

〝アメリカ最後の本当の新聞〟と銘打った『アメリカン・フリープレス』のサイトに掲載されたヴィクター・ソーンの記事も、核使用の可能性を明確に指摘しています。(＊15)

彼は航空宇宙学と化学のエンジニアで「9・11真相を追及する設計士とエンジニアたち(Architects & Engineers for 9/11 Truth)」の会員にインタビューして記事を書きました。そのエンジニアは事件当日WTCで起きたことはチェリノブイリ事故とよく似ていたことと、現場に駆け付けた人々に起きた血液と内臓の癌の急激な始まりは、米国政府の放射能テスト実験台にされた人々や、広島と長崎における悲劇的な生存者の症状に非常によく似ていることを語っています。

そして「小型の核爆弾が建物の中心部分に設置されて見えなくしてあったら、その極度に明るい閃光と超高熱を発する爆発は誰にも見えない。その爆発はとても強烈なので、瞬時にして数百万度の温度に達していたかもしれない」というエンジニアの言葉を紹介しています。

(American Free Press, 9/20.27/10)

その他にもユーチューブに投稿されているビデオの一つは、セダン核実験の写真と共に核使用の可能性を示唆する7つの項目を挙げているので紹介します。(＊16)(　)内は私の補足です。

◉非常に小さな核装置は１９５０年代から存在していて、この50年間で格段の進歩を遂げている。

（１９６２年に始まったヌガ作戦で12月22日、０・15ktという広島の１００分の１という超小型の核実験が行われています。クリーン爆弾ではないにしても超小型核が50年代から存在していた可能性は否定できません。）

◉ツインタワー崩壊時に、強烈な電磁パルスが発生していた。電磁パルスは核爆発によって生じる。

（高性能の電気回路を持ったテレビカメラによる崩壊時映像が電磁パルスを記録していて、崩壊による地震波を記録していたマンハッタンの北29kmのハドソン川沿いにあるコロンビア大学地震研究所の揺れのピークとタイミングが重なっていました。）

◉ＷＴＣ崩壊時に生じた粉塵は極端に微細な粒子を含んでいた。この微細粒子は、ビル崩壊が原因とするには余りにも微細である。このような微細粒子を生成するには、核爆弾のように桁違いに強力な爆発物が必要である。

（ＷＴＣに使われていた大量のコンクリートの99％が微細な粉塵に化したことは公式記録にも書かれています。採取された粉塵に含まれていた記録的なほど大量の原子サイズの金属粒子は、核融合による瞬時の超高温と大量の中性子放出によって鉄骨や金属機器が気化したことでのみ説明可能です。核爆弾は爆心地の周辺の物質を気化させますが、サーマイトには無理です。）

◉数人の生存者たちの皮膚は溶けていたり、めくれてぶら下がっていたりした。これは広島の核爆弾投下後の生存者に多く見られた異常現象と同じである。

（救助犬14匹と何人もの救助隊員の急激な死は、アスベストや毒性の粉塵を原因とするには死が早すぎます。核融合で生じたトリチウムなどの放射性物質は毒性が強く、それを原因とする呼吸器官の病気は深刻です。火傷によらないで皮膚が溶けたりぶら下がったりした例は、消防士も含めて少なくても4人の生存者に見られます。）

◉ツインタワー館内の家具や機器類や人間と同様に、鉄骨が気化してしまった。

（通常爆薬によるビル解体では瓦礫の高さは元の建物の33%になりますが、ツインタワーでは10%でした。核融合によって地下のコンクリートだけでなく鉄骨支柱も気化したことで、その空いたスペースに上層階の支柱が落ち込んだことで、鉄骨瓦礫の高さが低くなったと考えられます。）

◉瓦礫の中の溶解した金属塊で明らかになったように、高熱のＷＴＣの瓦礫が最長で6か月間も残っていた。この熱は〝チャイナシンドローム〟（＊17）現象として説明されるもので、残っていた核物質が低いレベルの核反応を起こしていたために、それが取り除かれるまで高熱を発生していた。

（放水を続けていながらも火災が鎮火するまでに100日という日数がかかりました。サーマイトは燃え尽きるのが早いだけでなく温度が下がるのも早く、2〜3日もあれば冷えます。通常のビル解体には冷却にこれほどの日数は必要ありません。WTCの地下では何週間も、どろどろに溶解した金属がたまっていたのは瓦礫から熱が発生していたためで、放射活性化した物質が運び出されるまで続いたと考えられます。）

◉グランドゼロに駆け付けた人たちの間の癌発生率が高い。これはこの人たちが放射線を浴びたことを物語っている。

さらなる新テクノロジーも試されていた⁉

小型クリーン核爆弾が使われた可能性は高いですが、それだけでは説明がつかない数々の現象が事件当日WTC近辺で起きていました。

ダウンタウン一帯の路上のあちこちに1400台という多くの車が炎上していたりひっくり返っていたりしているのに、路上に散乱している無数の紙には火がついていなかったという不思議な現象も知られています。

ヴィクター・ソーンの記事にも、この件に関する記述があります。

「電磁パルスがこのような車両の荒廃を引き起こしたと推測する人もいる。いずれにしてもこのような破壊は、通常のビル火災などよりもっともっと大きなことから生じた。一般大衆が知らされていないテクノロジーが存在する」（American Free Press 9/20.27/10）

不思議な現象の現場写真が沢山存在するので、その一部を紹介します。

並んで駐車している多くの車の中で炎上するのは限られていて、その横の車は全く無事でした。また炎上したのがエンジン部分だけだったものも多く見受けられます。

不思議なことに、炎上する車の中にはＷＴＣからは離れた場所（遠いものは１キロ近く離れたイーストリバー沿い）に駐車してあったものも多く、明らかにツインタワーの瓦礫の落下によって起きた火災ではありません。

この不可思議な現象の理論的説明を試みている科学者が一人います。

ジュディー・ウッド（Judy Wood）という機械工学で博士号を持つ女性科学者で、２００７年12月からその考えを表明し始めました。

彼女のサイトには、ＷＴＣ周辺で撮影された奇怪という表現がピッタリな様子を写した写真が沢山掲載されていますから、興味のある人は訪ねてみてください。（＊18）

そこにはガソリンタンクには火がつかないでエンジン部分だけが燃えた車や、前半分だけが

図13

http://www.debunking911.com/street1.jpg
http://hereisnewyork.org//jpegs/photos/5244.jpg

錆《さ》びてしまっているのに後ろの部分は全く損傷がない車や、何年も風雨にさらされたかのように真っ赤に全体が錆びついた車や、腹を見せてひっくり返っている車など沢山の事件関連の写真（図13）が掲載されています。

車の半分しか損傷を受けていない車でも座席部分は完全に焼けているのに、近くでひっくり返っている車の座席部分は全く損傷を受けていないという興味深いことを彼女は指摘しています。

結論として彼女は、110階建て超高層ビルが消えてしまって瓦礫が残っていないことや1400台の車が異常な燃え方をしたことは、ハチソン効果で説明できると主張しました。

読者の中にハチソン効果という言葉を知っている人がいたら、異色科学に相当はまっているか、ニコラ・テスラの業績に通じている方と思われます。

ニコラ・テスラとハチソンのテクノロジーとは?

異色の科学者ニコラ・テスラの名前を聞いたことのある人は多いと思います。彼は1884年にセルビアからアメリカに出てきて多くの偉大な業績を残しました。現在私たちが日常使っている交流電流はテスラのアイデアで、エジソンの主張した直流電流案を差し置いて採用されました。その他に彼の発明とされているのはネオン照明、無線伝送、電気モーター、リモート・コントロール、レーザー、宇宙兵器、ロボットなど数多く存在します。

また彼は雷を生じる電離層での電圧の差を利用してフリー・エネルギーを取り出す方法を開発したと言われています。しかしそれまでテスラを金銭的に支援していたＪＰモルガンを始めとする銀行家たちがこの装置をつぶしてしまい、それ以後テスラは生活費にも事欠く毎日を送る破目になり、１９４３年１月真冬の厳しい寒さのニューヨーク市のホテルの一室で貧困のうちにこの世を去りました。

彼の死後発見された数トンに及んだ彼の発明品と設計図はＦＢＩに押収されてセキュリティー上の理由から機密事項に分類されてしまったことから、この偉大な発明家の残した発明の真相は闇に葬られてしまいました。ＦＢＩが押収したものは後年セルビアに返還されたことになっていますが、すべてが返還されたわけではないと思います。

彼は電磁波を用いて世界システムと呼ばれる送電装置の開発に取り組んでいました。また「地震兵器」と呼ばれる高周波の振動を発生させる装置を使って、１８９８年にニューヨークの新聞記者の前で２ｔ《トン》の鉄塊を粉々に粉砕する実験を行っています。テスラはこの兵器の出力を上げれば、「この地球でもリンゴを割るように真っ二つにできる」と述べたようです。

その異色の科学者ニコラ・テスラが行っていたとされる数々の実験を現代において再現して

いるのがジョン・ハチソン（John Hutchison）と言うカナダ人です。ハチソンが現代によみがえらせた、既存の科学理論では説明できない数々の現象はハチソン効果と呼ばれています。（＊19）

そのユニークな現象として、重い物体の空中浮遊、金属と木材といった全く異質な物質の融合、隣接する金属に影響を与えないで金属が異常なまでに高温になること、金属の割れが自然発生すること、金属の結晶構造と物理的性質の変化、金属試料の消滅などが観察されています。

ジョン・ハチソンによって再現された数々の不思議な現象によって、超高層ビルが消えてしまったことや異常な形状の金属片の存在やひっくり返った車や一部だけが焼けた車などの、ＷＴＣにおける不思議な現象を説明できるとウッズ博士は主張しています。

仮にＷＴＣ崩壊に関連して発生した数々の不可思議な出来事がハチソン効果で説明できるとしたら、誰が何の目的でハチソン効果を大規模なスケールでＷＴＣにおいて起こしたのでしょうか。

米軍は軍所属科学者をジョン・ハチソンのもとに送ってハチソン効果を軍事利用しようと試みました。１９９７年製作のドキュメンタリービデオ“Free Energy: The Race to Zero Point”でハチソンは、軍は軍事目的転用を断念したと述べていますが、ひょっとしたら軍は研究を続けていてＷＴＣでその成果を試したのでしょうか。

Chapter ⑧ すべてはモサドの仕切りか⁉

謎多きＷＴＣ７号棟（崩落）では何が行われていたのか⁉

ツインタワー崩壊を引き起こしたのは超小型クリーン水爆なのか、ハチソン効果なのか、それとも別のものなのか20年後の現在でも分かりませんが、７号棟を崩壊させた爆薬は間違いなく通常爆薬です。

この建物は他の６つのビル群とは多くの点で違っていました。

設計はエモリー・ロス＆サン社が行いましたので、構造はミノル・ヤマサキ設計の他の６棟とは全く違っていて、建設が開始されたのは１９８５年で完成は87年でした。

テナントはほとんどが政府関係か金融関係で、ＣＩＡのＮＹ《ニューヨーク》秘密基地や23階にはＮＹ市長直轄の緊急事態指令センターがありました。

ＣＩＡ作業員は全員安全に避難したとのことですが、７号棟崩壊によって米国の諜報活動に深刻な影響を与えるとともに、テロとの戦いが米国のスパイ機関にとって危険なほど身近なものになったのです。（NY Times, 11/04/01）

ＷＴＣは港湾局がテロ６週間前まで所有していましたが、このビルだけは最初からラリー・シルバースタインが所有していました。他の６つのビル群は同じ区域に存在しますが、７号棟だけは通り一つ挟んで90メートル北側に位置していました。

47階立て高層ビルの７号棟には飛行機はぶつからず、また他の６つのビルが立ち並ぶ地域から通り一つ離れて建っていたためにツインタワーの瓦礫の下敷きにもなりませんでした。

ビル内部では２か所で小さな火災がおこっていましたが、問題になるような大きさではなく、スプリンクラーが正常に作動していれば簡単に消火される程度の火災でした。

図14
http://911research.wtc7.net/wtc/evidence/photos/wtc7.html

それが11日の夕方5時20分、連続写真（図14）に見られるように突然崩れ始めました。ちょうどその時現場にテレビカメラがあったCBSとCNNの2局が、崩壊の始まりから終わりまでを生中継で放送しました。CBSの著名アンカー、ダン・ラザーはその映像を見ながら「これはまさしく（爆発物を使った）ビル解体だ」とその時解説しましたが、以後2度と7号棟のことを口にすることはありませんでした。またこの映像はどの局においても2度と放送されることはなかったので、アメリカ人でも7号棟崩壊を知らない人は沢山います。

7号棟の崩壊のことは9・11委員会が出した政府の最終報告書では全く触れられていませんし、日本のマスコミもほとんど報道しませんでした。

飛行機の衝突もなく、ビル内部の火災が原因で崩壊した歴史上初めての鉄筋コンクリートビル（ChicagoTribune, 2/14/02' Stanford Report, 12/5/01）となった7号棟ですが、幾つもの奇妙なことが判明しています。

7号棟ビル内部では朝から2か所で小さな火災がおきていました。スプリンクラーが正常に作動していれば簡単に消火される程度の火災でしたが、7号棟の火災警報器がその日の朝6時47分に8時間のテストモードに切り替えられていました。（NIST：Progress Report, 6/2004）

警報は作動せず、スプリンクラーも散水しませんでした。

テストモードは2時間、4時間、8時間の3段階に切り替え可能で、この日は最長の8時間にセットされていました。テストモードは消防署の定期検査時に警報器の電源を切ってから、手動で警報器が作動するかどうか調べます。通常は警報器が作動すると自動的に消防署に通知が行きますが、テストモード時には消防署への通知は行きません。

警報器とスプリンクラーは連動していないのでテストモード中でも、火災になればスプリンクラーヘッドのノズルが溶けて散水が始まります。散水しなかった理由はただ一つ、タンクの水が抜かれていたからです。

火災警報器と水タンクにアクセスできるのは、港湾局管理室と警備会社です。

この47階建てビルの崩壊の仕方はツインタワーとは崩れ方が違っていて、ことごとく通常の爆薬によるビル解体の特徴を示していました。

●短時間な（6秒半）崩壊時間。

●ビルの中心の左右が対称に崩れ落ちた。

●大量の粉塵が発生した。

●瓦礫が敷地内に積重なり、外壁が一番上に積重なっていた。

ＷＴＣ崩壊に関する報告書を出した政府機関は3つありますが、アメリカ国立標準技術研究所（ＮＩＳＴ）と9・11調査委員会は7号棟の崩壊のことには全く触れず、ＦＥＭＡ（連邦緊急事態管理庁）だけが２００２年5月に出した報告書に7号棟で起きた事柄を時系列で書いています。

崩壊の原因については「ツインタワーからの瓦礫がビルの北側を走っていた灯油のパイプをこわして、そこから流れ出た灯油がビル中に拡散してその火炎が鉄骨を弱めて、その結果ビルの崩壊を招いた」と書いていますが、報告書の最後部は「現時点においては7号棟の崩壊原因は不明である。灯油は破壊力があるが、それが原因で崩壊に至る可能性は低い。より突っ込んだ調査、研究と分析を行う必要がある」と結んでいます。

ヒストリーチャンネル製作番組「現代の驚異」は、ビル崩壊の原因を突き止めるための現場は調査されることもなく、7号棟の瓦礫は撤去されてしまったと指摘しました。(History Channel/Modern Marvels)

WTC7号棟にはモサドが欲しがる機密情報があった⁉

WTC7号棟崩壊理由に関して、1年後に興味深いことが判明しました。

2002年9月10日に放送された「アメリカ再建」と題する公共放送PBSの番組で、WTCのリース権保持者ラリー・シルバースタインがインタビューに答えて非常に興味深いことを話しました。

「あの日の朝、消防局指揮官から電話があって『7号棟の中で発生している火災を消せるかどうかわからない』、と言ってきたので私は『すでにたくさんの人が亡くなっているので、このビルは取り壊すのが一番よいかもしれない』と答えた。それから消防署が取り壊しを決断して、我々はビルが取り壊されるのを遠くから眺めていた」と語りました。

正確な崩壊原因は不明とFEMAが報告書に書いたにも関わらず、シルバースタインは己の口から消防局に取り壊しを許可したと話しました。しかし消防署が爆発物を設置してビルを取り壊すというのは、いくら日本の常識を超えることが多いアメリカとはいえ考えられません。ましてや爆発物設置までには周到な準備と時間が必要です。取り壊し指令が出てから数時間後の夕方に崩壊がはじまったのは、前もって爆弾が設置されていたとしか説明がつきません。

ここで疑問になるのは、前もって爆破解体の準備が完了していたのになぜ夕方までスイッチを押さなかったのかということです。

ツインタワー崩壊の巨大な噴煙が上がって何も見えなくなったときに7号棟の爆破スイッチを押せば、崩れる様子が噴煙に隠れてテレビ中継されることもなかったはずでした。

ヴィクター・ソーンはこの疑問点を「スイッチを押したが何かの都合で爆発が連続して起きなかった。そこで人を送って再点検して必要個所を直してようやく夕方に爆破解体することに成功した」と説明しています。

筋は通っていますが、私には納得できない点があります。

準備に何年もかけているので点検確認を何度も実行していることは確実で、それが肝心の本番でうまく機能しなかったとは考えられません。むしろ7号棟の中に重要な機械もしくは書類があり、それを探すのに手間取ってしまったのではないでしょうか。

WTCはワシントンD.C.に次いで重要な政府機関が集まっていた場所で、7号棟のテナントにはCIAの秘密基地やシークレットサービスや証券取引委員会などが入っていました。

それらの事務所内には合衆国政府のトップ機密を記録したコンピューターやそれをやり取りするための暗号解読機や暗号コードリストのような、イスラエルにしてみれば喉から手が出るほど欲しいものがあったものと推測します。また証券取引委員会は、沢山の株式取引の調査資料をここに置いていました。

秘密に満ちたこれらの役所の中の何をモサドが運び出そうとしたかは不明ですが、それらが厳重な金庫のような保管場所に安置してあったとすれば開けるのに相当な時間を要したことは容易に想像つきます。事務所の鍵は警備会社から手に入っても、金庫の鍵までは警備会社といえども持っていなかったはずです。ようやく金庫を開けたときには夕方5時近くになっていたのではないでしょうか。

政府が必死で隠そうとしていた7号棟崩壊理由を明かしたシルバースタインの心境が私には理解できませんが、彼の問題発言の入ったインタビューがPBSのテレビ番組で放映されてから、2年半後に9・11調査委員会の最終報告書が完成しました。この報告書はシルバースタインの問題発言を取りあげず、警察とFBIの両方とも彼から話を聞こうともしませんでした。

シルバースタインは9・11に乗っかってうまい汁を吸った男ですが、オサマ・ビン・ラディン捜査の妨害に一役買っています。彼は警備会社を持っていて、この会社がFBIテロ部門に勤務していてアルカイダとオサマに関するエキスパートだった捜査官ジョン・オニールに高額の給料を提示して、FBIを辞めさせて警備責任者としてテロ前日から勤務につかせました。彼は勤務二日目の事件当日も出勤して無事でしたが、三日目に姿を消して後日死体となって発見されました。

ツインタワー崩壊前に7号棟に爆発あり

7号棟崩壊時には誰も死傷者が出なかったことになっていますが、事件当日命からがら7号棟から逃げ出してきたニューヨーク市住宅局緊急本部副部長バリー・ジェニングズは全く違った経験を語っています。

ジェニングズが2007年にビデオ（LooseChange 911, FinalCut）のインタビューで語った脱出時の詳細な経験談は、政府発表と真っ向から対立するものでした。

「飛行機突入を聞いてWTC7号棟23階の緊急対策指令室に駆け付けた。到着した時、食いかけのサンドイッチや飲みかけのコーヒーがテーブルにあったがそこには誰もいなかった。あちこち電話していると、その中に『そこから早く逃げろ』という声が聞こえたので6階までかけ降りた。その時下の階で大きな爆発が起きて吹き飛ばされてしまった。下に通じる階段が吹っ飛んだので上に上がって8階まで行った。消火器を使って窓をぶち破って助けを求めている時、ツインタワーが両方とも崩壊した。この間中頻繁に爆発音が聞こえていた。やがて10人の消防士たちがやってきて一階のロビーまで下ろしてくれた。そこは見る影もなく完全に破壊されていた。消防士が「下を見るな」と言った。ロビーの床には死体が転がっていた。我々の後ろにいた消防士が心臓麻痺を起したようで、そこで倒れた」

このインタビューでのジェニングズの話によると、本来ならば対策本部になるはずだった23階のスタッフは1機目の飛行機突入直後に早々と逃げ出していたことがわかります。ツインタワーも7号棟も崩壊する運命にあることを知っていて自分から逃げ出したのでしょうか、それともモサドに追い出されたのでしょうか。

7号棟下層階の爆発は、ジェニングズの言葉からしてツインタワー崩壊前に始まったことがわかります。これは誰も上がってこないようにするために上に通じる階段を破壊したのではないでしょうか。

政府の公式発表では7号棟には死者もけが人も出なかったことになっていますが、ジェニングズはロビーに複数の死体が転がっていたのを目撃しています。

この死体は誰だったのでしょうか?

モサドと鉢合わせしたか、爆発に巻き込まれた不運な人だったのでしょうか。

なぜ政府は死体があったことを隠す必要があったのでしょうか。

5号棟と6号棟の地下に爆破されたような深い穴が……

WTCでの不思議な出来事は7号棟だけではありません。

3号棟から6号棟までは9階から22階建ての低い建物群でした。ツインタワーの瓦礫の下敷きになり、その上原因不明の激しい火災が内部で発生して使用不能になったと報道されました。

ところが、ツインタワー崩壊直後現場に駆け付けたNY消防局所属の救急医療技術者の一人パトリシア・オンドロヴィックが異常な経験を語っています。

「6号棟のロビーに駆けこもうとしたが、開放されていたそこの戸口に連邦警察官が立ちはだかっていた。駆け抜けようとしたが、彼らは行かせてくれなかった。手で私に立ち去るように示して『この中には入っちゃいけない、向こうに行け』と言った。西の方角に走りだしてから振り返ったとき、連続したフラッシュがロビーの天井の周囲を走るのを見た。それはクリスマスの飾り照明のように、一個ずつ順番に後を追うように爆発した。それを見た瞬間、私はタイミングを調節した爆弾だと直感した。それらが爆弾だとその時思ったが、今もその考えは変わらない」

米国の警察は地方公務員で、市町村ごとに制服・パトカーのデザイン・給与体系が全く異なり管轄区域が明確に区分されています。連邦警察は連邦レベルの出来事に関係する警察組織で、一般人が普段目にすることはほとんどありません。ましてWTC管轄権を持つのは港湾公社警察で、あの日NY市警は要請されて応援に駆け付けたのです。9・11のときWTCで殉職した警察官60名のうち37人が港湾公社警察官で、23名がNY市警察官でした。

緊急医療隊より先に連邦警察が来ていたこと自体が常識では考えられないことなのに、連邦警察官殉職者が一人もいないと言う事実は、彼らは救助活動とは別の目的でWTCにいて、崩壊する直前にビルから逃げ出したと思います。ひょっとしてモサドが変装していたのかもしれません。

3号棟から6号棟の鉄骨の骨組みは火災にも崩れないで残ったので、事件から3か月後の12

月にすべて取り壊されました。

その時6号棟と5号棟の地下に爆破されたような深い穴がみつかりました。6号棟は9階建てで税関が一番多くの階を使っていました。他には産業省、労働省、農業省、輸出入銀行やアルコール・タバコ・銃火器取締り局と、すべて政府関係のテナントが入っていましたが、地下に何が置いてあったのかは不明です。

5号棟も9階建てで、25のテナントのほとんどは金融・保険と運輸関係の民間会社で政府機関は3つのNY州政府関係だけでした。

写真（図15）はFEMAの報告書に掲載されたもので(fema403_ch4)、2001年9月23日に撮影されました。写真の太く囲った線が6号棟のオリジナルの建物の跡で、真ん中の黒い箇所が穴です。ツインタワー地階と同じ深さですから地下7階まであります。

9月11日にWTCで起きたことは、飛行機激突から始まって、でっち上げの証拠物件配置と夕方の7号棟爆破

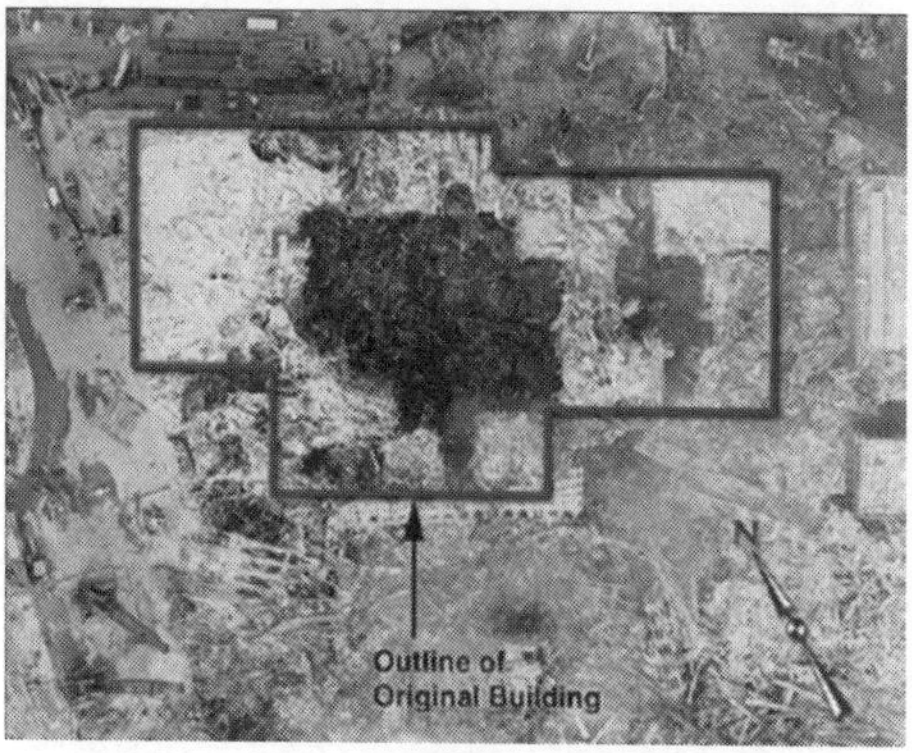

図15

まで全てモサドが仕切ったと思います。4号棟からの金塊運び出しは激突前から行われていたと思います。5号棟、6号棟で行われていたことの詳細は不明です。22階建ての3号棟は全館がマリオットホテルでしたので、モサドが欲しがるものはなかったと思います。

異様に早かった撤去作業のすべてが違法

12日以降はすべて市長ジュリアーニが仕切りました。

彼はWTC一帯を立ち入り禁止にし、写真撮影を禁止し、行方不明者の捜索を3日で終了させ、4日目から焼け跡から鉄骨を運び出させました。トラックにはGPSを取り付けて鉄骨の行方を厳しく監視しました。

NY消防局員に緘口令をしいただけでなく、飛行機衝突箇所までツインタワーの階段を駆け上がった消防隊員からの「火災の勢いは大したことないからすぐ消せる」という無線連絡を、3年間非公開にしました。

鉄骨をリサイクルするための計画書は制御解体株式会社（Controlled Demolition.Inc.）が事件後11日目に提出し即採用されて実行に移されました。それから1週間後の9月29日までに、総量18万5000t《トン》の鉄骨の瓦礫のうち、13万トンが現場から運び出されました。（WasteAge,

10/16/01)

建設に使用された20万tの鉄骨は18万5000tに減っていたのですが、この日本製鉄骨の一部は、中国、インド、韓国にくず鉄として相場より安く売却されました。中国企業のBaosteelは、前年に地元工場が支払った平均価格160ドルに対し、1t当たり120ドルで5万t買いました。24tはミシシッピ州グラマンの造船所で、ニューヨークという名前の戦艦建造に使われました。

行方不明者の捜索日数が短かったために、WTC関係者の死者2752名のうち1100人分の死体が出てこないまま現在にいたっています。死体があまりの高温で気化したか、それとも中国に送られた屑鉄に混じって太平洋を渡ってしまったと思われます。

そもそも2か所の事件現場で堂々と行われた撤去作業は違法なのです。

アメリカの消防法では、10階建て以上の鉄骨ビルが火災によって焼けたときは、原因究明が終わるまで事故現場に手を加えてはいけないと規定されています。飛行機が関係した事故は、運輸省事故調査委員会による原因究明が終わるまで現場に手をつけてはいけないのです。したがって行方不明者捜査を3日間で打ち切って4日目から開始されたWTC瓦礫撤去はどう見ても違法行為です。それを命じたジュリアーニは罰せられるどころか反対に英雄扱いされ、瓦礫を撤去して犯罪現場を荒らしたビル解体業者にはまったくおかまいなしでした。撤去を指示したNY市長と撤去を行った業者を告発する動きは、当時から20年後の現在まで全くありません。

大金庫、金塊、銀塊、貴金属は誰の手に⁉

既に書きましたが、4号棟地下4階には大金庫があり、その中には近くの銀行や1ブロック離れたところにあるNY商品取引所（NYComex）から預かった、総額9・5億ドル（1140億円）相当（一説によると16億ドル）の金塊・銀塊の類が保管してありました。

1993年のWTC地下駐車場爆破事件は目的が違っていたので金塊は無事でしたが、9・11同時テロのときは違っていました。

それが発覚したのは瓦礫撤去中の10月30日のことでした。

◉2～3日前から、連銀に指示された建設作業員たちがWTC地下トンネルの瓦礫を撤去していた。昨日作業員たちが10輪のトレーラートラックを掘り出したことで、当局はようやく金塊にたどり着いた。発見された大型トレーラーの周りには4～5台の車がトラックを囲むような位置で瓦礫の下敷きになっていたが、死体は発見されなかった。（NY Daily News, 10/31/01）

建設作業員たちは2～3日前から連銀に指示されて瓦礫の撤去を行っていたのです。出口を向いてトンネルを抜け出る寸前のトレーラー上の金塊24t《トン》は、刻印から4号棟地下金庫にあったカナダのノバ・スコシア銀行の持ち物と判明しました。

映画のストーリーにも負けない衝撃的な出来事ですが、この発見を報じたのは『NYデイリーニュース』というローカル新聞が翌日31日に、『NYタイムズ』とロンドンの『タイムズ』紙インターネット版『Times Online』が11月1日に報じただけで、ニューヨークに本部を置くどのテレビ局もこの事件について報道しませんでした。

11月1日、市長ジュリアーニが「対爆構造の金庫に納められていた276億円相当の金銀が、すべて回収された」という声明を出したので、4号棟地下金庫の金銀はすべて回収されたということになりました。

ところがその大金庫の中に収められていた金銀は、276億円などという小さな額ではありません。『Times Online』が掲載していた金庫の内訳は次のようになります。(http://911review.com/motive/gold.html)

Comex metals trading―3800本の金の延べ棒　120億円
Comex の顧客の持ち物―80万オンスの金　264億円
Comex の顧客の持ち物―1億200万オンスの銀塊　516億円
ノバ・スコシア銀行所有の金塊　24トン　240億円
合計1140億円

それに加えて、内訳は不明とのことですがチェース銀行、バンク・オブ・アメリカ、HSBCが貴金属を保管していて、一説によると全体で1920億円相当の金塊と銀塊が保管してあったようです。

10月30日の金塊発見からグランドゼロ全体の瓦礫撤去が終わった翌年5月末までに再び金銀が回収されたという報道はありませんでしたから、残りの最低でも864億円相当の金銀は誰かの懐に入ったと思います。

ブルース・ウィルス主演で1995年に公開された映画『ダイハード3』がありました。この映画は、犯人たちが学校に設置したという爆弾の捜索にNY市警全体が振り回されているすきに、犯人たちはNY連邦準備銀行地下金庫をまんまと破り、大量の金の延べ棒をトラックに積んで堂々と持ち出すというストーリーでした。

9月11日の朝は、警察隊のみならず消防隊もたくさんの一般人も、ツインタワー上階から上がる黒煙に気を取られていました。そうしているうちに金銀を積んだ大型トラックがビルの地下から出て行ったという、ブルース・ウィルスの映画も顔負けの盗難事件が実際に起こっていたのです。

映画の中では、金塊を積んだトラックがNY市内走行中に、ブルース・ウィルス扮するジョン・マクレーン刑事が行き先を突き止めてしまいました。ところが現実は映画のようにはうまくいかず、4号棟地下金庫の金銀を積んだトラックの行き先は20年後の現在でも判明していません。

これは多くの読者にとってはにわかには信じがたい事件だと思いますが、この時発見された金塊の写真（図16）が1枚だけ存在します。

PBS（Public Broadcasting Service）と呼ばれる公共放送局が事件直後からグランドゼロでの出来事を記録して、1年後の2002年9月に〝アメリカ再建〟と題する番組を放送しました。そのとき同じタイトルでインターネットサイトを立ち上げてテレビに出さなかった多くの写真を公開しました。その中の1枚に、汚れた後ろ姿を見せる消防士とともに写る金塊の写真がありました。

図16
http://www.pbs.org/americarebuilds/engineering/engineering_property_02.html

世紀の冤罪事件シナリオは完璧にできていたはずですが、なぜこんなことが起きてしまったのでしょうか。それはビルの崩壊順序が狂うという、誰にもコントロールできない不測の事態が発生したからです。

1機目が8時46分に突っ込んでから17分後の9時3分に2機目が突っ込みました。ところがビルの崩壊が始まったのは、2機目の飛行機がぶつかった方が先だったのです。

2機目が2号棟に突入してから約1時間後に飛行機が突入したあたりから上の部分が、突然斜めに傾き出して落下し始めました。すると、斜めになって傾いた部分の真下からいきなり爆発が始まって、9秒後には傾いていた部分も含めてビル全体が完全に瓦礫と化しました。

これが予定していた時間よりも早かったので、最後のトレーラーの搬送が間に合わなくて瓦礫の下敷きになったと思います。大型トレーラーにもその周囲の4～5台の車にも死体がありませんでした。地下で作業中の人間がビル崩壊に気付くはずはありません。7号棟23階の指令室のモサドが「大至急逃げろ」と知らせたに違いありません。

2号棟の傾いた部分も地上に着く前に粉々になっていたのは、指令室が爆破スイッチを押したからだと思います。その34分後に始まった1号棟の爆破崩壊は、5号棟と6号棟で作業していた連中からの「作業は終了した」という知らせによって、指令室がスイッチを押したと思われます。

総重量3300t《トン》はNY連銀ビルへ行ったのか!?

WTCから持ち出された大量の金銀は、どこに行ったのでしょうか。

『NYデイリーニュース』の報道によれば、金塊を積んだトレーラーを発見したのはNY連銀に指示された作業員でした。ということは、連銀はトレーラーの場所を知っていたのです。ニューヨーク広しといえども、総重量３３００ｔにものぼる金銀を保管できるような広くて、しかも安全な場所は１か所しか考えられません。ＷＴＣから１ブロック東にあるＮＹ連銀ビルです。

銀行強盗を取り締まる役目のＦＢＩが事件当日の金塊泥棒事件に気がつかなかったとしても、後日『デイリーニュース』の報道があったのですから捜査を始めてもいいようなものです。しかし「見ざる、言わざる、聞かざる」を決め込みました。

この金塊盗み出し事件のことは、なぜか日本ではまったく報道されませんでした。マンハッタンには日本の大手新聞と主要テレビ局の支局が揃っています。そこの日本人特派員たちがＮＹデイリーニュースの記事を知らないはずはありません。特派員たちは故意にボツにしたのでしょうか。それとも彼らは『デイリーニュース』の記事を日本に送ったけど、本社での編集段階でもみ消されたのでしょうか。

どちらにしてもこの一件は日本の大手マスコミもやはり、アメリカの全マスコミをコントロールしているディープステイトに支配されていることを示唆しています。

ツインタワーでの爆発、７号棟の崩壊、金塊盗み出し事件の３つを紹介しましたが、このどれも９・11調査委員会の最終報告書には１行どころか、一言も書かれていません。

WTCビル所有者シルバースタインが得た夢のような利益

事件6週間前の7月24日、80億ドル（9600億円）の価値がある不動産物件WTCは、他に高い入札価格があったにもかかわらず32億ドル（3840億円）という低い値段で、99年のリース契約で個人に貸し出されました。

ニューヨーク・ニュージャージー港湾公社が建物をリースするというのは、1921年設立以来87年の歴史を持つ公団はじまって以来の、異例の出来事でした。

同時多発テロ当時、公団議長を務めていたのはルイス・アイゼンバーグという、強烈なシオニストとして知られている人物で、契約を得たラリー・シルバースタインもユダヤ人です。アイゼンバーグはシルバースタインが理事だった米国ユダヤ人連盟（United Jewish Federation）計画委員会理事で、シルバースタインとは旧知の仲でした。WTCの運命を承知していたデービッド・ロックフェラーの口利きで契約が成立したことは確実です。

シルバースタインは広いユダヤコネクションを持っています。

彼は非常に大きなユダヤ慈善団体元会長だっただけでなく、イスラエルの右派政党リクードの元首相アリエル・シャロン（任2001年―2006年）や2009年にリクード党首になって今年6月13日に5期目の首相を退陣したベンヤミン・ネタニヤフと緊密な関係を持っていて、9・11事件前にはネタニヤフと毎週日曜日の午後電話で話し合っていたことが知られています。その筋から飛行機をツインタワーにぶつける計画があることを知って、保険金奪取を思いついたのではないかと思います。

港湾公社が所有していたときの保険は、会社の規模が大きいAIG（アメリカン・インターナショナル・グループ）が1社で引き受けていました。しかしAIGはシルバースタインとの契約締結に動きませんでした。

AIG保険のCEOを2005年まで務めたモーリス・グリーンバーグは外交問題評議会（CFR）副議長として、長い間議長だったデービッドとコンビでCFRを動かしてきましたから、9・11事件のことは前もって承知していたことは確実です。

シルバースタインはフランス、ドイツ、スイスの欧州3国6社の保険連合体と保険契約しました。1年間の保険の掛け金は18億円で、何かあったときに支払われることになる保険金額は3550億円でした。

保険証書には、「この建物がテロで崩壊したら保険を支払う」という条文が入っていました。通常の損害保険は戦争による被害をカバーしません。WTCでテロが起きることを知っているシルバースタインですから、テロ被害をカバーする条項を入れたのは当然です。それに加えて崩壊後に建物を再建する権利はリース権保持者（つまりシルバースタイン）だけが持つと書かれていました。

契約締結6週間後に起きた同時多発テロ直後、当然のことですがシルバースタインは保険を請求しました。保険会社は規定の1回分の保険金を支払おうとしましたが、シルバースタインは攻撃が2回あったのだから保険金は2回分の7100億円支払われるべきだと主張しました。

保険会社はこれを詐欺だとして訴訟に持ち込んで、5年間法廷で争いました。

でも結局はシルバースタインの方が有利だったようで、2006年に最終的に裁判所が決めた金額は、5520億円を上限とすることになりました。

シルバースタインは大変に計算高く目先のきく人物ではないかと思います。なぜかと言うと彼が手にしたのは保険金だけではありません。もっと大きな金額が見えないところで彼のほうに動いていたのです。

WTCはアスベストを大量に使っていたので、その取り壊し費用は10億ドル（1200億円）かかると言われていました。この事件のおかげで壊す手間がはぶけ、そのうえ瓦礫撤去費用は全額政府負担になり、彼はまったく払う必要がなかったのです。それに加えて建設も、同年11月に設立されたNY州公益法人ロウアー・マンハッタン開発公社（Lower Manhattan Development Corporation 略称LMDC）が、連邦政府資金100億ドル（1・2兆円）を得て取りかかることになったのです。

再施工権保持者シルバースタインとLMDCとの間で色々揉めて設計変更が何度も繰り返されましたが、再建後の名称は従来どおり「ワールドトレードセンター」になり、新7号棟が2006年に竣工しました。全体の再建事業完成は当初2010年代前半予定でしたが、リーマンショック等の経済的な事情により大幅に遅れ、2020年代前半になると見込まれています。

9・11博物館や芸術交流センターなど、以前はなかった施設ができることで6号棟は欠番になりました。1号棟（世界6番目の高さ）と7号棟は同じデザイナーですが、2号棟、3号棟、4号棟、5号棟はすべて異なるデザイナーで、4号棟は幕張メッセを設計した槇文彦《まきふみひこ》の作です。

時間はかかりましたが、古くからのテナントとの関係はビル崩壊によってなくなっていますから、全室に新しいテナントと新規契約を結べます。

ビル新築では、古いテナントがすべて立ち退くのを待ち、ときには立ち退き料を払って出て行ってもらって、それからビルの取り壊しを始めるというのが通常のプロセスです。ここではその前過程を一気に通り越していきなり新築にかかれたのですから、不動産業者にとって夢のような話ではないでしょうか。

日本の保険業界は3000億円の支払い

2006年、裁判所の最終的裁定によって欧州の保険会社6社は格付けがトリプルAから一気にAプラスに落ちました。しかし再保険を掛けていたお陰でなんとか破産は免れました。

その再保険を受けていたのは、スイス・リーとミュンヘン再保険会社だけではありません。日本の保険会社も受けていました。

WTCだけでなく飛行機4機の損害補償と、日本人犠牲者の生命保険などを含めた同時多発テロ関係全体の日本の保険業界が支払った金額は、3000億円にのぼりました。2001年11月22日に会社更生法を申請した大成火災は、同時多発テロ関係の支払い744億円が重荷になりました。

この頃日本の多くの保険会社が資金不足に陥って、一斉にありとあらゆる種類の保険料大幅値上げを実施したのを覚えている方も多いと思います。この値上げの原因は同時多発テロの支払いが大きく影響していたのです。

第1次湾岸戦争ではアメリカ政府からおおっぴらにお金を要求されて、15・6兆円という巨額の税金が主にアメリカに流れ、同時テロでは3000億円が保険金の形で欧州とアメリカに流れました。

何かにつけて日本がお金を巻き上げられているのは、政府が外交オンチで国民がお人よしの集まりである以上致し方のないことなのでしょうか。

アメリカがアフガンとイラクに侵攻しようとしたとき、ドイツ、フランス両国が大反対したのは、両国の保険業界が騙されたことも関係しているのかもしれません。

世紀の
捏造犯罪作戦チーム
(これがディープステイト奥の院だ!)

Section II

Chapter ⑨
1から10まで捏造された証拠だらけ！

オサマもアルカイダも事件関与を完全に否定！

9月13日、タリバン政権が、オサマ・ビン・ラディンはこれだけ大掛かりで周到に準備された攻撃を仕掛けるだけの組織をもっていないと発表しました。（TCM Breaking News, 9/13/01）

9月16日、オサマ本人が事件に関係ないと新聞に発表しました。（Guardian, 9/17/01）

テロ事件があると成果を誇示するテロ組織の声明が必ずと言っていいほど出てきますが、この時アルカイダもオサマ本人も関連を明確に否定しました。しかしその主張は完全に無視され、犯人をアルカイダにするためにＣＩＡによる証拠捏造とＦＢＩによるフェイク発表が続くことになります。

２００１年10月1日、雑誌『ニューヨーカー』が「アルカイダ19人犯人説をバックアップするはずの証拠物件のほとんどは、ＦＢＩの捜査がその方向に向けられるように、計画的に仕組まれた物件である、と捜査にあたっている人達は信じている」と報じました。

その報道を裏付けする、常識で考えるとありえないことが起きています。

乗員・乗客の遺体が全く発見されていない飛行機の衝突現場から、紙のパスポートや学生証が発見されました。

◉ＷＴＣ1号棟に突っ込んだＡＡ11便のハイジャッカーの一人とされている、サタム・スカミ(Satam Al Suqami)のパスポートが焼けたあともなく事故現場で発見されたが、その名前は乗客名簿にはない。(ABC News, 9/12/01、Guardian, 3/19/02)

この人物のパスポートが発見された時の状況が後日報道されました。

◉飛行機衝突から約30分後、年の頃30代のビジネススーツ姿の男性がジェット燃料に濡れた状態のサタム・スカミのパスポートを警察官に手渡して、そのまま身元も明かさずに姿を消した。(11 Alive WXIA-TV Atlanta/AP, 01/27/04)

◉ＷＴＣに突っ込んだ飛行機に乗っていたハイジャック犯の一人のパスポートが、現場から数ブロック離れて9月16日に発見された。(CNN, 9/17/01)

ペンタゴンでは学生証が発見されました。

◉アメリカン航空77便のハイジャック犯とされたサウジアラビアの学生マジェッド・モケッド

（Majed Moqed）の学生証が、ペンタゴンの瓦礫の中から9月13日に発見された。（9・11委員会）

飛行機の胴体、乗客の遺体、乗客の荷物等全てのものが判別不可能なのに、紙でできているパスポートそれもハイジャッカーのものだけが現場から見つかったのです。これはパスポートや学生証が犯人のポケットから飛び出してきて、飛行機衝突前に機体の外に飛び出したという魔術に近いことが起きたとしか考えられませんが、その魔術に近いことがこの日3度も起きたのです。

◉ボストン・ローガン空港で捜査当局が発見したモハメド・アタ（Mohamed Atta）のスーツケースの中から、アラビア語で書かれた手書きの手紙が発見された。その中にハイジャックのための必要事項を箇条書きしたチェックリストがあった。――中略――それと同じものがペンシルバニアのＵＡ93便の墜落現場と、ＡＡ77便に乗っていたハイジャック犯の名前で登録された車の中で発見された。車はダレス空港の駐車場に乗り捨ててあった、（FBI, 09/28/01）

ハイジャック遂行のためのチェックリストがＷＴＣとペンタゴンとペンシルバニアの墜落現場の、３か所の違った場所で発見されたのですが、余りにも出来過ぎな証拠物件と思いませんか。

ＦＢＩ職員が首をかしげた証拠物件はまだあります。

◉ＷＴＣ2号棟に突っ込んだＵＡ１７５便を操縦したとされるマーワン・アル・シェヒ(Marwan Al-Shehhi)は、９月９日にボーイング７５７型機の操縦マニュアル、米国東海岸の飛行地図、飛行機の燃料計測機、分度器を泊まっていたホテルの部屋に置き忘れた。(Augusta Chronicle, 09/16/01)

◉ＵＡ93便に乗っていたとされるジアド・ジャラー(Ziad Jarrah)は、お別れの手紙と飛行訓練記録をドイツに住む5年越しのガールフレンドに送ったが、住所が間違っていたために米国に送り返されてきてＦＢＩの手に入った。これはジャラーを陥れるために捏造されたことだと、彼女の縁者たちは言っている。(BBC, 11/19/01)

◉9月10日にモハメド・アタとアラブ人2人が、フロリダ州デイトナ海岸のストリップクラブで飲みながらアメリカに対する不満をぶちまけていた。彼らが帰った後その席には、イスラム教の経典コーランが彼らの名刺と一緒になって置いてあった。(USA Today, 9/14/01)

◉ＡＡ11便に搭乗した乗客81人の荷物の中で、モハメド・アタの旅行用カバン2個だけが積み残されて、彼の有罪を示唆する証拠となる物件が中に入ったままボストン・ローガン空港で発見された。(WorldNetDaily, 9/11/01)

このバッグの中には彼の遺書も入っていました。死ぬつもりの人間が荷造りして、遺書を自分の死出の旅にもって出るものなのでしょうか。それにイスラム教においては遺書を書く習慣はありません。

アタに関して言えば、事件当日の朝彼はメイン州ポートランド空港監視カメラにその姿がとらえられました。ボストン・ローガン空港出発ロビーには当時監視カメラが設置されていませんでしたが、その姿は空港内でまったく目撃されていませんでした。

それなのにボストン発AA11便の乗客81人の手荷物の中で、彼のバッグだけがたまたま飛行機に積み込まれず残っていたと発表されました。アタの名前は乗客名簿には載っていないのですが、名前を書いた荷物があったのです。

冤罪事件の証拠造りは無からでっち上げるのですから、世界を股にかけて悪事を実行してきたCIAといえども稚拙な証拠捏造に終始したことはわかります。問題はアメリカのマスコミです。このような子供だましの証拠品に何の疑問も挟まずに報道し続けたのは、立派な共犯です。

ところでアメリカのマスコミが共犯だった犯罪が去年も起きました。

2020年米国大統領選挙です。反ディープステイトのトランプを落とすために民主党が実行した不正選挙を隠し通し、バイデン勝利に大きく貢献しました。9・11テロを隠し通したディープステイトです。不正選挙を隠し通すことなど赤子の手をひねるより簡単だったことでしょう。

デービッド・ロックフェラーは米国の大手メディアの取り込みに成功し、ビル・ゲイツはマイクロソフト退任後、ビル&メリンダ財団を通じたワクチン推進活動のために巨額の資金をネット報道コントロールに投じて大きな成果を上げています。テレビや新聞の報道を頭から鵜呑みにすると洗脳されていくことになりかねませんから、くれぐれもご注意を。

WTC攻撃、中核はモサドとイスラエル国営企業が担った!?

WTC攻撃はモサドが受け持ったことは間違いありません。

イスラエルの国外担当諜報機関モサドは組織的にも能力的にも、2001年の同時多発テロ全体を身内だけで実行できる、とその筋の専門家たちは一様に認めるほどの高い実行力を持ちます。

WTCで1996年から始まった新しい警備装置設置工事を利用して各種の機器を設置したのだと思います。ツインタワーには小型のクリーン核爆弾をビル中央の鉄柱に取り付け、外から爆発光が見えないようにしたのでしょう。本番の前の週に行われた避難訓練と称する頻繁な退避命令は、人気のない夜間と週末だけでは間に合わなくて、最後の仕上げをするために無理矢理日中にビルを空っぽにするために行われたのだと思います。

ブッシュの弟が会長を務める警備会社がモサドに全面的な協力を行ったのは確実です。この警備会社が助けたことで、2～3週間前から始まったと思われる4号棟地下大金庫からの大量の金銀運び出しが盗難警報器を鳴らすこともなくスムースに行われたのです。

4号棟地下大金庫にあった金銀は1日や2日で運び出せる量ではありませんから、おそらく2～3週間前から搬出作業が始まったと思います。盗難警報機を鳴らすこともなくスムースに搬出できたのは警備会社の協力があったからだと思います。

モサドWTC隊は飛行機突入のどさくさに紛れて4号棟地下大金庫から金塊・銀塊を運び出しただけでなく、5号棟、6号棟、7号棟の中から目をつけていた機械や書類やコンピューター本体などを持ち去ったものと思います。

ツインタワーが粉塵と化した謎は小型クリーン水爆使用ということで解けますが、ダウンタウン一帯で起きた不思議な車両火災の原因は説明できません。壊れた車の横に無事な車があるという事実は、核爆発の電磁パルスによる電気機器の発火という説や、ハチソン効果だけでは説明がつかないと思います。

5号棟と6号棟の地下7階まであいていた大きな穴の理由に言及したサイトが見当たらず、残念ながら未だに皆様に紹介できる情報がありません。

爆弾も含めた軍事物資の移動や、機体の補強やブラックボックス取り付けや塗装の塗り直しなどを含めた飛行機の改造は、イスラエルがアメリカ国内に所有する企業が請け負ったものと考えられます。

アメリカ国内には多数のイスラエル国防省出資の国営企業が活動を行っていますが、その中には引越し会社や飛行機のレンタルと修理・改造をおこなう会社があります。それらを使えば飛行機の改造と資材運搬だけでなく爆弾などの危険物資も運搬できます。

爆薬設置に要する大量の爆薬や電線等の資材は、この身内企業が調達して運び込んだのでしょう。ツインタワーは空室が多かったので、運び込まれた爆薬と資材の保管場所には事欠かなかったはずです。

ジュリアーニ発案で実現した7号棟23階のニューヨーク市長直属の緊急事態対策本部は、モサドＷＴＣ隊の事件当日の指令室になりました。

本来の職員たちが早々と姿を消したあとモサドが無線発信機を持ち込んで、現場の状況を逐一監視しながら作戦遂行を見守っていたと思います。

だからこそ、思いもかけなかった2号棟上部の突然の崩壊にも対処できて、全員が間一髪で逃げて死者を出さずにすんだのです。

ジェニングズが目撃した7号棟ロビーの死体はモサドが運び去ったのだと思います。ＷＴＣの死者２７５２人の中にその人たちも含まれたはずです。

ツインタワー崩壊後半日以上経過した夕方5時20分、真昼の太陽の下の衆人環視の中で始まった7号棟崩壊ショーは、指令室としての証拠を残さないための最後の仕上げだったと考えられます。欲しいものが手に入り、作業員と機材撤退完了の知らせで爆破スイッチが押されたものと思います。

事件翌日からのジュリアーニによる犯罪現場破壊と証拠隠滅に関する活躍ぶりは既に紹介したとおりです。

ここから、世界一の超大国の国防の中心をなす建物に民間機が突っ込んだとされている事件の新しい情報を紹介します。

Chapter ⑩ 次々と暴かれていくペンタゴン攻撃の真相！

ペンタゴンにボーイング機が突入した証拠は一切存在しない！

ペンタゴン建設が始まったのは同時テロの丁度60年前の同じ日、1941年9月11日でした。1万5000人が24時間体制で就業して、工事が終わったのは16か月後の1943年1月15日でした。五角形の形をした直径の違う環状の建物5つが、中心のAリングから一番外のEリングまで規則正しく並んでいます。各棟とも5階建てで館内は広大ですが、どこへでも7分以内に到着できるようになっているようです。

工事がスタートして間もなく戦争に突入し、鉄骨を節約して建てられました。そこで補強しようということになり、5角形の建物をWedge 1からWedge 5までの5つに分けて、1998年にWedge 1から工事が始まりました。

飛行物体が衝突したとされる箇所はWedge 1で、本来なら海軍指令センターの区画ですが、工事が始まってからは事務室と予算関係や会計の重要な書類の置き場になっていました。(Arlington County After-Action Report)

Wedge 1の補強工事は完成間近でしたが、まだ工事中でした。死者70人の多くはいかめしい海軍の肩書きを持っていますが、実質的には会計や予算の数字調整を担当している会計士や帳簿係や予算分析の文官でした。

それに加えて巻き添えを食った55人は、工事を請け負っていた民間の工事業者と館内のメンテナンスに携わる人たちで、犠牲者には制服組武官は一人もいませんでした。(South Coast Today/Pittsburgh Post-Gazette, 12/20/01)。

図1はペンタゴンの全景です。Wedge 1とWedge 2の境界線のすぐ外側の小さな白い四角はヘリポートです。この写真では見えませんが、建物とヘリポートの間には消防車1台収納できる格納庫があり、その2階部分はヘリの管制塔になっています。

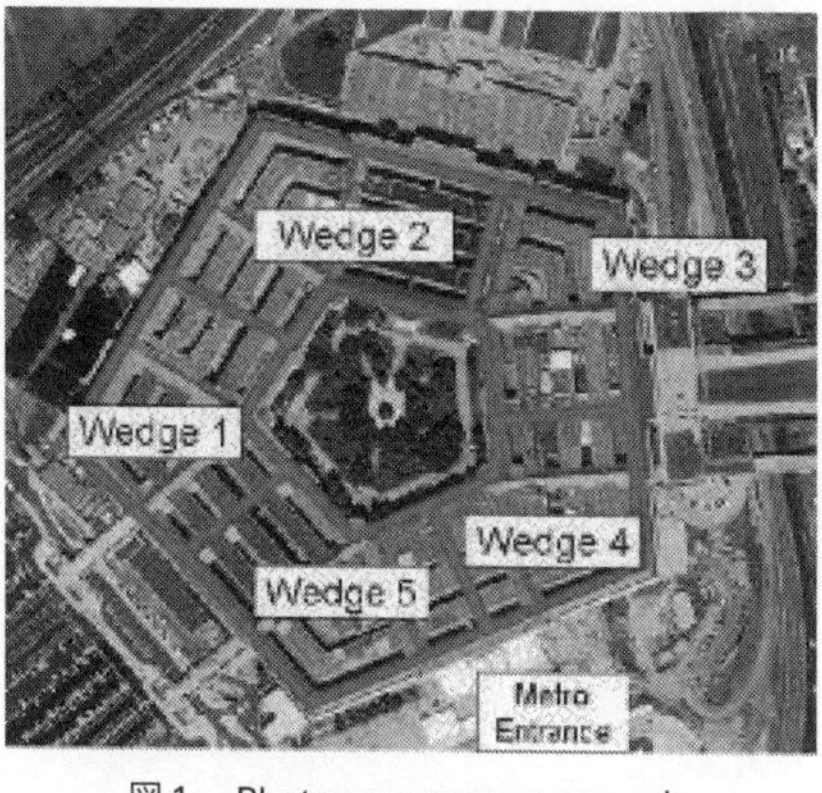

図1　Photo source:engr.psu.edu

当時の国防長官ドナルド・ラムズフェルドの執務室は Wedge 4 の、Wedge 3 との境界線近くで、テロ攻撃個所の真反対に位置しています。

Wedge 1 は海軍の占有区域で普段は多くの制服武官がいるのですが、工事が始まってから書類置き場として使われていて、予算管理や会計事務に携わる文官がここを仕事場にしていました。

9月11日午前9時38分、WTCに2機目が激突してから35分後、この工事中の区域に3機目の飛行機、AA77便（ワシントンD.C.ダレス空港発ロスアンジェルス行き）のボーイング757型機が突入したと政府が発表しました（図2）。

建物一階に大型旅客機が衝突したはずですが、事件現場からの生中継でCNNレポーター、ジェイミー・マッキンタイアーはこの建物の周囲の何処を探しても飛行機が激突したという証拠になるものはまったくない、と報道しました。その他にも、事故直後に現場に駆け付けた多くの救急隊員たちが口を揃えて同じことを言っています。その証言内容を幾つか紹介します。

◉リンカーン・リーブナー、空軍キャプテン（救助に駆け付けた兵士）

「建物に到着した。意外なことに、飛行機の残骸なんて何もなかった」

◉アラン・リンズリー、空軍キャプテン（緊急医療サービスを助ける内科医）

「建物のすぐ近くまで歩いて行けたので、私は歩いて行った。衝突個所の真ん前の、建物から

90メートルほどの所に行った。飛行機なんて見なかった。その時、天井が崩れた」

◉アイリーン・マーフィー（救助に駆け付けたHealth Clinicの看護婦長）

「そこに着く前に飛行機が衝突したことを知ったの。現場がどんなことになっているのか想像もつかなかったわ。建物は岩のように頑丈だから機体が残っていると思ったけど、最初に感じたのは〝飛行機はどこ？　なんで機体がないの？〟建物が飛行機を受け止めて、何らかの方法で機体の半分、いや一部でも、または底部、もしくは飛行機の尾部のようななにかを見ることになると思ったわ。だから機体がそこになかったのには、本当にサプライズだったわ」

◉メイボン・ポーラック（救助に駆け付けたHealth Clinicの外科医）

「私はとても感心した。飛行機のサイズを聞いてから、建物がまだ立っていたのを見て真実感心した。それから機体が見当たらず、機体の一部さえもないことに気付いて今度は恐怖を感じた。大型飛行機はあたかも建物の中に入り込んでしまって、分解して消えてしまったかのようだった」

これらの事故直後の現場報道は2度と電波に乗りませんでし

図2　Photo source: radified.com

た。

事故直後現場に行った人たちの証言から明らかなように、乗客64人を乗せたボーイング製ジェット機、ＡＡ77便が突っ込んだことを物語る物的証拠はペンタゴンには存在しません。

事件後、小型ジェットエンジン1個を始めとして幾つかの機体破片に見える瓦礫が現場周辺から発見されましたが、これらはどう見ても大型機が激突したものではありません。なかったのは飛行機の残骸だけではありません。乗客・乗員の遺体も、荷物も、事件当日にはまったく発見されませんでした。

ペンタゴン中枢までも捏造にかかわっている！

ＡＡ77便はダレス空港を離陸したあと、当日8時56分にペンタゴンから３００マイル（４８０㎞）西の、ケンタッキーとオハイオの州境上空でレーダーから消え、無線通信も切れました。（ペンタゴンは図３の右端の出発点、レーガン空港のすぐ近くです。）

９・11調査委員会報告書もＡＡ77便のこの出来事を記載しています。

「（ＡＡ77便から）８時51分に最後の連絡があり、……、８時54分に規定のコースを外れ、機首を南に向けた。２分後、トランスポンダーが切られ、レーダーから姿が消えた」

レーダーから消えたのは電波の届かない高度８０００メートルに上がったか、レーダーの死角に入る地上１００フィート以下に降りたからです。

30分ほどして、ワシントン・ダレス国際空港レーダーに機影が現れます。

9・11調査委員会報告書を引用します。

「9時32分、ダレス空港管制官数名が高速で東に向かって航跡を残す機影を観測し、レーガンナショナル空港に通報した。レーガン空港とダレス空港の連邦航空局職員はシークレットサービスに通報した。航空機の身元や種類は不明であった。

9時36分、連邦航空局ボストンセンターから北東航空防衛部（NEADS）に電話があり、未確認機がワシントンに接近しているという発見を中継した。9時36分、ホワイトハウスから数マイル離れた未確認飛行物体についてNEADSに連絡した後、ラングレーの戦闘員はワシントンD.C.に向かうように命令された」

ダレス空港管制官トッド・ルイス（Todd Lewis）が、NBCのニュースマガジン、デイトライン（Dateline）で語ったことを紹介します。

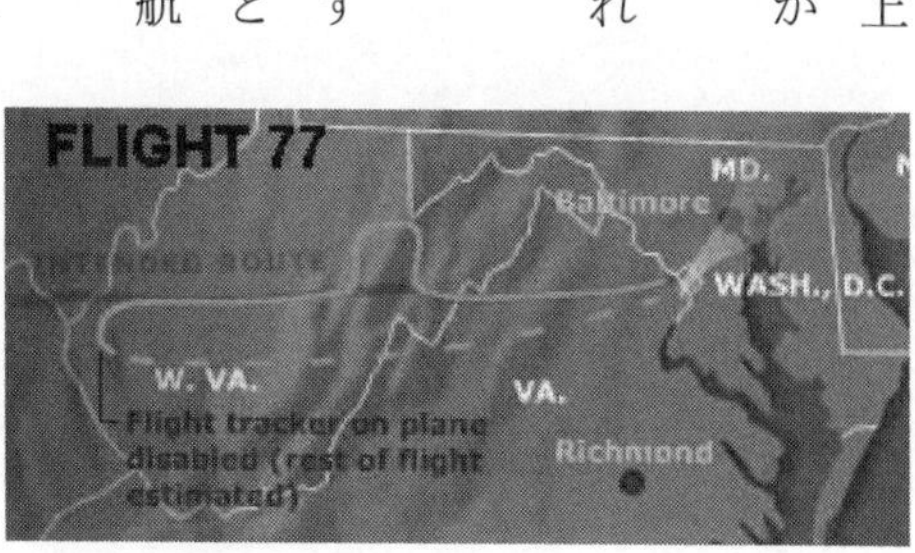

図3　Photo source. USA Today

「同僚の一人が、北西から南東に向かって早いスピードで移動する機影を見つけた。皆でその機影を監視したが、誰もそれが民間機、アメリカン77便だと知らなかった。私は軍の飛行機だと思った」

ワシントンD.C.上空の一定空域は飛行禁止になっています。この飛行機は管制官と前もって交信せず近づいたので、友軍機だけが持つ敵味方識別装置（IFF、Identification Friend or Foe）を搭載する軍用機だと彼らは推測したのです。

この飛行機はこのあと下降してペンタゴンに向かいます。ペンタゴンは人口密集地域に隣接し、すぐ横には高速道路があり、突入直前には沢山の車が渋滞のためのろのろ運転していたので多くの目撃者が存在します。その多くの目撃者がこの飛行機をAA77便だと思ったのはカーラジオを聞いていたからで、実はAA77便ではありません。

政府はペンタゴンにぶつかったのはAA77便と言い張り、飛行機の残骸が少ししか残っていない理由を「高速で突入したので機体の最後尾まで建物の中に入り込んでしまい、ビル内部の高熱によってエンジンも機体の大部分も溶けてしまった」と説明しました。

飛行機の機体は溶けたのに、後日政府は館内で収容したと言って、AA77便の乗員の遺体をデラウエア州ドーバー空軍基地の死体置き場に安置しました。ということは、館内から出てきたAA77便の乗員の死体はボーイングのエンジンに使われているチタン合金の溶解温度（摂氏

1648度）に耐えて館内に残っていたと政府は言ったことになります。

9・11は捏造事件ですから虚偽の発表には驚きませんが、ペンタゴンでは徹底的な真相隠しも行われました。

ペンタゴン敷地内には、知られているだけでも監視カメラ80台が設置されていました。近くにあるダブルツリーホテルやCITGOガスステーションの建物の屋根の総計6台の監視カメラは、事件発生から15分後に現れたFBIが6台とも押収しました。

それが2006年5月、裁判所の要請で国防総省は、ペンタゴン周囲の監視カメラの一部の映像を提出しました。同年9月には情報公開を求めるJudicial Watchの働きでCITGOガスステーション、12月にはダブルツリーホテル屋上のカメラ画像を公開しました。これら3か所の監視カメラの中で、それらしき物が映っていたのはペンタゴンのゲート近くのカメラ映像だけでした。

図4の2枚の写真は両方ともゲート近くから撮ったものです。上の写真は2002年にAP通信がリークした連続写真5枚のうちの1枚ですが、政府はリークされたAP通信版5枚を偽物と言いました。下の写真は2006年5月に政府が発表したものですが、明らかにAP通信版と同じ監視カメラからです。

上の写真左下に出ている分秒に及ぶ時間と日付表記は監視カメラにはつきものですが、下の政府写真に日付がないのは写真に細工が施されたと考えられます。

政府写真の原板と考えられる5枚のAP写真を詳細に調べたサイトがあります。（＊20）

「細かくみると不審な点がある。最初の2つのフレームの秒の欄に〝19〟と表示され、その後〝21〟にジャンプする。これは、カメラが一定のフレームレートで画像を撮影していない（1秒間に2つの画像が表示され、その後1秒以上画像が表示されない）か、1つ以上のフレームが省略されていることを意味している。国防総省本部にあるカメラが、1秒に1フレーム程度のレートで記録している可能性は低いと思われる。

最初の写真2枚には、建物の方向に向かって白い煙をあげて飛ぶミサイルのような物体がある。写真に映る建造物の全てに陰があるが、物体後方の煙には陰がない。そしてこの煙がある

図4　Photo source: Navy.mil. nywtc911.com

のは最初の2枚だけで、3枚目からは消えている」

悪魔の犯罪シナリオ立案者たちは、いずれ物体衝突の瞬間を見せる画像が必要になると予想したと思われます。そこで事件翌日、ゲート近くの監視カメラに写っていた炎の連続写真に、物体とその尾部から流れる白煙を細工したと思われます。その細工に携わった人間の中にまともな神経の持ち主がいたようで、細工直後の日付入り映像をAP通信に流したのではないでしょうか。

元ホワイトハウス分析官バーバラ・ホネガーの映像による告発！

9・11事件現場3か所でそれぞれ論争の的になったことがあります。

WTCではツインタワー崩壊はサーマイトか水爆か、シャンクスヴィルでは飛行機は撃墜されたのか墜落したのか、そしてペンタゴンは建物に激突したのは飛行機かミサイルか、でした。

そのペンタゴン論争に決着をつけた講演が2013年にシアトルで開催されました。講演したバーバラ・ホネガー（Barbara Honegger）は、事故直後の現場写真を多数集め、多くの目撃者に直接インタビューを敢行してペンタゴン攻撃に関する詳細なリサーチを行いました。

彼女はそれまで誰も発表したことのない新説を講演するに当たって、プロジェクターを使って沢山の写真や資料を壁一面の大きなスクリーンに投影し、懇切丁寧に説明しています。3時間に及ぶそのときの講演がユーチューブに入っています。（＊21）

バーバラは、ロナルド・レーガンの選挙チーム一員で第1期レーガン政権時のホワイトハウス政策分析官でした。政策分析官は職業公務員ではありませんが上級管理職にあたり、彼女はその時に築いたコネクションを活用したと思われますが、多くのペンタゴン職員から貴重な証言を引き出しています。

まず彼女は、ボーイング757型機激突はありえない理由を、幾つかの映像を使って説明しました。私の稚拙な文章で彼女のこの説明を皆様に理解していただく自信がありません。ペンタゴンに向かって飛行機が飛んで来たのは事実なので、その飛行機がどうなったかの肝心の部分から入ります。

当日勤務のペンタゴン消防士2人の証言から始まります。

Wedge 1の、757型機激突によって崩れたとされる箇所から、ビルに向かって左側40メートルほどからWedge 2になります。その2つの区域の境界線延長上にヘリポートがあり、ヘリポートとWedge 2の建物との間に消防車格納庫がありました。先ほどの2枚の写真の、炎の中央に黒く角張って見えるのが格納庫です。

事件当日の朝、格納庫の前に出ていた消防士アラン・ウォレス（Alan Wallace）とマーク・

スキッパー（Mark Skipper）は、白い塗装の機体に青とオレンジの2本の横線を施した飛行機が低空で自分たちの方に向かってくるのに気がつきました。慌ててウォレスは格納庫横に駐車していたバンの下に飛び込み、スキッパーは建物と反対方向に駆け出しました。

爆発音が聞こえました。火傷を負いながらウォレスが這い出してみると、周りのあらゆるものに火がついていました。芝生が燃え、木が燃え、建物が燃え、消防車がなかった格納庫の中にも火が入り、ペンタゴンの建物に直角に駐車しておいた消防車の後部が燃え、瓦礫があちこちに散乱していました。二人とも逃げるのが精一杯で飛行機の爆発の瞬間を見ませんでした。

バーバラは爆発時の様子を語るペンタゴン職員7人の証言を紹介しました。7人が述べた内容は同じで、飛行機は左翼の端をヘリポートの地面にこすってスキップした直後に爆発音が轟いて、火の玉が上がったのです。

しかしこの爆発は、翼が地面に当たった衝撃のためではなかったのです。

そのことを彼女が導き出したのは、２０１2年に手に入れたレーガン空港管制塔のレーダー記録からでした。（レーガン空港とペンタゴンは両方ともポトマック川の西側にあり、直線距離で3キロほどです。）

この記録のコピー映像をスクリーンで見せました。

そのレーダー記録によると、機体にＭＣ（Marine Corps の略で海兵隊）と記されたヘリがペンタゴン上空に飛来して、爆発4分42秒前にレーダーの死角の地上100フィート以下に降下し、爆発3秒前に急上昇して再びレーダーに現れて、そのまま飛び去りました。

国境警備隊のヘリ操縦士ジェフリー・マーク・パーソンズ（Jeffrey Mark Parsons）はその日、ペンタゴン近くのホテルの17階にいました。

「ヘリコプターが1機、ヘリポートとこのホテルの間を行ったり来たりあてもなくミツバチのように飛んでいた。やがて降下してペンタゴンの陰でみえなくなったので窓を離れた。2〜3分後に爆発音が聞こえたので窓に戻って見ると、火の玉が上がった。ヘリが何をしていたか知らないが、あの飛び方は異常だ」

バーバラは、CNNのクリス・プランテ（Chris Plante）がライブで当日述べたことを引用しました。

「空軍の上級士官が私に話してくれたことがあります。その時建物の外にいた彼は、建物の周囲を飛ぶ軍用ヘリに気付いたのです。ヘリはやがて建物の陰に隠れた。ヘリポートがある方角です。次に火の玉が上がり、ヘリは姿を消した」

軍事史家ジョン・シャーウッド（John Sherwood）によると、このヘリは飛行機がペンタゴンに衝突するのを避けるために、ホワイトハウスが送り込んだようです。

バーバラは、ヘリを送ったのは副大統領ディック・チェイニーかシークレットサービスで、このヘリが建物手前で飛行機を破壊したと結論付けました。

このあと彼女は写真を何枚も使って、ペンタゴン外壁には外からの衝撃によってできた損壊個所はどこにもないことを、詳しく説明しました。

激突したのはグローバルホーク（無人機）

ペンタゴン攻撃の証人としてマスコミに取材された人は150人ほどいます。ペンタゴンに向かって飛ぶ飛行機を見た人は大勢いますが、飛行機衝突の瞬間を見た人はほとんどいません。なぜなら衝突は5階建てのペンタゴンの1階だったことと、Wedge 1の外には木や格納庫や非常用大型ディーゼル発電機があって視界が遮られていたからです。人々は飛行機を見たあと爆発音と煙を見たことで衝突したと、勝手に思い込んだのです。後日、衝突の瞬間を見たという人が何人か出てきますが、彼らがいたという場所からは到底Wedge 1は見えません。

飛来した飛行機の胴体に描かれた青とオレンジ2本の横線は、アメリカン航空機に似せた塗装です。その正体についてバーバラは、NSA職員から軍の電子技術者に転身した人の言葉、グローバルホークだろう、を紹介しています。驚くことに、アメリカン航空の特徴ある塗装を施したグローバルホークの写真（図5）までネットに出ています。ひょっとして、この写真のグローバルホークが使われたのでしょうか。

近くのワシントン・ダレス国際空港管制塔レーダーで、この飛行機の動きを見ていた管制官たちが、2133m《メートル》（7000フィート）の高さを旋回しながら2分半で下降してきたのを見て、「これは熟練したパイロットの乗ったジェット戦闘機だ」と話していた事が伝わっているほどの高度の技術を要する飛びかただったのです。このような飛び方も無人機だったら可能です。

1個の小型ジェットエンジンが爆発現場で見つかっています。これがグローバルホーク搭載用エンジンかどうか不明ですが、グローバルホークは機体の上にエンジンを載せた単発ジェット機です。

当日のペンタゴンからの報道で、建物の周囲を取りかこんでいる芝生地帯で一列に並んで何かを拾い集めている一般職員や、制服姿の作業員が忙しくしている様子がテレビの生中継で流れました（図6）。

図5　Photo source:reddit.com. nasa.gov.

これは飛び散ったグラスファイバーの破片を拾っていると思います。

グローバルホークは超高高度をグライダーのように滑空しながら偵察できるように主翼は長いのですが、軽くするために機体はカーボン樹脂と特殊なプラスチックのような物質で出来ています。そのため非常にこわれやすく、翼や機体の一部が飛行中に街路灯にさわりでもしようものなら、その瞬間に機体がこっぱみじんになります。

グローバルホーク試作初号機は１９９８年にカリフォルニア州エドワーズ空軍基地で初飛行し、試作・開発機は合計で７機製作されましたが、その内３機が事故？　で失われたようです。

海兵隊ヘリが行ったグローバルホーク爆破は非常に重要な意味を持ちます。

図6　photo source.erichufschmid.net

もし直前での爆破が失敗してグローバルホークが建物に衝突したらその残骸が残り、ボーイング７５７型機ではないことが発覚する恐れがありました。爆破に使われたのは、軍需企業System Planning Corpが持つ、軍事用ドローンの操縦と自爆用特殊装置がヘリに積んであったのだろう、とバーバラは言っています。ヘリはチェイニーの指示で動いただけで、海兵隊が悪魔の犯罪に参加していたわけではないと思います。

ちなみに2004年9月11日にテレビ朝日が放映した「9・11テロ　4年目の真実」という番組はなかなか深く調べていて、消防士アラン・ウォレスにもインタビューしています。彼らが導き出した結論は、ボーイングではなくグローバルホーク激突です。

ペンタゴン館内で7回の爆発、これは何か⁉

飛行機が激突したとされたWedge 1の箇所は、グローバルホーク爆発場所から建物に向かって40メートル右側に離れています。屋根が崩壊していかにも何かが突っ込んだように見えますが、屋根崩壊前の写真には外側に向かってむき出しになった半壊の支柱がみてとれます。崩壊は内部の爆発によるものなのです。

この日ペンタゴン館内では7回の爆発が起きていて、彼女は多くの職員の証言から爆発の時間と場所を割り出しました。

最初の爆発がおきたのはWedge 2で9時30分丁度、次がWedge 1の9時31分40秒、次がヘリポートの9時32分30秒、そのあと9時34分10秒にWedge 1の外の芝生にあったディーゼル発電機、9時34分丁度にWedge 1、10時に再びWedge 1と、30分ほどの間に6回の爆発があったことを突き止めました。Wedge 1の外壁を崩したのは10時丁度の爆発でした。

彼女はこの他に、シークレットサービスの活動日誌に9時48分にWedge 1で爆発があったと記されているとして、爆発は都合7回あったと断言しました。日誌の記述を知っているからには、彼女はシークレットサービスにコネがあるのでしょう。

２００６年5月に裁判所の要請で国防総省が出した黒煙写真の元々の時間は、ヘリポートの9時32分だったのです。政府発表のＡＡ77便激突時間は9時38分です。6分の違いがありますから消去する必要があったのです。9時38分は全く別の飛行機がペンタゴンに激突したように見えた時間なのです。そのことについてはこの後の項で取りあげます。

使われたのは、サーマイト！

爆発によって館内は猛烈な炎になりましたが火災警報器は作動せず、スプリンクラーも停止したままでした。これはテストモードに切り替えられて、スプリンクラー用水槽の水も抜かれていたからに違いありません。ペンタゴンを請け負っていた警備会社を調べましたが、突き止められませんでした。国防総省はペンタゴン館内に、消防隊も警察隊も自前で持っていますから、ひょっとしたら警備関係も自前で組織していたかもしれません。

館内での爆発は、多くのペンタゴン職員が白い閃光、強烈な爆風、溶解したガラス、燃えているアルミ、火薬の臭いなどの、爆発物又は焼夷性物質の使用を示唆するものを証言しています。

館内でニトログリセリン系無煙火薬コルダイトのにおいがしたことは何人もの職員が証言し、この中にはベトナム戦争従軍兵士の「間違いなく火薬が爆発した」というのもあります。

また建物内部が、奥の方までとても高熱だったことが報告されました。

ワシントンポストが報じた救助隊の言葉があります。

「建物の中に入るや、すぐ熱を感じた。通路を奥に行くにつれて暑さがドンドン増してきた。あたり一面火の海だった。煙はなくて炎だけが我々を取り囲んでいた。機体などみなかった。見渡すところ瓦礫しかなかった」

高温で消火がはかどらず火は18時間燃え続けて溶解した鉄があったことから、バーバラはサーマイトが使われたと断じました。

サーマイト（酸化鉄の化合物とアルミの粉末を併用）はＷＴＣでも使われたのではとも言われていますが、２秒で摂氏２７８３度になります。融解温度が摂氏１５１０度の鉄は一瞬でバターのように溶けます。これは酸素を使わない化学反応なので水は役にたちません。

焼け残った家具や事務機器などは、そっくりそのままワシントンＤＣのスミソニアン博物館に運ばれました。その中に時計が2個ありました。１個は Wedge 1 での最初の爆発場所にあったもので9時31分（図7）ほどを指し、もう1個は消防車格納庫にあった時計で、9時32分で止まっています。政府発表の飛行機激突時間は9時38分です。時計を収納したスミソニアン博物館はこの6分の違いを「明らかに時計は遅れていた」と誤魔化しています。

しかし海軍は正直です。公式サイトに「9/11（9:32 am）―ペンタゴンでの爆発によって、2個の時計の時間が止まった」(Navy, 09/14/2001）とはっきり爆発と書いていました。空軍が自分たちの区域を使わないで、海軍区域を犯罪現場にしたことに対するささやかな反抗ではないでしょうか。

そもそも大型飛行機が激突したという情報の出所は、政府発表と一部の目撃者（犯罪者一味）証言から引き出された報道だけで、実際に飛行機激突の瞬間を捉えた写真やビデオは20年を経過した現在においても一切存在しません。

図7
http://americanhistory.si.edu/september11/collection/record.asp?ID=19

2機目の軍用機でボーイング激突の捏造をサポートしていた!?

次に、爆発の起きていない9時38分に、AA77便がペンタゴンに激突したと政府が発表した件を調べます。あの日ペンタゴンに向かって飛行していた飛行機は、グローバルホークの他にもう1機あったのです。

バーバラも飛行機は2機飛んでいたと言いましたが、言っただけで追及しませんでした。しかし、この2機目の飛行機に関係することを調べていくと色々興味深い事実がでてきました。

FBI発表のAA77便の動きの、ダレス空港管制塔レーダーに突然機影が現れてからの概要は次のようなものでした。

――ワシントンに近づくにつれてどんどん高度を下げ始めた。ペンタゴン上空に到達してそのままペンタゴンに突っ込むかと思いきや、いったん建物の上空を通り過ぎてから大きく右に旋回。機首を再びペンタゴンの方に向けると低い高度を保ちながらどんどんスピードを増した。建物の周囲の駐車場にある5本の街路灯を根こそぎ倒しながら、時速848キロメートルの高速で5階建ての建物の一階に衝突――。

FBI発表の大型飛行機進入経路上にあった駐車場の、5本の街路灯が根こそぎ倒されていました。この5本の街路灯は、飛行機がぶつかった個所で折れたものは一本もなくて、図8にあるように5本とも最も頑丈にできているはずの地面との結合部分の台座と一緒に倒れていました。

図8

そして衝突箇所の外壁のすぐ手前には、大型ディーゼル発電機が有刺鉄線柵の内側におかれていました。その柵の一部がやぶれ発電機の上部がへこみ、発電機の片方の先端部分が建物の方に45度の角度で動き、火炎と大量の黒煙が発生しました。（図9の下）この発電機のおいてあった場所はＦＢＩ発表の進入経路上で、衝突したとされる箇所のすぐ手前でした。

この日の衝突時、現場近くにあるＣＩＴＧＯガスステーションで警察官2人が給油していました。その2人と従業員2人の計4人が証言をしている進入経路（図9の上、曲線のコース）

は、FBI説（図9の上、直線のコース）とは違うコースでした。警察官たちの証言するコースだと、倒された街路灯5本にもディーゼル発電機にも飛行機はかすることさえありません。

倒れた街路灯も凹んだ発電機も、ボーイングがぶつかったというストーリーをでっち上げるための捏造だったのです。

２００６年８月、損傷が激しくて解読不可能とFBIが発表したAA77便の飛行軌跡記録器（FDR）をNTSB（国家運輸安全委員会）が解読して公開しました。そのデータでは、CITGOガスステーション従業員2人と警察官2人の計4人の証言コースと同じルートを通って、飛行機はWedge 1外壁に激突していたのです。そのNTSB公開のデータを、政府発表説に疑問を抱くパイロットたちの集まり、「911真相追及パイロットたち（Pilots for 9/11Truth）」が調べて興味深い事実をみつけました。

図9　Photo source: CitizenInvestigationTeam.com

ＮＴＳＢのデータは、ＡＡ77便が離陸したワシントン・ダレス空港の海抜が実際よりも３００フィート（91・44メートル）低くなっていたのです。（＊22）つまり飛行機が実際よりも低い高度で離陸から飛行、旋回して激突までが表されていたのでいかにもビルに突入したように見えたのです。

海抜計をダレス空港の正しい海抜に合わせて衝突に入るまでの飛行コースを出してみると、このＦＤＲ搭載の飛行機は、21・５メートルの高さしかないペンタゴンの建物のはるか上を飛び越していたのです。実際、白い軍用ジェット機がペンタゴンの建物の上を越して向こうに消えて行った、と証言した人が14人います。（＊23）

その中の一人、ペンタゴンの警察官ルーズベルト・ロバート・ジュニア（Roosevelt Roberts, Jr）は、ペンタゴンの向こうに消えたのは２機目の飛行機だった、と言っています。

政府発表の激突時間９時38分というのは、この軍用ジェット機がビルに突入したように見えた時刻だったのです。

ネオコンがペンタゴン攻撃のシナリオを加えた⁉

ペンタゴン攻撃はイスラエル原案にはなかったはずですが、ネオコンが加えたと思われます。

ネオコンにとっては商業ビル攻撃よりも米国正規軍総本部攻撃の方が重要なのです。なぜならそれによってアメリカがテロリストから先制攻撃を受けたことになり、軍隊を中東に送り出す口実ができるからです。映画『パールハーバー』は、そのときを見越して作られたと考えられます。

この日、ツインタワーに飛行機2機が突っ込み黒煙を上げていたとき騒いでいたのは、メディアと一般市民とNY《ニューヨーク》市だけです。9時17分にNYエリアの全空港が閉鎖され、9時21分にマンハッタンに入る全ての橋とトンネルが閉鎖されましたが、それ以外のアメリカは通常通りに動いていました。

WTCに近いNY証券取引所も通常通り取引が続いていました。

9・11実行シナリオの指示だと思いますが、政府が腰を上げるのはペンタゴン攻撃直後なのです。当日朝のブッシュの動きにもそれが現れています。

前日の9月10日、ブッシュはフロリダ州ロングボートキーのコロニービーチ&テニスリゾート（The Colony Beach & Tennis Resort）に一泊しました。

地対空ミサイルと狙撃兵が、コロニーとそれに隣接する建物の屋根の上に配置されました。

沿岸警備隊とロングボートキー警察は、一晩中リゾートの前の海上をパトロールしました。

（SARASOTA HERALD-TRIBUNE, 9/10/02）

9月11日朝6時半：ブッシュはジョギングに出ました。
午前8時35分：ブッシュを乗せた車列はコロニービーチ&テニスリゾートを出ました。行き先は、サラソタのエマ・E・ブッカー小学校（Emma E. Bokker Elementary School）です。
午前8時46分：1機目がWTC北棟に激突。
8時52分：ブッシュが小学校に到着。
8時54分：国家安全保障問題担当大統領補佐官コンドリーザ・ライスがブッシュに電話で、一機目の突入を報告。
9時02分：ブッシュが教室に入る。
9時02分54秒：2機目がWTC南棟に突入。
9時07分：首席補佐官アンドリュー・カードが教室に入ってブッシュに近づき、耳元に「アメリカが攻撃されている」と囁き、踵《きびす》を返して教室から出た。
9時08分：何事もなかったかのように、ブッシュは本を読みはじめる。
9時30分：ブッシュはテロに関する最初の声明を小学校の中で読みあげた。
サラソタ警察官ケビン・ダウン（Kevin Down）によると、この声明が終わった直後シークレットサービスのエージェントが学校から走り出てきて、我々はテロ攻撃を受けている、すぐ出発だ。と言って振り返った。（BBC, 9/1/2002］）

9時34分：ブッシュを乗せたリムジーンが学校を出た。
9時55分：エアフォース・ワンがブッシュを乗せてサラソタを離陸。

NY証券取引所が閉鎖されたのは9時32分でした。（ABC, 9/22/01）
ホワイトハウス職員が避難を開始したのは9時45分でした。（NY Times, 9/12/01）整然と避難していたその人たちにシークレットサービスが「みんな走るんだ」と大声で叫びました。（ABC, 9/11/02）

9時48分、ようやく議会が避難を始めましたが、下院では少数の議員が議事進行中でした。（Guardian, 7/22/04、Associated Press, 8/19/02）

連邦政府の官庁に避難命令が出され、マスコミは「America under Attack（アメリカは攻撃されている）」の文字をテレビ画面に流し始めました。
アメリカが動き出したのは政府発表の飛行機激突時間9時38分ではありません。9時32分です。（Washington Times, 10/08/02）
これはペンタゴンのヘリポートでグローバルホークが爆破した時間なのです。

狙いは国防総省の巨額な使途不明金（132兆円）だった！

テロ攻撃のどさくさに紛れて、ネオコンは国防総省の巨額な使途不明金をうやむやにしました。

事件前日9月10日、国防長官ラムズフェルドが記者会見を開き、「軍が2000年の会計年度に132兆円にのぼる使途不明金を出した」と発表しました。アメリカの2000年度総税収入が202兆5千億円です。なんと、その半分以上の金額を「軍が使っちゃったけど領収書がありません」と言ったのです。

132兆円という金額は、日本の平成19年度の予算総額82兆9088億円の1・6倍弱です。アメリカの2000年度国防費は44兆4360億円ですから、自分たちに許された予算金額の3倍強にあたる巨額のお金を、軍はどこからともなく調達して使い切ってしまったわけで、呆れるのを通り越して見事というしかありません。

これほど巨額の税金を使っておきながら「使い道がわかりません」と発表したわけですから、普通なら大変なスキャンダルになるはずです。しかし全米の数あるマスコミの中でこの記者会見の事をその日の夕方や夜に報道したマスコミは、たったの1社もありませんでした！　たったの1社もです！

この事実には、私は開いた口がふさがりません。

その上ペンタゴンは前年の1999年にも、276兆円の使途不明金を出していました。1999年の総税収入は219兆2400億円ですから、国家の総税収より約3割も多い大金を使い込んでいたのです。

数字が大きすぎて信用できないかもしれませんが、当時ジョージア州選出の民主党下院議員シンシア・マッキニーが、2005年3月11日に議会で当時の国防長官ラムズフェルドに2つの件で質問したときの、2番目が国防総省の2年間の使途不明金に関するものでした。

質問が軍の使途不明金に及んだ途端にラムズフェルドは目を白黒させてしばらく何も答えられず、やがて口から出てきた言葉が「質問内容を忘れました」でした。（＊24）この時のラムズフェルドの表情が見物です。彼のこのあわてふためき様をみると、アメリカ議会での質問内容は日本と違って前もって提出されていないと思います。

マッキニー議員はかわいそうに思ったのか、ラムズフェルドの横に座っていた監督官の肩書きを持つペンタゴンの女性に、同じ質問を振り向けました。

「なぜこれほど巨額の使途不明金がでたのか」というマッキニー議員の質問に対して、女性監督官は「ペンタゴン内の新規導入コンピューターがうまく相互に連絡しあっていなかったから」と答えました。

彼女の答弁は、数字が大きくなった理由の説明にはなりますが、使途不明金が出たことの説明にはなっていません。

そこで議員は「そのシステムを設置した業者の名前を教えて欲しい」と要望すると女性監督官は、「後日紙に書いて提出する」と答えてその場は終わりました。その後、女性監督官が約束を守ったかどうか定かではありません。

１９９９年、２０００年の2年間というのは民主党のクリントン政権時代です。巨額の使途不明金の中には、同時多発テロの準備に費やしたお金が含まれていたと思います。１９９６年から開始された同時多発テロの準備をクリントンは承知していたと思います。しかしアル・ゴアは知らされていなかったと思います。

軍に回しているのか？　使途不明金は全米の地方レベルにまで及ぶ！

同時テロの準備に使ったのですから用途をあきらかにできるはずがないですが、これだけの大金の調達方法を知ると、もっと驚嘆すべきアメリカ経済の裏面が見えてきます。

本題から逸れますが、手短に説明します。

日本でもアメリカでも政府の主要な収入は税収ですが、そのほかに財政投融資があります。これは簡単に言えば税金を活用した投資や融資からの利益収入です。日本政府が毎年発表する財政報告書は1種類だけで、それには財政投融資が盛り込まれています。

ところがアメリカの場合には連邦政府も州政府も市町村の役場も財政報告書を2種類作成しています。一つは財政投融資を抜いたもので、もう一つは財政投融資を盛り込んだ包括的年間財政報告書と言われるものです。

どういうわけかマスコミと政府が財政を論じるのは、財政投融資を抜いた方の数字だけで、国民は包括的年間財政報告書の存在さえも知らされていません。

その2つの収入の数字の違いの大きさを端的に表す一つの例として、古いですが１９８９年のニュージャージー州の数字を紹介します。

その年の税金だけの歳入は20兆４千億円となっていますが、財政投融資を含んだ包括的年間財政報告書における歳入は、１０３兆２千億円でした。差額の82兆８千億円の使用用途は不明で、表だっての記録上では存在しない収入として扱われていて政府も住民もまったく問題にしていません。

これと同じことが連邦と州だけでなく全米にまたがる地方レベルの役所で行われています。２０００年の時点で、連邦、州政府、市町村を合わせて５万４０００もの包括的年間財政報告書がありました。そこに書かれた財政投融資の収入額を合計すると、とてつもなく巨大な数字になることは確実です。この国民が知らない財政投融資から上がる巨額の収入がいかに使われているのか全く不明ですが、おそらく采配を誰かが一手に引き受けて一部を軍に回したのではないでしょうか。軍が国家の総税収以上の金額を調達できた理由としては、それしか考えられません。

ＣＩＡは麻薬の国内搬入と販売によって表に出ない巨額の資金を調達していますが、これはホワイトハウスとＣＩＡの秘密活動資金になっていて、軍部には回っていないはずです。

アメリカは現在巨額の財政赤字を抱えていますが、税収の数倍に及んだ過去の財政投融資からの収入をきちんと活用していれば、財政は赤字になどなっていなかったのは明白です。そればかりか何年も前に無税にして、現在では国民に還元することもできたはずです。

政府の二重財政報告書の存在を長年訴えてきた人物ウォルター・ビューレンの声が聞き入れられたのか、包括的財政報告書の透明性を測ることを義務付けた法案をアリゾナ州議会が２０１１年2月に可決しました。(＊25)

アリゾナ州議会にはまともな神経を持った人たちが存在していることを示す一件です。この動きが全米に拡大することを切に願ってやみません。

話を本題に戻します。

AA77便になぜ多くの国防関係者や元軍人が乗っていたのか？

ラムズフェルドの記者会見は故意に隠されたとしか考えられませんが、こんなことを全マスコミに命令できるのはディープステイト奥の院しかいません。

4か月後の2002年1月29日、CBS放送が突然思い出したように、9月10日のラムズフェルドの会見内容を報道しました。CBSには骨のある社員がいたようです。アメリカのマスコミで軍の使途不明金の事を報じたのは、あとにも先にもこれが1回きりです。

しかし、なぜラムズフェルドは巨額の使途不明金を公表したのでしょうか。

書類と会計士は翌日この世から消える手筈ですから、黙っていれば国民は知らないままです。ジョージア州選出下院議員に議会で恥を掻かされることもなかったのです。

作戦チームは無駄なことをさせるはずがありません。理由は必ずあると思いますが、この件に関してはまったく見当もつきません。

AA77便には、多くの国防関係者や元軍人が乗っていました。乗客64人のうち政府の国防関係の仕事に携わっていたのが21人、軍隊経験のある人が10人（そのうち7人は海軍）乗っていました。

国防企業関係者の中には現役技術者もいたと思います。その何人かは、家族にメモを残してAA11便に乗った42歳のレイセオン社員のように、会社の命令で乗ったと思います。4機の飛行機に乗った総勢5人のレイセオン社員の場合、彼らの持つ技術が悪魔の犯罪遂行に必要だったのではないかと思います。

元軍人たちの中には、世紀の捏造テロ見物のために乗った人もいると思います。

その一人がAA11便の、イスラエル国防軍エリート精鋭隊サイェレット・マトカルの元部隊長です。この人は軍を退役してから、専門だったインターネット関係の会社を共同経営で成功させて、ボストンで妻と2人の子供と4人で暮らしていました。

サイェレット・マトカルは対テロ対策のための偵察と、人質救出や急襲等の実行動が主な任務です。アラビア語を理解したこの人物が、ツインタワーに最初にぶつかることになっていたAA11便に乗ったのは、世紀のでっち上げテロのやり口を自分の眼で見たかったからと思います。ひょっとしたら、サイェレット・マトカルでの現役兵士時代に、米国内でのアラブ人テロの話を聞いていたのかもしれません。

AA11便の客室乗務員から地上への連絡によれば、この元部隊長は真っ先にテロリストに殺されたことになっています。しかしいかにテロリストたちがトレーニングしていたとはいえナイフしか持っていません。そんな若者を相手に鍛えに鍛えた戦闘のプロが相手を一人も道連れにしないで簡単に殺されてしまうことなど、絶対にありえません。

ましてテロリストなど乗っていないことは、餅は餅屋でこの元部隊長は分かっていたはずです。WTC攻撃を行うのは同胞モサドなので命の危険はないと安心して、最後まで見るためにNASAリサーチセンターの中まで同行したと思います。（これについては⑪章で説明します。）

今頃は家族をボストンから呼び寄せ、イスラエルの何処かで仲良く暮らしているのではないでしょうか。

捏造に関与した夫テッド・オルソンと事件で死んだ（殺された）妻バーバラ・オルソン

AA77便に非常にユニークな女性が乗っていました。

バーバラ・オルソンという元連邦検事で、クリントンのセックススキャンダルを調べた時の、議会調査委員会弁護士をつとめた人です。彼女はCNNをはじめとしてテレビにひんぱんに出演していた有名人で、2冊の本を書いていました。

1冊目でクリントンの大統領時代の不正行為を暴き、2冊目でクリントンを利用して権力を求める冷血で頭脳的なヒラリーの行為をあからさまに描き出しました。

ＡＡ77便から電話連絡で地上に機内の様子を知らせてきた人は2人いて、１人は客室乗務員でもう1人がバーバラ・オルソンということになっています。しかし私はこの電話は亭主テッド・オルソンのでっち上げだと思います。

彼女の夫テッドは事件当時合衆国訟務長官の地位にいました。合衆国訟務長官というのは弁護士が到達できる最高の地位と言われています。この人物は最高裁に持ち込まれた２０００年のブッシュ・ジュニア対ゴアのイカサマ選挙をさばく12月の訴訟において、ブッシュ陣営を勝利に導いた人です。翌年2月にブッシュが彼を訟務長官に任命したのは、その功労賞と考えられます。

彼は最高裁で「自分の国の外交利益を守るために、政府は国民に嘘をつく権利がある」と公言するほどですから政府にとっては都合の良い人ですが、一般市民にとっては信用できない考えの持ち主です。

ハイジャックされたという4機の、乗客と乗務員からの総数27本の地上への連絡は、電話を受け取った肉親や会社の同僚や上司からの正直でありのままの申告で明らかになりました。しかしこの弁護士は別で、ありもしない妻からの電話がいかにもあったように申し立てた、と私は考えました。

私の推測の根拠になったのは、4機の機内の様子はすべてでっち上げという事が前提です。AA77便から電話してきたもう1人の乗務員は、6人のハイジャッカー（政府は5人と発表）がいると報告しただけです。ところが亭主によると元連邦検事は、ボックスカッターやナイフを持った連中が操縦士も含めて乗客と乗務員全員を飛行機の後部に移動させたと、機内の様子を詳細に話したというのです。

テッド・オルソンは妻からの2本の電話で聞いたことをCNNやMSNBCに語りましたが、細かい部分を何度か変えています。その一つに妻が使った電話を、時には座席電話と言い、時には携帯電話と言い換えています。ところがアメリカン航空の機長ラルフ・コルスタッド（Ralph Kolstad）に依れば、ボーイング757型機の座席電話は機能不全ということで9・11事件の前に完全に取り外してあったのです。この一つを取ってみてもテッド・オルソンがウソをついていたことは明らかです。

講演ビデオでバーバラ・ホネガーは、オルソン元連邦刑事から夫への電話連絡を、FBIもアメリカン航空もペンタゴンも公式に否定したと言いました。誰が聞いてもウソだとわかるようなことを白々しく言う弁護士を、ブッシュ・ジュニアは弁護士の最高職に任命したのです。

合衆国訟務長官の地位にいた嘘つき弁護士は、9・11の実務に加わっていませんが、機内で起きることの詳細を認識していたと思われます。

彼は、妻がコレクトコールにしたのは座席電話を使おうとしてクレジットカードが見つからなかったからと言いました。コレクトコールなどという時代遅れの方法をわざわざ持ち出したのは、妻からの連絡があったことの証拠にするための弁護士らしい発想からでしょうが、ＡＡ77便の座席電話が使用可能状態かどうか前もって調べもせずにコレクトコールを持ち出すようでは、あまり腕の良い弁護士とは思えません。

それに加えてバーバラ・オルソンは、夫の罠にはまってＡＡ77便に乗ることになった可能性があります。早い話が亭主に殺されたかもしれないのです。

彼女はもともと前日９月10日の飛行機切符を持っていました。それが事件当日は夫の61歳の誕生日ということで朝食を一緒にとってから出かけることになり、10日のフライトをキャンセルして11日のＡＡ77便に変えました。もしこの出発日変更が夫の頼みでなされ、しかも予約したのが夫だったとしたら、殺された可能性は否定できません。

テッドがバーバラを殺してもおかしくない理由が２つありました。

１つは、彼女は家に最高裁判所の判事達や議会の関係者をひんぱんに招いて食事会をおこなっていました。そういう場において亭主が関わったフロリダにおける共和党イカサマ選挙の違法性を明確に主張していて、亭主と議論になることが多かったのです。あまり頭の切れる亭主とは思えませんから、判事や議会関係者の前で女房にさんざんやり込められていたと思われます。

もう1つはクリントン夫妻のあらを徹底的に拾い出して本に書いていたので、当時の米政界で非常にパワーのある夫婦に恨まれていたことは想像に難くありません。いなくなったら喜ばれます。

ラリー・キング・ライブにおいて「彼女のことは一生心から離れない」と語っておきながら、当時61歳だったテッドは妻の死の翌年にはさっさと4回目の結婚相手をみつけて、２００４年にその職を辞して弁護士に戻ってから式をあげました。

２００７年9月、司法長官アルベルト・ゴンザレス辞任に伴う後任選びに、ブッシュ・ジュニアは最初にテッド・オルソンの名前をあげました。ところが議会内で彼の評判が悪くて民主党から大反対が起きました。あきらめてマイケル・ミュケイジーに落ち着いたという経過があります。

子供を犠牲にした海軍下士官

乗客の話が出たついでにもう一つ、私には全く理解できない父親の行為を紹介します。

ＡＡ77便には5人の子供が乗っていました。そのうちの1人の父親は海軍下士官で、ペンタゴンに勤務していました。

彼の仕事場はペンタゴンの爆発のあった箇所だったので、テロで同僚を何人も亡くしています。でも本人はこの日はゴルフに行くという名目で出勤していなかったので、事件には遭遇しませんでした。

この人はゴルフに出かける前に、この日ＡＡ77便に乗ることになっている自分の11歳になる息子に、とうてい信じられない話をしたのです。

彼自身の言葉を直訳します。

「正直言うと、我々は死について話したのです。そして私は息子に『君たちがこれからおこなう事がかなり危険なことだからといって、むやみに恐れることはない。他の人たちの言うことを聞きなさい。そうすればすべてうまく行くから』と話したのです。すると息子は『お父さん、僕、こわいよ』と言ったので、私は『ほら、こわがることはないよ。死ぬことを恐れちゃいけないよ。なぜなら、誰しもいつかは死ぬのだから』と話したのです」

制服組軍人のこの父親は、ペンタゴンでその日何が起きるかおそらく知っていたのでしょう。だから週日の火曜日というのにゴルフの名目で仕事を休んだところまでは理解できるのです。でも自分の息子に死に際しての心構えをさとして、死出の旅に送り出したところは理解できません。

ひょっとしてこの人は、事件後に犠牲者遺族に大枚の救済金をだした9・11被害者救済基金設立をわかっていたのでしょうか？

それにしても下士官の生活は保証されているはずです。子供の命と金銭を交換する必要などないだろうと思うのですが、世の中には、私の脳味噌の理解力を遥かに超える出来事が多々起きています。これもその一つです。

Chapter ⑪ いまだに謎多きUA93便における捏造解析！

ペンタゴン攻撃におけるディック・チェイニーの指示

あの日ペンタゴンで起きた事については、乗員・乗客が乗ったAA77便の地上への誘導はモサドが行いましたが、グローバルホーク出現と軍用ジェット機の運航、館内の火災警報器と非常放送停止とスプリンクラーの遮断、グローバルホークの残骸収集など、全ては空軍の手で行われたと思います。

ダレス空港管制塔レーダーにいつの間にか姿を現したグローバルホークは、空港監視用一次レーダー（Airport surveillance radar、ＡＳＲ）の監視範囲高度８０００m以上に待機させてあったと思います。

民間航空機の巡航高度は１万mですから、大抵の飛行機は８０００m以上を飛びます。必ずしも高度１万８０００mを飛行できるグローバルホークを使う必要はなかったはずですが、ボーイング７５７型機の代用にできる無人機が他になかったのでしょう。

グローバルホークを爆破した海兵隊ヘリは、ディック・チェイニーの指示でやってきたと思います。無人偵察機自爆システムを起動する装置を積んでいたのでしょう。そういう装置はSystem Planning Corpが開発し、実用化されていて空軍も持っていたはずです。わざわざ海兵隊ヘリを使った理由で考えられるのは、海兵隊は大統領専用ヘリ、マリーンワンを管理するだけあってヘリ操縦に長けた操縦士がいるからだと思います。政府発表では、地上すれすれに時速８００㎞を越える猛スピードで近づくグローバルホークを建物寸前で爆破して、しかも爆発の巻き添えを食わないで逃げるのは相当の熟練者でないと無理です。失敗は許されませんから何度も練習させたと思います。

ＡＡ77便はダレス空港を離陸して上昇中の8時36分、機首を北に向けたとされました。すぐ西に戻しましたが、これはモサド誘導隊がＧＰＳ操縦装置を使ってスチュワート空港に向かわせようとしたのではないでしょうか。しかしパイロットが軌道修正して元のコースに戻ったと思います。この時点でモサドはスチュワート空港への誘導を断念したに違いありません。8時54分にコースを逸らして8時56分にトランスポンダーを切り、近くの空軍基地に下ろしたと思います。

そういう出来事も計算してあったので着陸後はさしたる困難もなく、犯行一味がＡＡ77便からおりたあと、機内に残された何もしらない乗客達はガスか何かを使ってあの世へ送られたのでしょう。

乗客殺害を実行したのはモサドと推測しますが、その確実な根拠はありません。ただ殺戮には空軍よりも馴《な》れているような気がします。ＡＡ77便の乗客が機内で殺されたとする理由は、他の3機からは乗員・乗客の一部の人の遺体しか出てきていないのですが、ＡＡ77便だけは全員の遺体のＤＮＡ鑑定が完了したとされたからです。スチュワート空港に行っていないＡＡ77便は、他の3機の人達とは違った運命をたどったと思います。

同時多発テロに使われた飛行機4機が飛んでいたアメリカの北東部一帯は、空港や基地などの軍関係施設が数多く点在しています（図10）。大部分の施設は大体一辺160㎞（100マイル）ほどの、州を越えた三角形の中に収まります。

興味を引くのは、この4機の飛行機が無線を切ったりターンをして方向を変えたりするのは、こうした軍施設の上空なのです。

ツインタワーに突入した2機の飛行コースが交差しているスチュワート空港は現在民間と軍の共同使用ですが、元々空軍基地として開発されました。

1999年10月31日、マサチューセッツ州沖合96㎞で大西洋に突っ込んで乗員217名全員が帰らぬ人となってしまったエジプト航空990便（ボーイング767型機）は、JFK空港を離陸して北方に進路をとりました。大西洋に出るために進路を北東に変えたのが、スチュワート空港上空を過ぎたあたりだったのです。

この2年後の同時多発テロも、おそらく軍の施設でGPSを持った人間が待機して、飛んでくるAA11便、UA175便、AA77便、UA93便の4機のボーイングを誘導して着陸させたと思います。

ペンタゴンを飛び越して向こう側に消えた2機目の軍用ジェットの存在理由は、FDR（飛行軌跡記録器）を残すためと思います。軍用機にFDRは搭載されてないので特別に設置したと思います。この軍用ジェットがどこから出現したのかは不明です。ワシントンDC近辺は軍

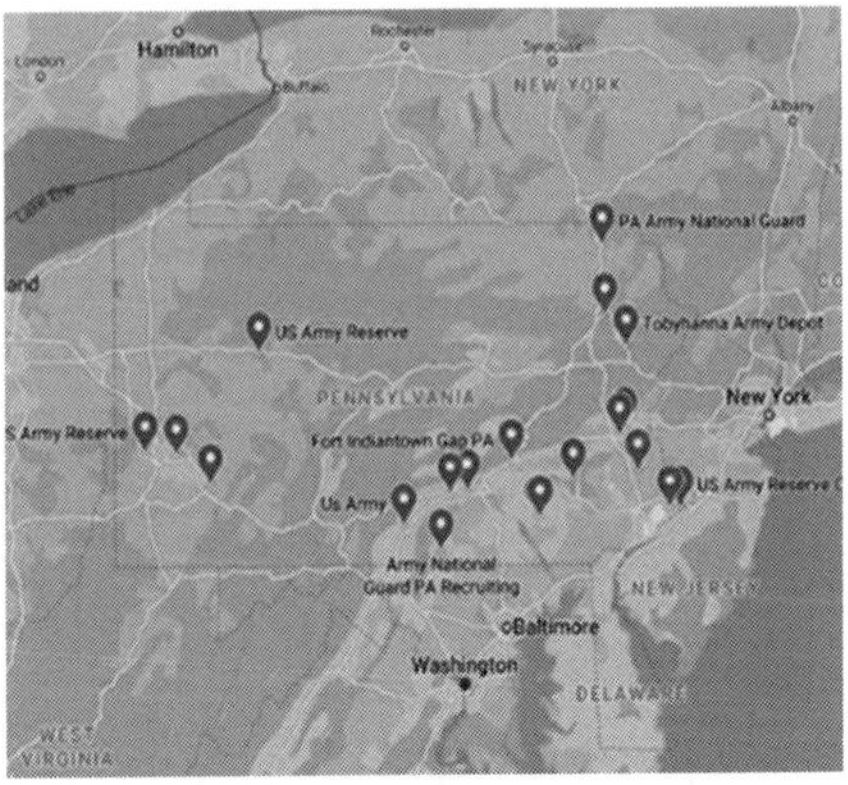

ペンシルバニア州

ニュージャージー州

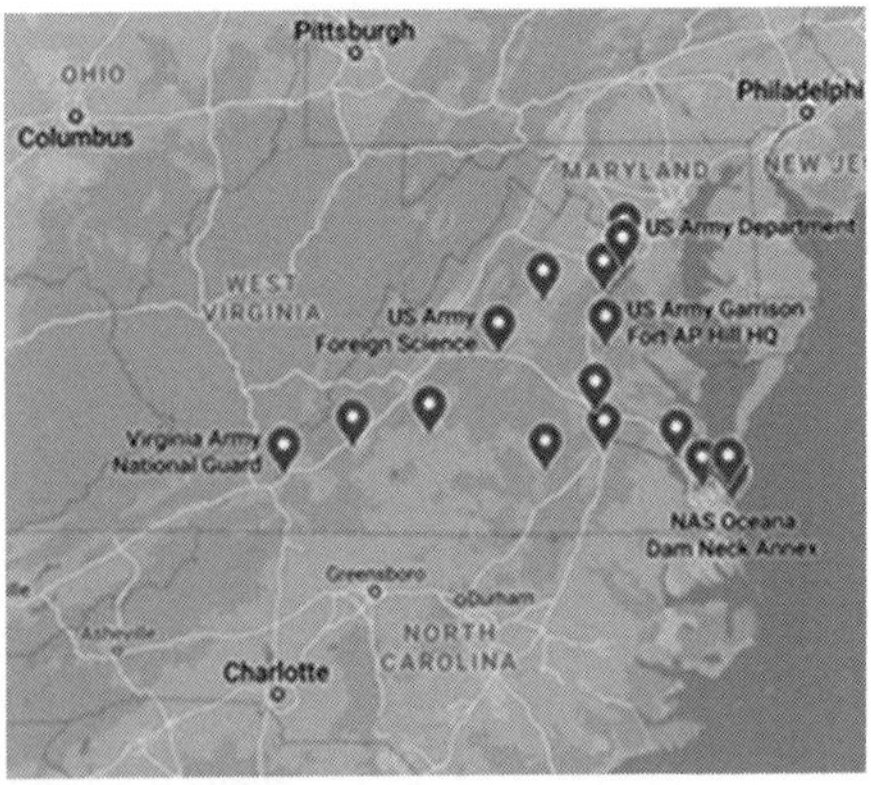

バージニア州

図10

上の２枚　Photo source: operationmilitarykids.org.
下の１枚　Photo source: Search.zonealarm.com

用機が頻繁に飛行しているので人目につかなかったと思います。

次は、4機目の飛行機UA航空93便が関係してペンシルバニア州シャンクスヴィルで起きた出来事です。

他の2か所と比較して単純そうにみえますが、UA93便は世紀の捏造事件の成否を握っていた最も重要なフライトだったと私は確信します。この便に関連することを詳細に見ていくと悪魔の犯罪実行経過の全体像が浮かび上がってきます。話があちこち飛びますが我慢して読み続けていただければ、最後にはこの悪魔の犯罪の細部に及ぶ緻密な計画性と、底深い非情さが見えてくると思います。

シャンクスヴィルに墜落（?）したUA93便での捏造

4機目の飛行機は議会議事堂もしくはホワイトハウスに突っ込む予定だったが、乗客が示し合わせてテロリストに立ち向かった結果、10時03分飛行途中で墜落した、と政府が発表しました。アメリカ人の愛国精神に大いに訴えて、『ユナイテッド93』の題名で映画になりました。

当日、北米でハイジャックを疑われた飛行機は11機ありました。ボストンやNY地区の空港管制塔に時々入った雑音混じりの連絡で、ハイジャックの疑いが浮上していましたが、どの機がそうなのかハッキリしませんでした。そのうち4機のハイジャックが明確になったのは、乗務員や乗客が飛行中の機内から地上の会社や肉親にかけてきた電話によってでした。

最初の疑惑は7時59分にボストン・ローガン空港を離陸したAA11便からです。管制塔からの8時13分の「右へ」の指示に応答しましたが、その直後の「上昇」に応答せず、トランスポンダーが切られました。（NY Times, 10/16/01、Boston Globe, 11/23/01、MSNBC, 9/11/02）

この時点でボストン管制塔マネージャー、グレン・マイケル（Glenn Micheal）は、ハイジャックの可能性を疑いました。（Christian Science Monitor, 9/13/01、MSNBC, 9/15/01）

8時20分、客室乗務員エイミー・スウィーニー（Amy Sweeney）が機内電話を使ってローガン空港のアメリカン航空フライトサービスマネージャー、マイケル・ウッドワード（Michael Woodward）にハイジャックを告げました。エイミーはAA11便が激突する8時46分までハイジャッカー3人の座席番号や、爆弾を持っていることや喉を掻き切られた男性乗客のことなど、機内の様子を詳しく語り続けました。（Boston Globe, 11/23/01、NY Observer, 2/11/04）

AA11便からは乗務員2名が機内電話を使って、UA175便は乗務員1名と乗客2名の計3名が携帯電話から、AA77便は乗務員1名と乗客1名の計2名が携帯電話から地上に連絡してきたとされています。

乗客が示し合わせてテロリストに立ち向かった、というUA93便の機内の様子は、11人の乗客と2人の乗務員が肉親、友達や上司に電話して判明しました。一人の乗務員などはトイレの中に隠れて、自分の携帯電話でハイジャック犯の人相や行動を15分間も報告してきました。

この13人が行った総計16本の電話連絡のうちの3本は機内電話からで、残り13本は自分の携帯電話からでした。しかし2001年9月において、飛行中の機内から地上にかかる携帯サービスは、地球上のどこにも存在しなかったのです。そのサービスがアメリカで始まったのは、アメリカン航空とクアルコムという会社が共同事業としてスタートさせた2004年7月のことなのです。(USA Today, 07/19/04、NY Press, 07/27/04)

9・11事件の科学的検証を試みるサイト Phisycs 911 が、2003年に「アキレス計画(Project Achilles)」の名の下に、実際に空中の飛行機から携帯が使えるかどうか、都合4回の航空実験を行いました。(＊26)

最初の2つの実験は、2人乗りの3輪低翼単発プロペラ機ダイヤモンドDA20カタナ(Diamond DA 20 Katana)で行われました。3回目は4人乗りの高翼単発プロペラ機セスナ172－Rで行われました。このセスナは世界で最も売れた機種なので、皆さんの頭に思い浮かぶセスナは多分これです。

2003年の北米の携帯ネットワーク会社4社と契約して、モトローラとノキアとオーディオヴォックスの端末を使って、カナダのオンタリオで1回目を1月23日、2回目を2月25日、

3回目を4月19日と、時間と高度を違えて調査をおこないました。

その3回の調査で地上に繋がったのは、1200m（4000フィート）の高さで10回に4回、2400mでは10回に1回の割合でした。しかしこれはただ繋がっただけで、一般的に600m（2000フィート）を越えると相手が出ても雑音が多すぎて音声の質が悪くて会話にはなりませんでした。2100m（7000フィート）以上の高度でもかかりましたが、すぐ切れてしまいました。

結論は、航空機からでは高度が上がると携帯電話がすぐに使えなくなる、ということです。

この3回の実験結果が発表されるとテレビ朝日のプロデューサーから、4回目の実験を撮影したいと連絡を受けました。スポンサーが現れたので4〜6人乗り双発軽飛行機パイパーPA23アズテックを使って、2004年8月21日にオンタリオで実験しました。

飛行速度が早い双発エンジン機の影響は明白で、2100mでアナログ携帯電話が一瞬だけ繋がりましたが、デジタル携帯はまったくダメで繋がることもありませんでした。

アメリカ大陸横断コースのジェット機の巡航高度8000mから1万mでは、かかることさえ万に一つもないと断言できます。

4回目実験の映像は、テレビ朝日が2004年9月11日に流した、「ビートたけしプレゼンツ」と題した90分番組「9・11テロ　4年目の真実」（＊27）で使われました。番組は7つの謎を挙げて、その2つ目の謎が「93便からの携帯電話連絡は捏造されたのか？」でした。テーマごとに現地取材を敢行して関係者から生の声を取材して深い内容になっています。これを企画制作して放映したテレビ局の勇断に拍手したいですが、この番組を観たという人が私の周囲にほとんどいません。インタビューのために米国各地を移動していますから経費は随分かかったと思いますが、視聴率はあまり高くなかったのではないかと思います。随分深い内容の労作ですが、ニュース報道でなくお笑いタレントが司会する番組だったので、観た人は真面目に受け取らなかったかもしれません。

ここまでやる!?　電話の声はあらかじめ録音されたものを使用！

高高度を飛行中の飛行機から地上に電話連絡があったという政府の発表には、どこかに嘘があるのは明白です。しかし被害者の家族たちが本人から連絡があったと言っている以上、機内電話だろうが携帯だろうが、電話を使った連絡があったのはまぎれもない事実です。しかし携帯電話は飛行中の機内からは絶対かからないとなると、電話をかけたのは地上からということになります。

4機からの連絡には携帯電話とともに機内電話が使われました。

機内電話からの連絡の中に9月10日に設立されたばかりの、墜落現場シャンクスヴィルの隣町のテロ対策本部にかかってきたものがありました。

日本の110番に相当するのがアメリカでは911番です。したがって携帯電話から911番にかけると、自分の居場所の最寄りの警察にかかることになっています。しかしこの時は911にかけたら最寄りの警察ではなくて、偶然に9月10日に隣町に開所したばかりのテロ対策本部にかかったとFBIは発表しました。しかしこれは偶然ではありません。

地上の飛行機から911番にかけたら、飛行機が駐機する飛行場近くの警察に掛かってしまい、墜落したとされるシャンクスヴィルの近くに飛行機がいないことがばれてしまいます。だから911番ではなく、直接隣町のテロ対策本部にかけたのです。

そもそも前日開所したばかりの対策本部の電話番号を、飛行機の乗客が知っていること自体がおかしいです。あらかじめそこに掛ける予定で用意してあったとしか考えられません。同時多発テロでは、通常起こりえないことがこの1日だけで幾つも起きました。それを政府はすべて偶然で済ませましたが、これもその一つです。

FBIが発表した多くの電話内容を詳細にチェックしていくと、会話の中に筋の通らないことがいくつもみいだせます。

例えばＡＡ11便の乗務員が便名を聞かれて12便と答え、しばらくしてから11便と言い直したり、自分が座っている座席の位置を聞かれてすぐに返答できなかったりしました。

ＵＡ93便は、乗務員2人と乗客11人の計13人が地上に電話をかけてきました。この11人の乗客の中にマーク・ビンガムという31歳の男性がいました。カリフォルニアの自分の母に携帯電話からかけて「お母さん、僕だよ、マーク・ビンガム」と苗字を名乗りました。名前だけならまだしも息子が実の母親に苗字を名乗るのは洋の東西を問わず現実味がありません。

このマーク・ビンガムのことで、興味深い事実を『ピッツバーグ・ポストガゼット』紙が報道しました。

ＵＡ93便はニュージャージー州ニューアーク空港出発です。彼は当日寝坊してニューアーク空港に着いた時には出発20分前の7時40分でした。搭乗口に着いたときはＵＡ93便のドアは閉まっていましたが、乗務員がドアを開けてくれて彼は無事飛行機に乗れたというのです。

ウィキペディアのニューアーク空港のページには、「93便は8時01分にゲートにバックした」と書かれています。ということは、ドアを閉めてゲートから離れていた93便は、彼を乗せるためにゲートにバックしたと考えられます。

この人物はＵＡ93便から電話連絡してきた13人のうちの一人でした。

ＵＡ93便からの電話連絡はスチュワート空港に駐機していたＡＡ11便の機内で行われていて、

彼の母親に連絡したのは本人ではありません。したがって本人がいなくても連絡そのものには支障はないですが、電話連絡した人が実は飛行機に間に合わなくて乗っていなかったとなるとまずいですから、フライトアテンダントが機長に頼んでゲートに戻ったのではないでしょうか。

乗務員が自分の乗った便名を間違えたり、座っている座席番号がわからなかったり、子供が自分の母親に苗字を名乗ったりしたのは、電話してきたのは本人ではなく別人と考えた方が筋は通ります。

では他人が掛けてきた電話を、肉親がどうして本人からと思い込んだのかという疑問が生じます。日本ではまったく別人の声を息子の声と勘違いする人が多くて「オレオレ詐欺」が多発しましたが、作戦チームはそんなあやふやなことに頼って犯罪を計画しません。

1992年2月1日、『ワシントンポスト』紙が報じた新式装置を使ったと思います。(＊28)日本に落とされた原爆を開発したのが、ニューメキシコ州のロスアラモス国立研究所です。その研究所で空軍が「特定個人の10分間分の音声録音があれば、その人の声を正確にコピー再現できる音声変換装置を開発した」のです。

前もって声を録音しておいてこの装置を使って電話すれば、誰が話そうが受話器から出てくるのは録音してある人の声なので、本人になりすまして他人の母親に電話しても母親は気づかないのです。まして本人の携帯電話を使って連絡したら、表示に名前が出ますからそれだけで相手はだまされます。息子が母親に苗字を名乗るような多少頓珍漢な会話をしていても、お母さんは気づかないのです。

飛行中の機内から地上に電話をかけてきたと政府が発表した乗員・乗客合わせて18人は、前もって自分の声を音声変換装置に吹き込んでいます。

それを端的に示す電話がありました。

ＵＡ93便から電話してきたフライトアテンダント２人のうちの一人、シーシー・ライレスは、フロリダの自宅に機内電話を使って夫にメッセージを残しました。36秒のメッセージが半泣きの声で「愛してるわ、あなた、グッドバイ」で終わったと思いきや、２秒ほどしてからささやくように「上出来だよ（You did great.）」という男の声が聞こえるのです。留守番電話にメッセージを残したのがシーシー本人か赤の他人かわかりませんが、演技していたことは疑う余地がありません。（＊29）

地上に電話してきたのは政府発表では19人ですが、ＡＡ77便から電話してきた２人のうちの１人は、夫が嘘をついて妻から電話があったと証言したことは確実なので除外しました。

この肉親や上司への電話連絡は１機ごとに順番に行われています。

最も早かったのはＡＡ11便で、乗員２人が８時20分と25分にかけました。次がＵＡ１７５便の３人で、８時52分に２本と59分に１本でした。ＡＡ77便の２本は９時12分と16分でした。

16本の電話があったＵＡ93便の最初の連絡は９時27分でした。

９時58分に93便最後の連絡になった有名な一言「Let's Roll.（さあ、とりかかろう）」で連絡が途絶えたことになっています。

一機ごとに順番に電話連絡が終わっていてまったく時間がダブっていないのは、一つの飛行機に全員が集まって協力して演じていたからと思います。自分の会社へは本人がかけたものもあると思いますが、自分の肉親相手に芝居をするのは気が引けるに違いありません。音声変換装置を使ってお互いに相手の肉親に連絡し合ったと思います。

しかし、それまで客室乗務員や社会人として普通の日常生活を送っていた人たちが、なぜこのような大それた犯罪に手を貸す気になったのでしょうか。私にはとても理解できません。

ＵＡ93便シャンクスヴィル墜落現場――捏造はＦＢＩが担当か⁉

ＵＡ93便の事件は単純そうにみえますが、当日錯綜していた情報を整理していくと意外と複雑な事件だったことが見えてきます。

ハイジャックされたとされる４機のうち３機の目的は明確です。ＡＡ11便とＵＡ１７５便はＷＴＣ攻撃に使われ　ＡＡ77便はペンタゴン攻撃です。ただ一つＵＡ93便の目的がはっきりしません。通説ではホワイトハウスか議会議事堂を狙っていたとされていますが、私は違うと思います。

ＵＡ93便が墜落したとされる現場は人の集落のまばらな山中のために、墜落の目撃者は28人と少ないうえにこの中の数名の証言が現場の状況と合致しません。墜落の瞬間の噴煙を示しているとされるたった一枚の写真は信憑性に疑問があります。ＦＢＩが検査のため押収して後日持ち主に返還されましたが、ＦＢＩによる捏造の可能性が高いのです。そのうえＣＮＮがＵＡ93便は撃ち落とされた可能性があると報じました。

事件から20年後の現在でもＵＡ93便に何が起きたのか筋道を立てて説明できる決定的な資料が存在しません。

犯罪捜査の基礎に「現場に聞け」という教えがあります。

とりあえず現場の報道を紹介します。

① 現場周辺に大型飛行機の残骸がない

現場に駆け付けた救助隊やレポーターたちの、同じような声を紹介します。

◉ホーマー・バロン：「飛行機の墜落現場のようには見えなかったよ。だって飛行機らしきものは何もなくて、山のようになった炭があっただけだから」(Pittsburgh Post-Gazette)

◉州警察キャプテン、フランク・モナコ：「現場は小さな瓦礫以外何もない〝ごみの山〟のように見えた」（Pittsburgh Post-Gazette）

◉ニーナ・レンズバウアー：「炭以外の何もそこにはなかったわ」（Pittsburgh Post-Gazette）

◉クリス・コニッキ：「そこに飛行機が墜落したとわかるようなものは何もなかったよ」（FOX News）

◉シャンクスヴィル市長アーニー・スタル：「墜落のあと、灌木《かんぼく》の中に横たわっていた一個のエンジンを除いて、飛行機の残骸はほとんど何も残っていなかった」（Der Spiegel）

◉州警察の一部門長ライル・ズピンカ：「墜落現場は、紙が飛び散りバラバラになった細かい金属の〝ごみ集積場〟のように見えた」（Pittsburgh Live）

ペンタゴンではビル周囲の芝生の上に飛行機胴体の残骸と思えるものが少し散らばっていましたが、ここシャンクスヴィルでは胴体らしき物の残骸は2個のジェットエンジンと2個のブラックボックス（FDRとCVR）だけでした。しかもそれらの発見位置は非常に疑問の残るものでした。

図11
http://www.pittsburghlive.com/images/static/terrorism/photogallery/flight9301.html

飛行機の部品の中で一番頑丈で重いはずのエンジンらしき物体が2個とも事件当日地表で見つかりましたが、一個の重さが5kgほどの片手に持てる重さの2種のブラックボックスは地中深くから別々に発見されたのです。

FDRが発見されたのは13日午後4時50分頃で、CVRが発見されたのはその翌日14日午後8時25分頃でした。ところがおかしなことに、この2個のブラックボックス発見のニュースを、『ワシントンポスト』は9月12日（水曜日）に報じていたのです。しかも一個ずつ別の日に発見されたというのに、同じ日に2個とも発見されたように書いていました。これは明らかにフライング報道ですが、同紙は政府筋の話と書いています。おそらく政府部内ではブラックボックス2個が12日に2個一緒に見つかることになっていたと思われます。

②墜落個所には、ジェット燃料の痕跡が残っていない

墜落現場（図11・12）と目される箇所には、飛行機が上空から機首を下にして真っ直ぐに突っ込んだような、穴の左右に主翼のぶつかった跡のような痕跡を持つ窪地がありました。ところがその窪地は大型ジェット機が墜落したにしては小さ過ぎ、まだ大量に残っていたはずのジェット燃料が燃えた痕跡もありませんでした。

◉2万7000リットルのUA93便の燃料タンクには、墜落時には2万9000リットルのジェ

ット燃料が残っていた。(NTSB, 02/13/02)

大量のジェット燃料の燃えた痕跡がなかったばかりか、墜落後に実施した付近の土砂の地質調査でジェット燃料による地質汚染は出なかったので土中にしみ込んだ可能性はないことが立証されました。(Postgazette.com 10/03/01)

ペンシルバニア州環境局スポークスウーマン、ベッツイー・マリソンがその不思議な事実を認めています。「墜落現場にどれほどのジェット燃料がまき散らされたのか検査員にはわからない。しかし燃焼し尽くしたにしても蒸発したにしても、その大部分は無くなってしまったように見える。これまでのところでは汚染は見受けられないから」(The Pittsburgh Channel, 10/02/01)

そして不思議な事に、飛行機が墜落したとされる窪地の周囲の草は焼けないで残っていたにもかかわらず、窪地の背後にある雑木林の10本近くの木々の、葉が茂っている部分の真ん中から上の方が焦げてなくなっていて、そのうえあたり一面が広範囲に渡って焦げていました(図11)。

飛行機ではない何かが落ちたことは確かですが、落下物の

図12

正体は不明です。

③ 現場周辺で遺体が全くみつからない

飛行機墜落の報を受けて、シャンクスヴィルの墜落現場に墜落直後20分でかけつけた救助隊員は、「現場はごみの集積所のようで小さいかけらのような瓦礫しかなく、胴体や座席等の飛行機の残骸がない」と、生中継のインタビューで語っていました。

◉救助隊員と一緒に現場に駆けつけたサマーセット郡検死官ウォレス・ミラーのコメントです。

「小さな窪地は、あたかも誰かがゴミトラックを持ってきて、3メートルの溝を掘ってからそこにトラックの荷台のゴミを放り込んだようだった。現場には全く死体が見当たらず、あたかも激突直前に飛行機が停止して、旅客を下したかのようだった。もっとも気味の悪いことは、現場で一滴の血も見なかったことだ」（Pittsburg Live, Washington Post）（図11）

◉「（UA93便の）33人の乗客、7人の乗務員、4人のハイジャック犯の体重を加算すると約7000ポンド（3178kg）になる。全員の遺体は本質的に激突時に火葬されてしまっていた。数百人の捜索隊が何週間にもわたってツガ（栂）の木によじ登り、林の中を徹底的に探した末に収集できたのは、全体重の8％ほどの合計が600ポンド（272kg）にも満たない1500個ほどの、大部分が焦げた人間の肉片だけだった」（Washingtonpost.com 05/12/02）

墜落現場になかった遺体は、この記事によれば、空中でジェット燃料がほとんどの人体を燃やし尽くしてしまったことになります。

ＵＡ93便はミサイルによる撃墜⁉

捏造事件ですから当然のことですが、大型飛行機墜落を強調するためのでっち上げ工作をＦＢＩは行っています。

まず、政府発表の大型機墜落説を援護する内容の目撃証言者が一人いました。

この人の職場は墜落現場から２７０ｍという近くにあり、「飛行機が地面に突っ込んだ瞬間を見た」と彼は証言しました。(post-gazette.com 09/12/01, Daily American, 09/12/01, mirror.co.uk 9/13/02, Independent.co.uk 10/24/02)

大型機が鼻先から地面に突っ込んで大爆発を起こしたと断言したこの人は、海軍に3年間勤務していた経歴を持ち、この墜落現場に近い職場につとめてから2日目に事件が起きました。

何か胡散《うさん》臭いものを感じる証言をしたこの人の経歴を報じたのはイギリスのマスコミだけで、アメリカでは報じられていません。

さらにUA93便が地上に激突したと目されるあたりから立ち上がる噴煙を遠方からとった写真が存在しますが、辻褄の合わないことが幾つかあります。

写真を撮影した人物から連絡を受けてすぐにFBIが現れました。画像の真偽を判定するという名目で、使われたデジカメとメモリースティックとコンピューターを押収しました。後日、写真は本物であるとして返却されました。

この写真の信憑性を検証した人がいて、その結果を2006年7月18日にホームページで公開しました。

それによると、まず写真に写っている背後の景色映像から写真の撮影地点を割り出すと、写真を撮影した本人のいう撮影地点とはかなり離れていました。また本人の主張する撮影地点と落下物地表激突地点の距離から写真の噴煙の大きさを測定すると、噴煙の直径が800mにもなってしまいます。

噴煙が不自然な大きさになったのは、撮影者撮影の写真に噴煙写真を合成したからと考えられます。

この推測を裏付ける隣人の言葉があります。

「彼女は少なくとも1枚の写真を撮ったけど、その写真にはきのこ雲は映っていなかったのよ」

細かい遺体と遺留品が広範な区域に散らばって発見されたことから、ＵＡ93便はミサイルで撃墜されたという噂が事件直後から流れました。

それを最初に報道したのは事件２日後13日のＣＮＮでした。

「ＦＢＩと州警察は墜落現場から10㎞から13㎞離れて非常線を張った」と題して、ＵＡ93便はミサイルに撃墜された可能性を指摘しました。

◉「衝突の瓦礫の大部分は墜落現場から90ｍから１８０ｍかその辺りで密集して発見された。それがポツンと10㎞離れた地域に、非常に細かな瓦礫の山が見つかったと報告を受けた。現場近くの大部分の遺留品は大きくても書類カバンほどのサイズだったが、10㎞離れた瓦礫はもっと小さかった。――――中略――――再び繰り返すが、この事実は撃墜された可能性を導いて、間違いなく数多くの疑問を提示することになる」（CNN, 09/13/01）

◉「ペンシルバニア州選出の民主党議員ジョン・ムルサは、同じ憶測に言及してその考えを排除した。ホワイトハウスにぶつかるのを防ごうとして政府はハイジャック機を撃ち落とすようなことはしなかった、と国防長官ドナルド・ラムズフェルドは彼に請け負った、とムルサ議員は語った」（Pittsburg Post-Gazette, 09/13/01）

これを報じた『ピッツバーグ・ポストガゼット』紙はピッツバーグ最大の発行部数を持つ日

刊紙です。地元で起きたためかＵＡ93便に関して他のメディアでは見られない詳細な報道を行っていました。

一旦収まった撃墜説ですが、１年後の９月11日、副大統領ディック・チェイニーがホワイトハウス地下司令室の中で戦闘機の操縦士にＵＡ93便の撃ち落としを命令した、とＣＮＮが報じたことから一気に再燃しました。

◉「そこは大統領危機管理センターの中だった。冷戦の遺物の地下深くの防空壕は新しい戦争の最初の日に、副大統領の活動の本部となった。ツインタワーに飛行機が激突したあと、３機目はペンタゴンに大きな損害を与えた。そのあとチェイニーは、ペンシルバニア州上空を飛行中の飛行機がワシントン方面に向かっているという報告を受けた。軍人補佐官が、撃ち落とす許可をチェイニーに２度尋ねた。

『副大統領は２度イエスと答えた』ことを大統領首席補佐官代理ジョシュ・ボルトンは覚えていた。その軍人補佐官は３度目を尋ねた。『確認します、閣下。交戦の許可ですね？』すると副大統領は――声に少し苛立ちを表して――言った。『イエス、って言ったんだ』(CNN, 09/11/02)

軍人補佐官はＵＡ93便には乗客がいると思っているので撃墜命令を３度も聞き返したのです。一方無人機であることを知っているチェイニーの方は、一刻も早く始末しようとしていたと思われます。

墜落現場には飛行機の残骸も乗客の遺体もなかったのに、ハイジャッカーと乗客の遺留品が損傷を免れた良い状態で10キロメートル以上という広範囲に渡って拡散して発見され、地域住民によって拾われて当局に届けられました。

ＵＡ93便の機体が衝突によって粉々に飛び散り乗客の遺体が黒焦げになってしまったのに、紙やプラスチックでできた壊れやすい遺品が激突を経ていながらも損傷を免れた状態で発見されました。

◉「ＵＡ93便は、金属、骨、肉体を分解してしまうほど激烈な時速８００㎞のスピードで、９月11日にサマーセット郡シャンクスヴィル近くの大地に激突した。

40人の乗客と乗務員と４人のハイジャック犯の遺体を判別するのに３か月以上の時間がかかった。これらの遺体はＦＢＩと他の捜査員によって、埋め立てられていた炭鉱跡地にボーイング７５７型機が掘った15メートルの深さの窪みと墜落現場の周辺の林から集められた。だが捜査員は亡くなった人たちの驚くほど損傷のない状態の形見も集めた。

結婚指輪や他の宝石類、写真、クレジットカード、小銭入れとその中身、靴、札入れと紙幣などのアイテムが、７つの箱にいっぱいになるほどの個人の持ち物が現場から集められた」

(Pittsburgh Post-Gazette, 12/30/01)

ラムズフェルドは思わず真相を口走ってしまった

沢山の遺留品と黒焦げの遺体の一部が見つかったとはいえ、大型ジェットの機体残骸と乗員・乗客の遺体が事故直後に見つからなかった以上、飛行機は落ちていない、つまりミサイルは関係していないと見るほうが妥当だと、当初私は考えました。そして胴体後部に双発エンジンを搭載した軍用機のような白い小型ジェット機が、「墜落前と墜落後に、ＵＡ93便墜落地点上空を飛行していた」と15人の目撃者証言があることから、ハイジャック犯と乗客の遺留品が広範囲に散らばっていたのは、その白い飛行機がＵＡ93便墜落に前後して空中に撒いていったものと推測しました。

ところが、２００４年2月25日、前出のラジオトーク番組アレックス・ジョーンズ・ショーで、退役陸軍大佐ドン・ド・グランプレ（Donn de Grand-Pre）は、「ノースダコタ航空隊のＦ－16戦闘機がＵＡ93便を撃墜した。ミサイルを発射したパイロットは古い友人だ」と話しました。（＊30）

元陸軍大佐はこのとき友人の名前を言いませんでしたが、4か月後の6月28日、Let's Roll 911.orgがパイロットの名前を公表しました。

第119戦闘航空隊リック・ギブニー（Rick Gibney）少佐が、撃墜命令確認後に発射したサイドワインダーミサイル2発が9時58分に飛行機を破壊したようです。このとき落ちていったのは誰も乗っていない無線操縦の替え玉93便です。ギブニー少佐はこの英雄的行動のために2日後の13日に議会で（連邦か州なのか不明）表彰され、1年後にノースダコタ州知事からメダルを授与されました。

そして、同年12月24日、ラムズフェルドが口を滑らせました。

◉「モスクの大食堂を爆破した人々、またはスペインで爆弾を仕掛けた人々、または米国内でニューヨーク市を攻撃し、ペンシルバニア上空で飛行機を撃ち落とし、ペンタゴンを攻撃した人々、人々を怖がらせるためにテレビで首を切り落とすところを見せる人々、……実にそれが〝テロで脅迫する〟という意味だ」（CNN, 12/24/04）

前出のジャーナリスト、ヴィクター・ソーンは現地に足を運んで取材した結果、撃墜説を採りました。2007年発行のリサ・グリアーニとの共著『Phantom Flight93』と題する本で撃墜されるまでの経過を書いています。

ソーンとリサの説明は次のようになります。AA77便とUA93便は2機でワシントンを攻撃する予定になっていた。UA93便が予定通り離陸していたらニューヨーク攻撃もワシントン攻撃も30分という時間枠に終了するので、空軍の防空体制解除という誰の眼にも明らかな空軍の関与が指摘されることもなかった。ところが、UA93便の離陸が42分も遅れて共同作業に間に合わなくなった。9時38分にAA77便のペンタゴン攻撃が終了して、このまま放っておくとスクランブルが入って無人機であることがばれてしまう。早急に始末する必要性ができたので、チェイニーが撃ち落とすことを指示した。撃墜犯は15人の目撃者がいた白い軍用機で、残骸が出ていないのはインディアン・レークに沈んだから、としています。

13人という多くの人間がかけてきた電話は、自国の民間機を撃墜したという不祥事を隠そうと、国民が喜ぶ話をつくるために急遽でっち上げたとソーンは説明しています。機内での格闘劇を作り事と断じたのは同感ですが、乗員・乗客13人が絡むドラマはシナリオに則って、スチュワート空港に駐機するAA11便の機内で整然と演じられたと思います。

そう推測した理由をこれから説明しますが、これがこの世紀の捏造犯罪作戦チームが最も頭を使ったところだと思います。

DVD『ルースチェンジ2』が教えてくれたこと――市長も関与か

事件当日、朝8時半頃にスチュワート空港を離陸したUA93便代替機は9時半前にクリーブランド空域に入っていたと思われます。

9時27分、カリフォルニア州サンラモンの自宅でディーナ・バーネット（Deena Burnett）は夫トムからの電話を受けました。

◉「僕はニューアークからサンフランシスコ行きUA93便に乗っている。この機はハイジャックされて飛行中だ。奴らはナイフを持っている。一人は銃を持っている。彼らは爆弾があると言っている。FBIに連絡してくれ」ディーナは緊急番号911に連絡した。（ABC, 9/12/01、Tront Sun, 9/16/01、Pittsburge Post-Gazette, 10/28/01）トムはこの電話連絡をAA11便機内から行っています。

◉9時28分、ホプキンズ空港管制官とその空域にいた飛行機の操縦士が、原因不明の叫び声や争うような意味不明の音の無線送信を聞いた。（News Week, 11/25/01、Guardian, 10/17/01）

これはUA93便代替機から発せられた無線送信と思います。飛行機4機から、アラビア語の会話や争う物音などのハイジャックを示唆する一方的な無線送信が何度か管制塔に届きました。これは前もって録音して無人機に乗せたもので、タイミングを見計らって各機から流したと思います。

このあとUA93便代替機は左にUターンして9時40分にはトランスポンダーを切って飛び続け、公式記録では10時03分にシャンクスヴィルに墜落しました。

◉9時30分、連邦航空局（FAA）による緊急着陸命令を受けて、ユナイテッド航空は北米上空の全機に直ちに着陸するよう指示した。アメリカン航空はユナイテッドから5分遅れで追随した。（WS Journal, 10/15/01）

◉9時30分、クリーブランド空域航空管制官が、叫び声と意味不明の騒音の発信元はペンシルバニア州上空を西に向かって飛行中のボストン発ロサンゼルス行きデルタ航空（DL）1989便からと勘違いした。爆弾疑惑のあるDL1989便がホプキンズ空港に激突する可能性が浮上して、万一の場合を考慮して空港と周辺の建物に避難命令が出された。10時10分、DL1989便は滑走路に降りた。このとき約11機にハイジャックの疑いがあったが、実際に判明したのは4機であった。（USA Today, 8/13/02、MSNBC, 9/18/02）

◉勘違いの原因は、DL1989便がUA93便と同じ、ボストン発大陸横断コースのボーイング767型機だったことである。（911 Commission Report, 6/17/04）

この頃、乗客を乗せて9時半頃スチュワート空港を離陸したUA175便は、UA93便と名乗ってホプキンズ空港に着陸要請を入れ、管制官からの着陸指示を待っていました。そのことを教えてくれるのは、2005年に出たDVD『ルースチェンジ2』です。（＊31）

この日の朝、当時のクリーブランド市長マイケル・ホワイトが空港に居合わせました。爆弾疑惑のある飛行機を着陸させるために彼が陣頭指揮をとり、空港内はもちろんのこと周辺の建物にも避難命令を出して空港周辺を無人にしました。

10時10分に滑走路に降りたDL1989便は、乗客69人全員が飛行場に隣接する航空管理局の建物に連れて行かれたのは12時半でした。（＊32）この乗客69人の生存は確認されていて、その中にいた夫婦が自分たちの経験を書いた手記をネットで公開しています。（＊33）

一方、UA175便が滑走路に降りたのは10時45分でした。市長によると200人程が中から出て来たようです。30分後の11時15分には飛行場の外のNASAジョン・グレン・リサーチセンターに全員入っていきました。

この日、クリーブランド市ホプキンズ国際空港には爆弾疑惑のあった飛行機2機が35分の違いで着陸しましたが、当局の扱い方は随分違いました。

DL1989便69人が航空管理局の建物に連れて行かれるのに2時間以上もかかったのですが、UA175便200人がNASAリサーチセンターに姿を消したのは30分後の11時15分でした。

そしてDL1989便69人の生存は確認されましたが、UA175便200人は入ったきりで、建物から出てきたという報道はありません。

事件当日の朝に市長が空港にいたのは偶然ではないと思います。

爆弾騒ぎにかこつけて空港周辺の建物、特に空港敷地外の北西に隣接する、職員3500人が勤務するNASAリサーチセンターを空っぽにするためです。空港施設長や空港警備会社の避難命令では空港を空っぽにするのが精一杯で、空港周辺の建物には市長の避難命令が効果的です。

市長ホワイトは、UA93便（実はUA175便）から200人ほどが降りてきたと言いましたが、これは4機ならその数になるはずだったのです。4機の乗員・乗客の総数は266人ですが、犯人一味が抜けたら200人ほどになります。ところがAA77便の乗員・乗客がいないので少なくなっているのですが、市長は連絡を受けていなかったようです。

AA77便を除いた3機の乗員・乗客の総計は201人で、犯人一味の乗員・乗客を除くと150〜160人ほどになると思います。NASAジョン・グレン・リサーチセンターに160人が30分という短時間で入っていけたのは、当初からそういう風に計画されていたからです。

事件から約1か月半後の10月26日、政府はUA93便の乗員・乗客45人のうち34人の遺体確認を終了したと発表しました。

AA11便とUA175便の乗員・乗客の遺体は、約1年後にNY市主任検死官が、AA11便から33人、UA175便から12人の遺体の身元が確認されたと発表しました。3か所のいずれの現場からも事故直後の遺体発見報道がなかったにもかかわらず遺体が確認されたからには、リサーチセンターの中で殺されたに違いありません。

何もわざわざ人目に付きやすいクリーブランドの民間空港に持って行かなくても一般人の入

れない軍の空港に着陸させてもよかったと思いますが、その疑問を解くカギはＮＡＳＡの建物にあると思います。

ＤＮＡ鑑定研究所において遺体を見た検死官の「損傷が極端だった」という談話や、発見された１５００個の細かく焦げていたＵＡ93便の遺体は全体の８％しかなかったと報道されましたから、簡単にガスや毒で殺されたものでないことは確実です。

ＮＡＳＡの施設内に、生きた人間を飛行機墜落に遭遇したように見せかける用途に使える特殊な機械もしくは装置があったのではないでしょうか。

ＮＡＳＡジョン・グレン・リサーチセンターの建物は現在の敷地内に１９４７年に建設されて以来、主に無重力状態での飛行一般のリサーチ、遠隔操作による科学実験や宇宙に送り出すエンジンの研究などをしています。現在はロケットエンジンや航空機の機体の外側に生じる氷の研究を行っていて、施設の中には氷のトンネルと呼ばれる装置があります。

ＵＡ１７５便をわざわざクリーブランドまで飛ばしたのは、ＮＡＳＡリサーチセンターに行くためだったと思います。

目的遂行の為には手段を選ばない連中ですから、宇宙飛行研究のための純粋な科学実験装置を人殺しのために使ったとしても驚きませんが、１６０人の死体をぐちゃぐちゃにしたあと装置をきちんと掃除したのでしょうか。このあと再びこの装置を使い始めた人達が真相を知ったら腰を抜かすことでしょう。

ホプキンズ空港での惨劇を隠すため

ホプキンズ空港での避難の模様は、クリーブランドに9局存在するテレビ局は一切報道せず、クリーブランドから384キロ離れたオハイオ州シンシナティ市のWCPO－TVというテレビ局1局だけが生中継で放送しました。この2つの市を直線で結んだ線上のほぼ中間、クリーブランドから209キロ離れたコロンバス市に2局あるテレビ局もホプキンズ空港の爆弾騒ぎを報道しませんでした。

日本に当てはめると、クリーブランド市と直線距離にして東京駅―掛川駅間（211キロ）ほど離れているコロンバス市のマスコミが報道しなかったことを、東京駅―岐阜羽島駅間（367キロ）以上の距離が離れたシンシナティ市のマスコミが報道したのです。

おそらくここで読者の中に次の疑問を持たれた方がいらっしゃると思います。

●遠方のテレビ局が報道したのに、なぜ地元のマスコミが報道しなかったのか。

●生中継用機材とスタッフを384キロ離れた現場まで、WCPO－TVはいかにして短時間で運んだのか。

これには2つのことが関係していたと思います。シンシナティのWCPO－TVを経営する会社がクリーブランドにWEWS－TVを経営していたということと、この2つのテレビ局にはメディアの気概を失っていない幹部職員が残っていたからではないでしょうか。

この2局を経営するE・W・スクリップスカンパニー（E. W. Scripps Company）は1878年にシンシナティで創業した新聞社から始まり、1935年ラジオ局開設を機に放送業界に進出したメディアコングロマリットです。

現在スクリップスの放送テレビ局部門は62のテレビ局を所有または運営していて、ABC放送系は19局、CBS系は12局、NBC系が11局、Fox系が6局、CW（18歳から34歳の女性を対象にスタートした局）系が5局など、配信を受ける系列が業界一多様で特定の大手メディアに支配されていません。

当時も現在も同じですが、全米の全てのマスコミの報道内容は片手の指で数えられるほど少数の会社がコントロールしています。その現実を考えれば、クリーブランド周辺の全てのテレビ局、ラジオ局、新聞社がUA93便ホプキンズ空港着陸を報道するなという通達なり指示を受けていたことは充分考えられます。もちろん、その背後にいるのはディープステイトです。

当日、報道出来ないことを知りながらもジャーナリスト魂を揺さぶられたWEWS－TVの人たちは、爆弾騒ぎ発生後すぐに現場にスタッフと機材を送り、その電波をWCPO－TVに送ったのではないでしょうか。WCPO－TVも報道禁止の通達は受けていたでしょうが、「権力の番犬」としてのメディアの存在意義を忘れていなかったのだと思います。スクリップス最初のテレビ局という誇りもあって、同胞局の決断を見捨てなかったのではないでしょうか。

しかしそれもつかの間の抵抗でした。

事件当日午前11時43分にはシンシナティ市のWCPO－TVのインターネット版wcpo.comにこの出来事を報じた記事が掲載されましたが、3日後に「事実ではなかった」として削除されました。

現在では、UA93便はクリーブランドに降りなかったという説や、降りたのはデルタ航空83便だったとする説を始めとして、UA93便クリーブランド着陸説を否定するビデオが幾つもユーチューブに入っています。シャンクスヴィルで墜落したはずの飛行機が、実はクリーブランドに行ったことを隠すことがいかに重要だったか推測されます。

乗員・乗客13人が電話で知らせてきた機内のドラマは、急遽作り上げられたものではありません。ホプキンズ空港で行われていた惨劇を人々の目からそらすために9・11実行シナリオに基づいて演じられたのです。

乗員・乗客266人の遺体が一体も返却されていない⁉

ＷＴＣで亡くなった2752人中、1649人の遺体の一部は遺族の元に返されたようです。息子を失ったという日本人遺族の一人にＮＹで直接話を聞くチャンスがありました。「遺体で返ってきたのは親指の先ほどだった」そうですが、返ってきたことは間違いないようです。

しかしハイジャックされたとされる飛行機4機の乗員・乗客の遺物は返されたという記事はみつけましたが、遺体が返却されたという報道はどこにもありませんでした。

4機の乗員・乗客合わせて266人のうち、犯行に加担した連中が事件後も生きていたのは間違いないですが、法律上全員が死亡したことになっています。

9・11事件に使われた民間機4機はどれも異常に少ない乗客しかいませんでした。大陸横断機の搭乗率は当時75％から90％と言われていましたが、4機の平均搭乗率は23・5％しかなかったのです。

各飛行機の定員数と客数と乗務員の数を『ガーディアン』紙のデータを元に現場別にまとめます。

①【南棟】ＡＡ11便（255人乗り）の乗客は81人と乗員11人

②【北棟】ＵＡ１７５便（２５５人乗り）は乗客56人と乗員９人
③【ペンタゴン】ＡＡ77便（２３９人乗り）は乗客58人と乗員６人
④【シャンクスヴィル】ＵＡ93便（２３９人乗り）は乗客38人と乗員７人

総勢２６６人の乗員・乗客の中には、一般客に混じって捏造犯罪を手助けしたＣＩＡ職員と、ＣＩＡにリクルートされて加わった人たちもいます。

乗客２３３人の中に、異常と言ってよいほど多くの国防関係者や元軍人や企業の経営者や上級幹部がいて、最低でも46人の億万長者とみなされる人がいたと言われています。この人たちの中には物見遊山気分でやって来た人と、新しい身分証明書を取得しようとする人が混じっていたのは確実です。

97人が2億円強にもなる救済金を受けとっていない！

９・11被害者救済基金の申請と死亡に関する数字が、事件後も生きていた人の数を知るヒントを提供してくれます。

９・11被害者救済基金は、飛行機突入によって亡くなった犠牲者の家族や怪我をした人を救済する目的で事件直後に議会が決めました。９月22日に大統領が署名したことで発効し、救済金支払いは12月から始まりました。支払いの条件としては飛行機会社を訴えないという誓約書にサインするだけでよく、金額は一定ではなくて被害者によって受け取る金額は異なりました。最終的に犠牲者の家族と怪我をした被害者の97％が支払いを受けて、支払われた総額は８４００億円にのぼり、被害者や遺族の受け取った平均の金額は２億１６００万円になりました。単なるけが人と死亡した人の遺族とでは金額に大きな差があることは当然ですが、平均額が２億１６００万円ですから、遺族が受け取った金額がこれ以上なのは明らかです。

しかし飛行機会社を訴えないという誓約書にサインさえすれば貰える大金を、みすみす受け取っていない飛行機の乗員・乗客の遺族がいるのです。しかもその数はなんと97人にも上ります。

飛行機４機の乗員・乗客の家族で、救済基金を受け取った人はＡＡ11便92人のうち65人、ＵＡ１７５便65人のうち46人、64人が乗っていたＡＡ77便は33人、ＵＡ93便45人のうち25人の、総数２６６人中１６９人しか受け取っていません。（＊34）

まさか97人全員が天涯孤独の身で、救済金を申請する家族が誰もいなかったなどということは考えられません。

アメリカでは事故の犠牲者になったらすぐに弁護士を付けて、できるだけ多くの補償金を取ろうとするのが普通です。弁護士費用は一定額ではなくて割合ですから、金額が大きければ大きいほど弁護士の懐に入る額も増します。事件後、アメリカ中の弁護士が遺族やけが人を探し出すのに必死になったと思います。彼らがついていながら救済金を申請しないことは考えられません。

この事実から2つのケースが推測できます。乗客リストに実在しない名前が入っていたか、死亡していない人がいたかの2つです。

私は多分両方が混ざっていると思います。

UA175便の乗客の一人に20歳の若者がいました。この人の父親はインドネシアの銀行から米ドルで少なくても10億円相当という多額のお金を横領して行方をくらましました。

この親子にとっては違ったアイデンティティを手に出来れば、人生が随分違ったものになると思います。アメリカではお金があれば、違うアイデンティティは簡単に買えます。それを考えると、少なくとも46人の億万長者が乗っていたのは捏造テロ見物のためと思いますが、別の人生を送りたくなった人もいたかもしれませんね。理由は私には想像もつきませんが……。

ところで9・11事件で死亡した日本人は、WTCで24人、UA93便に1人の25人ですが、救済金を申請したのは23人です。ということは死亡したはずの日本人2名は実在しない人物だったのでしょうか。それとも2人とも今頃どこかで別の人生を歩んでいるのでしょうか。

UA93便の日本人というのは当時20歳の早稲田大学理工学部学生、久下季哉《くげとしや》さんですが、A

A11便にSeima Aoyamaという日本名があります。この人は青山世磨という当時48歳だった人物で、お子さんの名前がエミリー・チェンですから、おそらく米国籍を持っていたようなので日本人には含まれなかったと思います。青山さんのお子さんは救済金申請を行ったと思いますが、久下さんの方はわかりません。

生きていると思われる97人は実行犯一味の他に、異なる人生を歩むために大金を出した人や、捏造テロ見物のために一般客として搭乗していたイスラエルの特殊部隊サイェレット・マトカルの元隊長のような人たちだと思います。

9・11被害者救済基金を受け取ったのは169人ですが、4機の乗員・乗客の遺体が確認されたのは143体です。これは死体が確認されていない人にも死亡診断書が発行されたためです。

救済基金を受け取った家族の名前が分かれば取材して、もっとはっきりした事がわかると思います。しかし家族救済法による多額の賠償金支払いによると思うのですが、多くの犠牲者遺族が外部に対して口をつぐんでしまいました。ヴィクター・ソーンは多くの遺族との連絡を試みましたが、一人とも連絡を取ることができなかったと嘆いているほどです。お金が物を言うのは洋の東西を問わない真理のようで、死者の実態はよくわかりません。

電話をかけた乗員と乗客18人は犯行仲間です。彼らの身元ははっきりわかっています。もしこの18人の中の1体でも犠牲者として遺族に返却されていたとしたら、18人全員が殺されている可能性が高いと思います。

逆に1体も返っていなかったら全員が身元を変えて、どこかで別人として生きていると思います。

乗客の一人が事件後も生きていたことを示唆する出来事がありました。

UA93便の乗客の一人、トッド・ビーマー（Todd Beamer）の携帯電話が9月11日以降11回使われました。この事実を記した電話会社の記録を掲載したFBI報告書が、情報公開法によって2007年1月に公開されました。（＊35）この報告書が作られたのは2001年9月29日のことですが、FBIはこの電話会社の記録を5年半の間公表しませんでした。

UA93便で死亡したはずの人が使っていた携帯がその人の死亡後に使われたというのは、携帯電話を事故現場で拾った人がいたのか、本人が生きていたとしか考えられません。本人以外がロックを外すのは容易ではないですから、使ったのは本人だと思います。

UA93便はWTCとペンタゴン、2つの攻撃を成就させるため必要不可欠だった

UA93便の目的は、議事堂やホワイトハウスを攻撃するためではなかったことを理解してい

ただけましたでしょうか。モサドによるWTC攻撃と空軍による自作自演ペンタゴン攻撃を完璧に成就するための、必要不可欠な存在がUA93便だったのです。

3機の乗員・乗客を乗せた飛行機のクリーブランド行きをカモフラージュするために考え出されたのが、13人の人間を登場させてでっち上げた〝乗客によるハイジャック犯攻略劇〟だったのです。

なぜ乗客を乗せたままAA11便、UA175便、AA77便の3機を、空軍のGPSで操縦して直接ビルにぶつけなかったのでしょうか。

直接ぶつければUA93便が必要なくなるだけでなく、各現場での偽装工作も必要なくなるのでオペレーションが非常に簡単になったはずです。それなのに大規模な偽装工作を行ってまでひそかに3機の無線操縦による無人機と交代させたのは、作戦チームは確実性を最大限に求めたからです。

乗客の乗っているボーイングをそのままぶつけた場合、生存者が出てくる恐れがあります。生存者が一人でも出てハイジャック犯はいなかったと話したら、政府の発表した事がすべてウソだということがバレてしまいます。

そこで乗客の乗ったボーイングを地上におろして代わりに無線操縦による飛行機を飛ばし、乗員・乗客全員をひそかに別の場所で確実に始末する方を選んだのです。また、人間の操縦はあてになりません。セスナの運転を即席で習っただけの人間にボーイングの操縦はできっこありません。失敗することは目に見えています。

AA11便とAA77便は、9月11日に飛んでいなかった!?

前著『「9・11テロ完全解析」10年目の超真実』で書いたことで改めるべき点が2つあります。米国運輸省の一部門、運輸統計局（Bureau of Transportation Statistics 略称BTS）発表のチャートに縛られた結果の判断ミスです。現在もそのチャートの存在理由が理解できないのですが、当時それは運輸省の良心ある人たちがブッシュたちに反旗を翻《ひるがえ》した現れと、私は考えました。

BTSは事件当時、出発日の7日以上前にフライトがキャンセルされた場合を除き、実際に飛行完了したかどうかにかかわらず、米国の空港を離陸するすべての定期航空機の、所属航空会社名、フライト番号、識別番号、出発空港名、最終目的地、予定出発時間、実際にゲートを離れた時間、実際に離陸した時間を記録した日付別のチャートを作成していました。それを統計局ホームページで閲覧できました。（＊36）

そのチャートによると、AA11便とAA77便の2機は毎日飛行する定期便でした。ところが

２００1年9月11日に限って、この2機は飛んだことになっていないのです！

バーバラ・ホネガーもこのチャート内容を聴衆に紹介しましたが、筋の通った説明ができず首を横に振っただけで終わりにしました。

このチャートはいつの間にか削除されたので今は見ることができません。ところが当時のBTSサイトの別ページには問題の４機のデータがあり、それを保存した人がいて現在も見ることができます。（＊37）

そのデータは空港別に航空機会社の便名をリストアップして、最終目的地に無事到達したか否かを表した記録です。空港名と航空会社名の下に、日付、便名、機体番号、最終目的地空港名、進路変更があったかどうか、の順に記載されています。全機の最後の欄が「Yes」になっているのは、運輸長官ミネタの緊急着陸命令によって全米上空の４０００機近い全ての飛行機が最寄りの空港に降りたからです。

削除されたBTSの日付別チャートには、AA11便とAA77便の便名があって、機体番号は両方とも不明（Unknown）、出発予定時刻はそれぞれ7時45分と8時10分、出発時間は両方とも0時00分と記されていました。ということは、この2便とも少なくても7日前までは飛行予定だったことがわかりますが、当日は飛ばなかったのです。

AA2機が飛び立っていなくても、WTCに突入したAA11便は替え玉無人機で、AA77便はペンタゴンには突っ込んでいないので、それまでたててきた同時多発テロの筋書きに大きな変更は必要なかったのですが、問題は乗客でした。政府はAA11便とAA77便に乗ったとされた乗客の身元をDNA鑑定によって割り出しました。飛行機が飛んでいないとすると、AA11便81人とAA77便58人の乗客はどういう経路をたどって死体になったのでしょうか。

そこで前著では、AA11便の乗客は同じローガン空港から15分後に出発予定だったUA175便に乗り、AA77便の乗客はニューアーク空港に連れて行かれてUA93便に搭乗したという仮説を立てました。

異なる飛行機に搭乗したというアイデアは、ノースカロライナ州の地方新聞が掲載したNFLのNYジャイアンツのスター選手だったクレイトン・ホワイト（Clayton White）が語ったUA93便に関する話からヒントを得ました。

デンバー・ブロンコスとのナイターをデンバーで終えて、NYジャイアンツ一行が夜の飛行機でデンバーを発って、ニューアーク空港に着いたのが9月11日の早朝6時45分ごろでした。彼らの移動はチーム全員で同じ飛行機を使っていて、乗り降りはいつも空港のエプロン上でターミナルに入らずに誘導路を通って直接送迎バスに乗り込んでいました。この時も飛行機を降りていると、横に別の飛行機がいて乗客は搭乗用通路を使わないで誘導路を使って機内に乗り込んでいました。2週間ほどしてから移動が必要な試合のために飛行機に乗り込むと、フライトアテンダントが「9月11日に我々の横で乗客が乗り込んでいた飛行機は、ペンシルバニアで墜落した93便だったのよ」と案内しました。（＊38）ホワイトはそれを聞いてぞっとしたと語っています。

アメリカ国内線で搭乗開始が始まるのは出発予定の30分ほど前が普通です。それが出発予定8時00分のＵＡ93便が6時45分という異常に早い時間に、搭乗用通路を使わないで誘導路を使って人々を乗せていたことになります。

ホワイトは6時45分と言いましたが、それは彼の思い違いだと思いました。なぜならブロンコズのホームスタジアムで、前の晩に行われたＮＹジャイアンツ対デンバー・ブロンコズの試合の終了時間から計算して、ホワイトたちがニューアーク空港に着いたのは7時45分頃になっていたと考え、誘導路から乗り込んでいた人たちはＡＡ77便の乗客だったに違いないと考えたのです。

ＵＡ93便は8時01分にゲートに戻って連絡用通路からマーク・ビンガムを乗せたあと、空港エプロンに出てＡＡ77便の人たち全員を誘導路から機内に迎えたに違いない。ＵＡ93便の離陸が42分も遅れてしまったのはそのために違いない。

この思いつきに有頂天になってそれ以上深く考えずに前著に書いてしまいましたが、後日冷静になってみるとこの説には無理がありました。

8時10分にワシントンのダラス空港を出発予定だったAA77便の乗客58人が、8時前にニュージャージー州のニューアーク空港にいることは不可能です。なぜなら、出発予定時間が10分しか違わない両機の乗客が空港に集まり始める時間は同じ頃と考えられるからです。

UA93便の離陸は42分遅れの8時42分でしたが、ゲートを離れたのは8時01分とほぼ定刻です。

またAA11便とUA175便は出発が同じ空港とはいえ、共同運航ならいざしらずAA11便の乗客がUA175便に乗ることは考えられません。なぜならアメリカン航空はワンワールド、ユナイテッド航空はスターアライアンスと別のグループだからです。これはAA77便とUA93便のケースにも当てはまります。

AAの2機に搭乗していた乗員・乗客156人の存在が本物である限り、2機が飛行していなかったというのは現実味のある話ではありません。AA77便に乗った5人の子供たちの一人の父親の言葉があり、バーバラ・オルソンも乗っていますから、実際に飛行機に搭乗した乗客がいたことは間違いないのです。

では、BTSの日付別チャートの存在をどう解釈したらよいのでしょうか。

改めて考え直して得た結論は、便名が間違っていたのではないかということです。あの日の午前中は前代未聞の事態発生に全米の航空会社が混乱していました。ユナイテッド航空がホプキンズ空港管制塔からの問い合わせに、175便を93便と認めたのもユナイテッド航空のオフィスが大混乱していたからだと思います。アメリカン航空も混乱していて、ハイジャックされたと発表した2機の便名は間違いだったのではないかと思います。発表後に2機ともその日の飛行がなかったことに気付いたが、言い出せる雰囲気ではなかったのではないでしょうか。

このチャートに関して深く追及したサイトを見つけました。(＊39)

このサイトは様々な記録から数字を引用して、大きなスペースを割いて分析しています。その結論として、BTSサイトが全面的に新しくなってオリジナルバージョンが全て削除されたのは、事件当日のAA11便とAA77便のフライトが存在しなかったという事実を偽装するためと断言して、フライトが存在しなかったのは確実としています。

この2機に関する政府の発表は真実でなく、乗員・乗客も存在しなかったと断言し、2機の乗客リストは、公式の話を裏付ける「証拠」として政府がCNNやニューズウィークに供給した偽物であり、リストに名前が含まれていた実際の人々（例えば、バーバラ・オルソン）のうち、どの人がどこでまだ生きているのか、生きてない人に何が起こったのかを調べる必要がある、で終わっています。複雑な説明の割には結論が簡単で、もやもやした気分が残りました。

ところで、クレイトン・ホワイトが目撃したUA93便は6時45分に誘導路で乗客を乗せてから、出発まで1時間15分もの間ゲート近くで待機して、8時01分にマーク・ビンガムをゲートで乗せて、離陸したのが8時42分ということになります。何かがおかしいです。UA93便というのは、クレイトンに教えた乗務員の思い違いの可能性もあると思います。違う便だったのではないでしょうか。

前著における、私の推論の2つめの間違いは、操縦士たちが犯行仲間だったと書いたことです。

これもBTSチャートがらみなのですが、AA11便とAA77便の乗客が他社の便に移動するのに、キャプテンに誘導させたと考えたのです。他社の飛行機への移動があり得ないことはすでに書きましたが、この他にも操縦士は犯行一味ではないと結論付けることになった理由があります。ボーイングの757型機も767型機も操縦士2人で扱えるようになっているので、4機には8人の操縦士がいました。

●AA77便の自動操縦装置のスイッチが何度もOFF・ONに切りかえられたのは、規定の飛行コースから逸脱していることに気付いた操縦士が、自動操縦装置が正常に機能しているかどうか確かめたからです。仲間だったらGPS操縦をわかっていますから、確かめることはしないはずです。

●航空会社の緊急事態発生時の行動指針の中に、ハイジャックも含めて客室内での異常に気がついた客室乗務員は、まずキャプテンに連絡して指示をあおぐという規定があります。しかし9・11のハイジャック機4機でその行動指針どおりに動いた客室乗務員はたったの一人もいませんでした。パイロットは客席で何が起きていたか知らないままだったと思われます。

大陸横断定期便には、通常1機につき客室乗務員5～6人が乗り込んでいます。そのうちAA11便は2名、UA175便は1人、AA77便は1人、UA93便は2人の、犯行仲間の客室乗務員が携帯と機内電話を使って存在しないハイジャック犯の詳細や、機内の様子をハイジャックが起きたかのように直接地上に知らせました。

●8時21分、AA11便の客室乗務員2人からハイジャックされたという電話連絡が入りました。その3分後、ボストン空域管制塔に男の声で「我々は複数の飛行機を得ている」から始まる無線連絡が入りました。その時点で既にハイジャックは始まっていたはずですが、2人の操縦士はどちらも地上にハイジャックを知らせるための、すぐ手元の救難信号ボタンを押していません。彼らは何も知らなかったのです。

●9月11日の朝のハイジャック機4機と、6人の航空管制官との間に交わされた会話を記録したテープがありました。上院からの要請でこのテープを議会に提出することになった矢先の2004年5月、連邦航空局マネージャーの地位にある人物が、そのテープを細かくズタズタにして廃棄してしまうという事件が起きました。議会に提出という段になって廃棄処分するからには、よほど表に出してはまずい内容の会話があったのだと想像できます。

思うにこのテープには、正規の操縦士たちがいつもどおりの平和な調子で管制官と話しているのが記録されていて、その会話からは彼らが自分達の乗っている飛行機がGPSの力で動かされていることに気がついていない様子がはっきりわかる内容だったのではないでしょうか。

操縦士8人全員が睡眠ガスで眠らされてしまったという説がありましたが、操縦士たちと地上の航空管制官達の当日の会話記録が存在していたのですから、少なくても離陸当初は眠らされてはいないと思います。地上からのGPS操縦になってからは眠らされたかもしれません。

以上の事柄から、電話してきた乗員・乗客は犯人一味ですが、操縦士全員と大半の客室乗務員は犯行には加担していなかったと結論づけました。

FBIと国家安全運輸委員会の正直者からの告発

最後に、ブッシュたちの犯行を内部告発できないまでも、それとなく真実を外部に知らせている骨のある連邦職員がFBIと国家安全運輸委員会にいます。

FBI重大指名手配リストにオサマ・ビン・ラディンの名前があるのは誰でも予想できます。

現在は〝死亡〟と明記された彼の手配書ですが、生前の罪状に同時多発テロの記載がありませんでした。（＊40）

その手配書の記述には「オサマ・ビン・ラディンは1998年7月のケニヤのナイロビとタンザニアのダルエスサラームにおける米国大使館の爆破事件に関連して指名手配されている。この攻撃によって200人以上が亡くなった。それに加えてビン・ラディンは世界各地の他のテロ攻撃の容疑者である。ビン・ラディンは左利きで、杖を使って歩行する」と書かれ、逮捕か有罪に繋がった情報には報奨金30億円が提供されると明記されていました。

このFBIサイト上の手配書は、アメリカがオサマ・ビン・ラディン逮捕の名目でアフガンに侵攻してから1か月後の2001年11月に更新されたにもかかわらず、罪状に米国同時多発テロのことは書かれていませんでした。

それを不審に思ったマックレイカー・レポートというネット出版社が、2006年になってその件に関してFBIに接触しました。

そのとき応対したFBI捜査広報部主任レックス・ツゥーム（Rex Tomb）は「9・11が（ビン・ラディンの）罪状に書かれていない理由は、ビン・ラディンと9・11を結ぶ確たる証拠をFBIは持っていないから」と答えたのです。（Muckraker Report, 6/18/06）彼は1965年から主に広報部にいて2006年に退職しました。ひょっとしてこのときの正直な言葉が影響して退職に追いやられたのでしょうか。

ちなみにマックレイカーというのは、堆肥をかき回すスポークのついたフォーク状の熊手のことです。いわば堆肥のかき回し役です。そこから派生して汚職やスキャンダルを暴くことを意味するようになりました。

その意味ある言葉を社名にするネット出版社はこのときの記事で、オサマは民衆の敵ナンバーワンで２００１年９月11日の３０００人近くの人々を死なせた責任があるとブッシュ政権は国民に主張したが、５年近く経過した今、オサマと９・11を結ぶ確たる証拠はないとＦＢＩは言っている、と明確に米国政府主張の矛盾を指摘しました。

次もＦＢＩです。

９・11事件捜査の中心であるＦＢＩにはブッシュたちに手を貸す人たちを横目で見ながら、収集された証拠を観察して冷静に判断している人がいます。

オクラホマ市連邦ビル爆破事件捜査のＦＢＩ公式コードネームは、ＯＫＢＯＭＢです。この事件は連邦ビルの前に駐車したトラックの荷台に積まれた大量の爆弾による事件ですから、ＯＫはオクラホマの略で、それに爆弾のＢＯＭＢを組み合わせています。

９・11捜査の公式コードネームは、ＰＥＮＴＴＢＯＭです。

ＰＥＮＴＴは、Pentagon/Twin Towers の略語です。ＢＯＭＢを表す単語の最後のＢがありませんが、意味は爆弾です。説明に「ペンタゴン・ツインタワー爆破調査（Pentagon/Twin Towers Bombing Investigation）」と、はっきり爆弾と書かれています。（＊41）

政府発表はツインタワーとペンタゴンの両方とも飛行機ですが、まともな神経を持ったＦＢＩ職員は爆弾だったと、そっと教えてくれています。

次は国家安全運輸委員会です。

すでに書きましたが、事故調査から外されたこの委員会はＦＢＩが解読不能と言ったＡＡ77便の飛行軌跡記録器（ＦＤＲ）を解読して公開しました。この行為はＦＢＩ発表の飛行コースはでっち上げだったと世間に公表したことになります。この委員会は、原因を突き止めて報告書を作成したり公共閲覧用資料を作成したりする計画はない、と言明しておきながら、ＦＢＩの手にあったＦＤＲを解読したのです。ＦＢＩが容易には出さなかったのは間違いないですが、成せば成る、の根性で諦めずに交渉したと思います。アッパレです。

この項を書いていてふと思ったことがあります。ひょっとして、アメリカン航空2機は実は飛んでいたのではないでしょうか。運輸統計局の骨のある職員が、わざとチャートを操作したとは考えられないでしょうか。理由は、飛行していない飛行機がなぜ激突したのか、人々に疑問を持たせるためです。そこを入り口にして深く入っていけば捏造の事実が見えてくるはずと信じて。

一応これで同時テロ3か所の事故現場の検証は一段落しました。

次章からは9・11事件後に起きた様々な関連事項を紹介します。

Chapter ⑫ 手の込んだ真相隠し

真相究明のトップがキッシンジャー（!?）という真相隠し

9・11は捏造事件なので当然ですが、政府による捜査妨害がありました。

おそらく作戦シナリオには「捜査を徹底的に拒否すること」と大まかに書かれていて、細かい点はチェイニーとネオコンが主導したと思います。

アメリカでは大きな事件が起きると原因究明と再発防止のために、政府はすぐ調査委員会を設置して調査に当たります。ところが9・11事件はブッシュ・ジュニアとチェイニーが「調査委員会は必要なし」と言って設置に反対しました。しかし遺族の強い要請に抗しきれず、調査委員会設置を約束したのが事件から1年後の9月で、委員会が実際に設置されたのは事件後1年2か月経過した2002年11月29日のことでした。

前述しましたが、過去の事件での調査委員会設置までの日数をあげると、タイタニック号沈没事件は6日目、真珠湾攻撃が9日目、ケネディー暗殺は7日目、チャレンジャー号事件は7日目で設置されています。

9・11同時多発テロは日数にするとなんと441日目です。この頃にはWTC全体の瓦礫はかたづけられ、大量の鉄骨は海外に運び出されています。しかもブッシュ政権が選んだ委員会のメンバーは、マックス・クレランド（Max Cleland）上院議員一人を除いて全員がブッシュ政権に味方する人たちで固められました。

クレランド上院議員は唯一人率直にものを言う人で、ブッシュにとっては煙たい人です。2003年11月、ブッシュは彼を輸出入銀行理事に任命して委員会から追い出しました。クレランドは2004年3月23日、「デモクラシー・ナウ」に電話出演し「ホワイトハウスは隠蔽を果たした」と語りました。

「デモクラシー・ナウ」は大手マスコミが取りあげないニュースを扱うのが得意で、北米で700以上のラジオ、地上波、衛星波、ケーブルネットワーク、インターネットで配信されています。メインパーソナリティーのエイミー・グッドマン（Amy Goodman）の冷静な語り口に好感が持てます。

クレランドの代わりに委員会に入ったのはボブ・ケリー（Bob Kerry）でした。ケリーは1999年のワシントンポスト紙のコラムで、200万人以上の民間人が死亡したベトナム戦争を、「単なる戦争だ」と述べた男です。

この大掛かりな事件の調査に許された当初の調査費用が、3億6000万円を限度とする制限つきでした。後に少なすぎるとして委員会は13億2000万円の増加を申請し、ブッシュは一旦拒否しましたが、最終的には10億8000万円の増加を認めました。

それでも総額14億4000万円という額です。これがいかに少ない金額なのか他の事件と比べてみるとよくわかります。チャレンジャー号爆発事故には90億円、コロンビア号事故には60億円、クリントンのセックススキャンダルにさえ56億4000万円の費用がかけられました。

設立がようやく決まった調査委員会ですが、11月29日に発表された委員会議長はヘンリー・キッシンジャーでした。

キッシンジャーは1977年にフォード政権退陣とともに国務長官を辞任しましたが、1982年に設立した国際コンサルティング会社「キッシンジャー・アソシエーツ」で世界中の国々や企業のアドバイザーとして今日に至っているので、中立な立場でありえないのは誰の目にも明らかでした。

ＢＢＣは「キッシンジャーは米国でも最も知られた政治家の一人であるが、彼の事業方法だけでなく米国の歴史の中でもうさんくさい時期にかかわっていたことによって、彼を腐敗した政治家と見る人もいる」と明確に指摘しています。(BBC, 12/14/02)

指名直後にキッシンジャーと会見した人々の中に、ジャージー・ガールズと呼ばれるＷＴＣで夫を亡くした女性たちの9・11事件真相追及グループがいました。ドキュメンタリービデオ「9・11Press for Truth」で彼女たちが語るその会見のエピソードが傑作です。

彼女たちはキッシンジャーに、キッシンジャー・アソシエーツの顧客の名前を教えてくれるように頼んだところ、キッシンジャーはあまり乗り気な返事をしませんでした。そこで彼女たちの一人が「顧客の中には、たとえば……、ビン・ラディンという名前の……」と言ったとたんにキッシンジャーは座っていた椅子から転げ落ちそうになったとのことです。

ブッシュ・ジュニアが9・11事件の真相追及を嫌ってデービッド・ロックフェラーの番頭とも言われるキッシンジャーを指名したのは明らかですが、キッシンジャーが顧客リストの提出拒否と同時に議長就任を辞退したのは、ガールズの会見から間もなくの12月13日のことでした。

そのあと議長にはトーマス・キーン、副議長にはリー・ハミルトンで落ち着きましたが、両者ともディープステイト構成員を集めた外交問題評議会（ＣＦＲ）のメンバーです。

9・11調査委員会がまとめた9・11事件報告書は、WTCに関して政府が主張している〝大量のジェット燃料による崩壊説〟に反する全ての事実を除外して書かれました。報告書は585ページに及びますが、WTCの記事の大部分は現場での消防署、警察署等の動きを詳細に記録する事に費やしていて、崩壊の原因については飛行機の衝突と大量のジェット燃料が原因であると述べているに過ぎません。

政府の公式報告書のいい加減さを指摘する本が幾つも出版されましたが、その極めつけは2009年9月に出版された400頁に及ぶ『基礎的真実：9・11テロ攻撃の知られざる話 The Ground Truth: The Untold Story of America Under Attack on 9/11』です。

著者ジョン・ファーマー（John J Farmer）はニュージャージー州司法長官を務めたこともある弁護士で、9・11調査委員会のシニアカウンセルでした。委員ではありませんが、実際の資料収集に携わるスタッフの法律顧問の立場にいました。この書はいわば9・11公式報告書の内部告発と言えます。

ファーマーは新しく公表された情報や国防総省と運輸省による最新の調査報告書を引用して、「9・11事件における（政府の）リーダーシップは見当違いで、政府の公式見解はほとんど全体が説明のつかないほど事実に反する」と結論付けています。事件後8年も経過して報告書作成現場にいた人間によって、政府の公式見解が事実とは大変違うという事が明らかにされたのです。

9・11事件報告書が事実を歪曲した説明を堂々と公式に発表した原因は、報告書をまとめた事務局長が曲者だったからです。この曲者はフィリップ・ゼリコウ（Philip D. Zelikow）といって、コンドリーザ・ライスと共著で本も出していたブッシュ政権内部の人間で、ホワイトハウスが委員会に送り込んだ手先です。委員会が調査する項目や召喚する証人を決定したのは、この男でした。

『NYタイムズ』紙フィリップ・シェノン（Philip Shenon）記者が著して2008年2月に出版された『委員会――我々の知らない9・11（The Commission: WHAT WE DIDN'T KNOW ABOUT 9/11）』では、9・11調査委員会のフィリップ・ゼリコウ事務局長が同時多発テロに関する報告書を作成するにあたって、ブッシュ大統領にとって都合の悪いことを省くようスタッフを威嚇していたことが暴露されています。

ブッシュは真相究明に圧力！

ブッシュ・ジュニアたちの真相隠しはウソを並べたてただけではありません。

真相を究明しようとする人々の動きにことごとく異を唱えて、その動きをつぶしました。２００２年1月9日、ブッシュ大統領は下院議長トム・ダッシュルに9月11日テロに対する議会の調査を制限するように個人的に依頼しました。（CNN, 1/29/02）

同時多発テロは防げたのではないかを調査しようという民主党の動きに対して、副大統領ディック・チェイニーが現在は戦時中なのだから調査することは全く無責任で価値の無い事だと語りました。（CBS, 5/17/02）

彼のこの一言で議会における民主党の調査要求の動きがなくなりました。

それに加えてブッシュは、9月11日前に出ていたテロに対する警告に関して、いかに政府が正当に対処したかを調査することに反対すると語りました。（CBSNEWS.com 5/23/02）

ブッシュは国家運輸安全委員会（ＮＴＳＢ）に関係した飛行機4機を調査しないように通達しました。運輸安全委員会はアメリカ合衆国における輸送に関連する事故を調査し、原因を究明し対策を研究し将来の事故を防止する目的で勧告等を行う独立した国家機関です。１９６７年に運輸省との関係から離れて独立してから1万４０００件以上の航空機事故を調査しましたが、同時テロに関係した4機の調査は行わず、代わりに「２００1年9月11日のテロ攻撃はＦＢＩによって捜査中である。当安全委員会はＦＢＩの要請によって技術的な助けを提供してきた。ＮＴＳＢが生み出した資料はＦＢＩの管轄下にある。安全委員会は原因を突き止めて報告書を作成したり公共閲覧用資料を作成したりする計画はない」というコメントを発表して、調査する意志のないことを表明しました。

ブッシュ政権がマル秘にした書類は50%も増加！

ブッシュたちは同時多発テロに関して秘密主義を貫いただけでなく、過去のホワイトハウスを含めた行政府全体の記録公開をも制限してしまいました。

１９７８年に作られた大統領府記録法は、１９８１年１月20日以降に大統領と副大統領が出したり受け取ったりしたメモや文書を保存することを定めた法律です。この法律はホワイトハウスにおける公式記録の所有権を私的なものから公的なものに変え、それと同時に大統領といえども従うべき新しい法体系を確立しました。

◉事件後間もない11月1日、ブッシュ政権は自分たちだけでなく過去の大統領の時代も含めて、大統領とスタッフの会話や電話内容や書類や電子メールなどの保存について、議会が定めた大統領府記録法を制限する大統領令１３２３３を発した。(White House, 11/01/01)

◉２００３年には、国民の目から隠す機密扱いの記録を大統領府記録だけでなく保健関係、環境保護問題、農業関係にまで拡大して、その上機密期間を25年間と定めた大統領令１３２９２

を発令しました。（White House, 03/25/03）
◉ホワイトハウス地下指令室でチェイニーがハイジャック機撃墜命令を出したという疑惑に関して、軍の最高司令官ブッシュの許可を得ていたかどうかを調べる過程で、ブッシュが乗っていたエアフォース・ワンとホワイトハウス地下指令室間の通信記録が全く存在していないことが判明しました。（Daily News, 6/18/04）
自分たちの動きを必死で隠そうとする一連のブッシュ政権の動きを批判した数少ないマスコミの一つが『ボストングローブ』紙です。
◉「ブッシュ政権が人々の目に覆いをかぶせたことで、歴史はブッシュの意図を明らかにはできないかもしれない。同時多発テロ以前から綿密な調査に抵抗していたブッシュ政権は、政府高官の行動を秘密のベールで覆ってしまったので、納税者の目から確実に遮断されてしまった。2001年以来ブッシュ政権がマル秘にした書類は、50％増加した」（Boston Globe, 12/21/04）

炭疽菌を使った誤誘導！

捜査妨害の一環としてシナリオにあったと思われる出来事が2つあります。
①一つ目は、**炭疽菌を使って人々の目をアラブ人テロに向かわせる**ことです。

同時多発テロ1週間後の9月18日と10月9日の2度にわたり事件は起きました。強烈な細菌兵器として国際条約で禁止されている生物兵器の一種である炭疽菌の入った封筒が、1度目はNY市内4か所とフロリダ州ボカラトン1か所のメディア計5か所に、2度目は上院議員宅2か所に届きました。その結果、都合17人が入院しそのうち5人が亡くなるという事件になりました。

2度とも宛名を手書きした手紙で、ニュージャージー州トレントン局内のポストに投函されていました。封筒の中には炭疽菌と共に〝アラーは偉大なり〟と書かれた紙片が入っていました。そしてブッシュが「炭疽菌ばら撒き事件の背後にはビン・ラディンがいるかもしれない」と口にしたので、同時テロの恐怖がまだ尾を引いていたアメリカでは、ホワイトハウスの職員を除いた全国民がアラブ人によるテロの一層の恐怖におののきました。

なぜホワイトハウスの職員は恐れる必要がなかったかと言うと、ホワイトハウスでは炭疽菌事件が報道される一か月以上前に、炭疽菌用の強力な抗生物質CIPROが職員に与えられていた（Washington Post, 10/23/01）からです。

それまで知られていた一番強力な炭疽菌は旧ソ連が保持していたものです。ところが調査が進むにつれてメディアに送られてきた炭疽菌は、旧ソ連の物より10倍も強力で、その上この菌の培養に使われた水はアメリカ国内の水であることが判明しました。それまでメディアが毎日のように炭疽菌ニュースを流していたのに、炭疽菌培養がアメリカ国内でおこなわれたという事実が出た途端、パタッと炭疽菌ニュースがマスコミに出なくなりました。

そのまま調査が進めばもうすぐ炭疽菌が培養された研究所までわかるという矢先、２００１年11月から翌年３月までの５か月間にアメリカ国内と欧州とロシアで、生物学者や細菌学者が総計で16人、警察の発表では事故や自殺によってこの世を去ってしまいました。（＊42）それによって炭疽菌の出所探索はうやむやになってしまったのです。

犠牲者や感染した人の多くは、封筒の宛名の人よりも炭疽菌入りの郵便物を直接手にする機会の多い郵便局やビルの郵便係の人でした。

したがって必ずしも特定の個人を狙った事件ではないように見えますが、最初の犠牲者ロバート・スティーブンス（Robert Stevens）は明らかに狙われました。炭疽菌入り封筒は彼の勤め先の会社にも届いていましたが、夜のうちに彼のパソコンのキーボード上に炭疽菌がばらかれていたのです。朝出勤してきたスチーブンスが机に座ってそれを吸い込むのは時間の問題で、享年63でした。

彼の勤め先は、週刊新聞紙『ナショナル・エンクワイアラー』の親会社の、フロリダにあるアメリカン・メディア（American Media Inc. 略称ＡＭＩ）という会社で、彼は写真編集者でした。

このナショナル・エンクワイアラーという週刊新聞は、スーパーのレジ近くにおいてあって三文小説風の有名人の記事を得意とする、いわば低級に属するタブロイド紙です。

蛇足ですが、AMIのCEOデービッド・ペッカー（David Pecker）はドナルド・トランプの長年の親友で、ポルノ女優や元モデルからの不倫情報のもみ消しに関与したとされています。2018年、多額の債務を抱えながら、ドナルド・トランプと約10年前に不倫関係を持った元『プレイボーイ』のモデルにAMIが15万ドルの口止め料を支払ったことを認め、株主と世論から強い非難を浴びました。これはトランプの元顧問弁護士マイケル・コーエン（Michael Cohen）の依頼で行われたことが明らかになり、コーエンは選挙資金法違反で禁錮3年の判決を受けました。

その低級タブロイド紙が2019年2月、アマゾンのジェフ・ベゾスの不倫スキャンダル記事を掲載し、ベゾスと女性ニュースキャスターのローレン・サンチェスとの間でやりとりされた私的メールを暴露しました。（Forbes, 4/14/19）

一時の発行数は6億部に達して随分広く読まれた時期もありましたが、2019年4月ペッカーは『エンクワイアラー』売却を決意したようです。

無駄話はさておき、このタブロイド新聞がテロ3か月前の2001年6月8日「娘の大酒飲みの問題でローラとジョージが戦争中」と題してブッシュ夫妻の確執を、娘が大学の寮で友達とタバコを持ってふざけているところを激写した写真と一緒に記事にしました。

この写真をのせた責任者が標的になったのはこの写真に激怒した人がいたからではないでしょうか。

作戦シナリオにはNYの大手メディアだけを標的にするようになっていたと思います。アラブテロに対する民衆の憎悪を煽るのに低級タブロイド紙は必要ないと思いますが、犯人たちは写真の件があったのでついでに『ナショナル・エンクワイアラー』にも封筒を送ったと思います。しかし炭疽菌入り封筒を送っただけでは激怒した人の気が済まないと思ったのか、人をフロリダまで遣ってパソコンのキーボードの上に撒いたのではないでしょうか。

議員の方は、議員の憎悪をアラブに向けるためです。この2名は上院司法委員会委員長パトリック・リーヒと上院多数派指導者トム・ダッシュルの両人でした。事件後からわずか13日後の9月24日にブッシュが議会に提出した米国愛国者法案可決を遅らせようとした人たちです。

この法案は、法執行機関や情報機関が裁判所の監督なしに電話を盗聴し、インターネット通信を監視し、情報を共有する能力を大幅に強化するものでした。これ以後アメリカは大っぴらに警察国家に変貌していくことになります。

しかし多くの専門家たちの死によって炭疽菌の出所と犯人の捜査はうやむやになってしまい、やがて事件のことも人々の脳裏から消えてしまいました。

それが再び新聞の紙面を大々的に飾ったのは、２００８年8月2日のことでした。メリーランド州フォートデトリックにある陸軍の、細菌兵器を含む微生物研究の中心地、米国陸軍伝染性疾患医学リサーチ研究所に勤務していた細菌学者でワクチン学者でもあった人物が死亡したことから始まりました。

その人物ブルース・E・イヴァンスは、7月27日に鎮痛剤タイレノールを大量に服用したために急性肝臓障害を起こして病院に収容されていましたが、29日に死亡しました。

それを受けて8月2日頃からマスコミが「炭疽菌事件の犯人が自殺」として大々的に報道し始めました。政府機関が何も発表していないのにマスコミがイヴァンスを犯人と決め付けて、テレビでも新聞でも報道していた様子は私には異常としか思えませんでした。

そしてＦＢＩと米国司法省が、イヴァンスを5人の死者と12人の病人を出した炭疽菌事件の単独犯人として認める、と公式に発表したのは8月6日のことでした。

それによって炭疽菌事件は発生から7年ぶりに一件落着と相成った次第です。

ところでこの事件を単独犯の犯行と断定するには辻褄の合わないことがいくつかあります。

まず炭疽菌が送付されたのは、上記の他にアメリカ国内ではペンタゴンや最高裁判所や当時のＮＹ州知事ジョージ・パタキ事務所など合計10箇所、国外ではドイツ（チューリンゲン州雇用事務所）、パキスタン（新聞デイリーチャン）、アルゼンチン（1／19に発見）、リトアニア

（ビリニュスの米大使館）、ケニヤ（ナイロビの実業家宅）、バハマ（郵便仕分け事務所）、チリ（サンチアゴで発見）の7か所の合計17か所の国内外に送られていました。ケニヤに送られたのは米国内からですが、バハマのものの送り元は同じバハマから投函されていて、チリに送られたものはスイスで投函されていました。（＊43）

イヴァンスが単独犯としたら、バハマへ行ったりスイスへ行ったりと忙しかったはずです。それにタブロイド紙の写真編集長を殺すために自らフロリダに行って、自ら新聞社の建物に忍び込んで炭疽菌をキーボードの上に撒き散らしていたことになりますから、9月の彼はさぞかし忙しかったに違いありません。イヴァンスが休みを取っていたかどうか、取っていたとしたら3か所への飛行機の切符を購入していたかどうか調べれば、彼が単独犯かどうかはすぐに判明したはずです。

しかしそのような調査をしたという報道はまったくありませんでした。

ケネディー暗殺事件は矛盾する状況証拠が沢山存在するのに、オズワルドが2日後に殺されたことをいいことにして政府はオズワルド単独犯として幕を引いてしまいました。

今回も矛盾した事実が存在するのに自殺した死人に罪を被せて幕を引いてしまいました。しかし、少し違うのは今回のケースはマスコミが下地を敷いてから、それを政府が追認したことです。政府とマスコミの見事なまでのコラボで大衆をまず洗脳して無実の人間を犯人に仕立て上げて、何かと不審な点が多かった事件に幕を引きました。

不審死、この3人のケース

同時多発テロに関係して不審な死に方をした人は随分多いのですが、その中から3人紹介します。

●バリー・ジェニングズ（Barry Jennings）
ニューヨーク市住宅局緊急本部副部長

ドキュメンタリービデオのインタビューでジェニングズが語った、事件当日7号棟で彼が経験したことはマスコミが報道したこととは真っ向から対立する内容だったことは既に紹介しました。

ジェニングズは2008年8月19日に53歳の生涯に幕を下ろしましたが、彼の死は全く公表されずマスコミも記事にしませんでした。

それを不審に思ったのがインタビューを行ったビデオ制作者でした。彼は私立探偵を雇ってジェニングズの死亡原因を調査しようとしましたが、私立探偵はどういう訳か調査を辞退したので、ジェニングズの死因は不明のままです。

奇妙に感じるのは、ジェニングズ死亡の8月19日の2日後にアメリカ標準技術研究所（NIST）の調査報告書が発表されたことです。NISTの調査報告書は7号棟については一言も触れずに、その存在さえ無視していたことは既に書いた通りです。調査報告書に異議を唱える人物に生きていられると困る人がいたようです。

●ジョン・オニール（John O'Neill）

元FBI局長代理

オニールは同時多発テロの4年前1997年にすでにテロの可能性を指摘して報告書を出していました。

彼はテロリズム専門の捜査係で、特にビン・ラディンを追っていました。

1997年に出した報告書の中で彼は、大規模に組織された攻撃の可能性とすでに米国内にテロリストが潜伏していることを書いていました。（NewsDay, 9/14/01）

2000年10月12日にイエメンでアルカイダが米駆逐艦コールを襲撃した事件では現地で陣頭指揮をとり、その強引さに非難が起きたほどでした。

その彼が25年間勤めたFBIを2001年の8月で辞めてWTCの警備責任者として9月10日から勤務することになりました。（CNN, 9/21/01）一説によるとFBIの報酬が年収1200万円で、WTC警備会社からの4200万円の申し出を受けてFBIに辞表を提出したようです。

申し出たのはWTCの警備会社と言われていますが、実はシルバースタイン個人の警備会社だったことが明らかになりました。

彼が9月の始めから仕事に入っていたら、爆弾探知犬がWTCから除去されたことや、頻繁な避難訓練といったツインタワーで起こっていた異常な出来事に気がついたはずですが、仕事始めが事件の前日9月10日でした。

仕事開始2日目の9月11日、彼はビル崩壊に巻き込まれず現場で救出作業を手伝っていました。ビルに入ったきり姿が見えなくなっていたので安否が気遣われていましたが、9月21日に瓦礫の下から彼の遺体がみつかりました。

2004年のテレビ朝日制作「たけしの9・11テロ　4年目の真実」はオニールを取りあげています。ツインタワー崩壊の犠牲者のように言いましたが、違います。死んだのは翌日です。しかも殺されたと思います。

●フィリップ・マーシャル（Philip Marshal）

退役空軍中佐　ユナイテッド航空パイロット

マーシャルは、CIAの口車に乗せられてイラン・コントラ事件（1986年）に深く関わった麻薬の運び屋バリー・シール（Barry Seal）を手伝っていました。その関係で、イラン政府とレーガン政権間の密約と、それにアメリカが支援するニカラグアの反政府勢力コントラが絡む複雑な事件の裏側をよく理解していました。

彼は9・11事件に直接関係していませんが、元空軍パイロットの目から見た同時多発テロの真相を書いた本を出版しました。全て未邦訳です。

●2008年7月29日—『False Flag 911』
●2012年2月9日—『The Big Bamboozle: 9/11 and the War on Terror』
●2013年8月（遺作）—『Lakefront Airport』

3冊目は名目上フィクション作品ですが、ある評論家曰く、

「名前は架空のものだが、誰が実在の人物かはすぐにわかる。この本は、政府が実際にどのように運営されているのかについて、あなたの考えを変えてくれるでしょう」と評しています。ぜひ、読んでみたいですね。

彼は、親しい友人や9・11コミュニティのメンバーに、自分の家族が政府機関に狙われているのではないか、また9・11公式ストーリーに異議を唱える自分の活動や率直な反対意見がしっぺ返しに会うのではないかと心配していると話していました。前兆があったのでしょうか。

2013年2月2日、自宅で10代の子供2人と飼い犬と共に頭に銃弾を食らって死んでいました。警察は、ノイローゼになった彼が子供2人と犬を撃ち殺してから銃口を自分の頭に向け

て引き金を引いた、と発表しました。

蛇足ですが、バリー・シールは1986年に暗殺されたとき、遺体のポケットからパパ・ブッシュの個人電話番号が見つかりました。暗殺はブッシュの指示だったというのが通説です。前出のジャーナリスト、クリストファー・ボリンは、フィリップ・マーシャルが殺されたのは、モサド、ブッシュ一族、クリントン夫妻による麻薬取引の内部事情を知っていたからであり、これらのグループがメデジン・カルテルを事実上乗っ取ったと指摘しています。メデジン・カルテルというのはコロンビアの麻薬組織でCIAに麻薬を供給しており、その運び屋がバリー・シールでした。シールの破天荒な人生をトム・クルーズが演じた映画『バリー・シール／アメリカをはめた男』が2017年に公開されています。痛快な内容にスカッとする、お薦めの作品です。

1989年に雑誌『フォーブズ』はメデジンの親玉パブロ・エスコバー（Pablo Escobar）を世界第7位の金持ちにリストアップしたほどで、違法ドラッグの利益は莫大です。読者の皆様の多くの方には信じがたいことと思いますが、CIAが米国へのコカイン密輸の大元締めであることは歴然とした事実です。

アラブ諸国を潰す！　そのために……

②捜査妨害の一環として、炭疽菌に続くシナリオの二つ目は、**戦争を始めて人々の目を国外に向けることです。**

イスラムテロを敵にするついでに、ディープステイトの意に添わないアラブ諸国を潰そうと決めたのではないかと思います。

1997年4月28日の議会演説で、アメリカ最初の女性国務長官マデレーン・オルブライトは「ならず者国家」と呼んで、キューバ、北朝鮮、アフガニスタン、イラク、イラン、シリア、スーダン、リビア、パキスタンの9か国を非難しました。当時のキューバと北朝鮮をならず者と呼ぶのは分かりますが、アラブ7か国を彼らと同じに扱った理由は、それらの国の中央銀行が国際金融資本家、すなわちディープステイト奥の院の意に従わなくなったからです。

イスラム法とも呼ばれるイスラム社会独自の法律シャリーアは、銀行の根本システム「金銭を貸して利子を取る」ことを禁じているので、欧米の銀行とは異なる金融システム構築に着手し始めたのは当然の動きでした。

アラブ諸国は例外なく欧州の植民地でしたから独立当初は本国の金融システムを踏襲しまし

たが、1970年代から徐々にイスラム法を取り入れていきました。

　パキスタン中央銀行がイスラム化の第一歩を踏み出したのは1977年で、スーダンが銀行と金融業にイスラム法を導入し始めたのは1984年のことでした。他のアラブ5か国でも同様な動きがあったと思われます。

　そこに起きたのが、米国同時多発テロです。

　9・11事件から10日後、アメリカ陸軍元将軍ウェズリー・クラーク（Wesley Clark）が、当時の国防長官ラムズフェルドを訪問しました。クラークは1999年のコソボ爆撃を行ったNATO軍を指揮した人物で、2000年5月に退役していました。

　クラークはラムズフェルドとの会見終了後、彼の部屋を出て廊下を歩いていると、かつて自分の部下だった将軍に興奮気味に呼び止められました。

　そのときの模様をクラークは、2007年3月2日の「デモクラシー・ナウ」主催の講演会（＊44）で披露しました。

「我々はイラクと戦争することになりました」と元部下の将軍。

「なぜだ？」とクラーク。

「わかりません」と元部下。

「アルカイダに関係することか？」

「違う、多分他にすることがないからかも……」と元部下は肩をすくめた。（会場から笑い声）アフガン侵攻が開始されてから10日ほど後の10月半ば、クラークは再びペンタゴンを訪れたとき、元部下の将軍の執務室に行って訊ねました。

「やはりイラクと戦争するのかい？」

「もっと悪くなった」

元部下の将軍は机の上の書類を見せてクラークに説明しました。

「さっきこの書類をラムズフェルドからもらったんだが、我々は5年の間にイラクを手始めにシリア、レバノン、リビア、ソマリア、スーダン、最後にイランに取り掛かるとここに書いてある」（Democracy Now, 3/2/2007）

中東7か国侵攻はディープステイト奥の院の希望によるホワイトハウス主導プランです。間違いなく9・11作戦シナリオに書かれていたと思います。

パキスタンのイスラム金融は、イスラム法の取り入れ努力は実らず国際的慣行に合致した類似の、欧米金融と矛盾のないシステムとして2001年に再出発しました。

アフガニスタンは、既に紹介しましたが、タリバン追放後にアメリカの傀儡《かいらい》政権が樹立されました。

2002年1月29日、ブッシュ・ジュニアは一般教書演説で「ならず者国家」の呼び名を

「悪の枢軸」に変え、北朝鮮、イラン、イラクの3か国を名指しで非難しました。同年5月、当時の国務次官ジョン・ボルトン（ネオコン）がこの3か国にキューバとリビアとシリアを加えて「悪の枢軸」は合計6か国になりました。キューバと北朝鮮はクリントン時代から変化なしですが、アラブ諸国はイラク、リビア、シリア、そしてイランの4か国が標的として残りました。

4か国で最初に狙われたのはイラクでした。

2003年3月19日に開始された米軍のイラク侵攻の様子は、CNNが現地から生放送しましたからご覧になった方も多いと思います。

クラークの元部下の将軍はイラク侵攻の理由を知らなかったようですが、サダム・フセインは2000年にアメリカのディープステイト奥の院に反旗を翻していたのです。

石油の取引には必ずドルを使うことになったのは1974年の事です。

1971年8月に米ドル紙幣の金兌換停止を発表したニクソン政権が、米ドルを世界通貨にするために、世界一の石油輸出大国サウジアラビアと1974年に経済協定を結びました。石油販売代金をアメリカドルのみに限定し、随時そのドルを米国債購入や米国内投資にまわすことに同意させたのです。翌年には石油輸出国機構（OPEC）の残りの国々と同様の協定を結びました。これはひとえにキッシンジャーの働きによるもので、米国議会調査部の書類によると、彼は米軍による油田の占有をちらつかせたようです。早い話、脅したわけです。

米国にとってこんなうまい話はありません。貴金属だろうと電化製品だろうと、形のあるものだろうとないものだろうと、輪転機を回して印刷した紙で支払いできるのです。世界が石油を必要とし、石油が米ドルで売られる限り、ドルは価値ある通貨として世界中で通用するのです。そして米ドルが国際貿易の主要通貨の地位を築いたことで米国は経済封鎖という強力な財政上の武器を手にいれ、世界中の国々ににらみが利くようになりました。

25年間どこの国も文句を言わなかったこのシステムに、２０００年にイラクのサダム・フセインはドルからユーロへの石油代金変更を宣言したのです。これはドルの価値を危うくする行為で、米国連銀を支配する銀行家たちにとって許しがたい暴挙でした。ブッシュ政権は大量破壊兵器をイラク侵攻の理由にしましたが、そんなものが存在しないことはブッシュの周囲の政府高官たちは先刻承知だったのです。ブッシュは本を読むのが嫌いで、毎朝執務室に届く重要報告書にも目を通さないのでカール・ローヴを始めとする側近が口頭で説明していたようですから、言い方次第ではどうにでも動かせる大統領だったのです。

ブッシュが「Mission accomplished（任務完了）」の垂れ幕を空母エイブラハム・リンカーンの甲板上に掲げたのは、侵攻から44日目の２００３年5月1日のことでした。イラクの油田が米国支配下におかれるや、石油取引がドルに戻ったのは改めて言うまでもないでしょう。

リビアでカダフィ政権を潰し、さらに……

次はリビアでした。

２０１１年、ＣＩＡはリビア国内に潜入し、反カダフィ軍の支援を開始しました。（＊45）反政府軍の中には、イラクで米軍と戦ったアルカイダの連中がいました。（＊46）

当時の欧米マスコミはカダフィ大佐を「砂漠の狂犬」とか「アラブの暴れん坊」と呼んで毛嫌いしていましたが、多くのリビア国民は彼を支持していました。カダフィは石油輸出による豊富な財源をもとにイスラム法による独自の金融政策を維持し、欧米中心の国際社会とは一線を画した国家経営を行ってきました。

リビアでは医療は無料で、病院は最新医療機器を装備しています。教育も無料で、若者は政府の費用によって外国で勉強する機会がありました。結婚すれば、6万リビアディナール（約４００万円）の金融補助がもらえました。国から借金しても利子はありませんでした。車の値段は欧州と比べて安価で、一家に一台購入するのも容易でした。ガソリンもパンも安価で、農業に従事する人々には税金はかかりませんでした。

２００２年年３月にマレーシアのマハティール首相（当時）が、クアラルンプールで開かれた「国際イスラム資本市場会議」で、米ドルは為替相場の変動によるリスクが大きいので、為替相場変動の影響を受けにくい金貨を決済通貨に制定しようと提唱しました。

２００９年１月15日、第３回イスラム経済議会で金貨ディナールの使用促進を求める決議案を採択しています。

アフリカとアラブ諸国に通用する金貨を制定して石油取引をその金貨で行うことになれば、米ドルと石油をリンクして世界経済を支配してきた国際金融資本家たちの手からこの国々が離脱することを意味しています。

カダフィはイスラム社会で大きくなりつつある金貨制定の動きを積極的に推進しました。欧米に尻尾を振らないカダフィの態度は、アフリカ大陸の指導者たちから一様に尊敬されました。２００８年にベンガジに集まった２００名以上のアフリカの指導者や国王たちは、カダフィに〝アフリカの王様の中の王様〟という称号を送りました。（＊47）

しかし、国家が経済的に自立することは新世界秩序を狙う金融ギャングにとっては絶対に容認できないことです。大手マスコミを使って極悪カダフィの報道を繰り返し、リビアでは人権が抑圧されているというイメージを作り上げました。

２００９年２月、アフリカ連合議長に就任したカダフィ大佐は加盟国に、統一通貨を持つ統一国家の建設を問いかけました。

同年3月、アフリカ連合は「アフリカの単一通貨に向けて」と題する文書を発表しました。そこには通貨統合成功のカギは金本位制の単一通貨にあり、それを発行するアフリカ中央銀行運営の利益と技術的側面が詳述されていました。

それでなくてもカダフィの存在は目の上のたんこぶなのに、カダフィ主導によるアフリカ中央銀行設立などディープステイトにとっては悪夢以外の何物でもありません。「こりゃいかん」ということでCIAを送り込んで現地で反政府軍を組織したのが2011年でした。

国連安全保障理事会はリビア上空を飛行禁止区域とし、カダフィ軍機が反政府軍を空から攻撃できないようにし、その一方でNATO軍機は地上のカダフィ軍戦車を空爆しました。

銀行家たちはカダフィ打倒を急いでいたようで、カダフィ政権もリビア中央銀行もまだ健在だった2011年3月、反政府軍はベンガジに別の中央銀行を設立しました。

そのことを皮肉交じりに報じたのが、「リビア爆撃は石油がすべてなのか、それとも中央銀行か？」と題する4月14日の『アジアタイムズ・オンライン』です。（＊48）

CNBCの上級編集者ジョン・カーニー（John Carney）は、カダフィ排除の背後に銀行家がいることを明確に述べています。

「これは、革命を起こそうとしている連中が既成の政治権力と闘っている最中に、中央銀行を設立した最初の出来事だろうね。この一件は、中央銀行を支配する銀行家の力が現代においてどれほど強大になっているか示している」（＊49）

国際金融資本家に指図された米英仏3国首脳が、真のナショナリストと言えるカダフィ排除を急ぐ理由は他にもありました。

リビアで進められていた〝世界8番目の不思議〟とカダフィが自賛していた灌漑《かんがい》事業です。リビアにおける石油探査の際、1953年に内陸部のサハラ砂漠の地下深くに1万年以上前に蓄積された大量の地下水が発見されました。1980年代からカダフィの指示のもとに、ギネスが世界最大と認定した総延長6000㎞に及ぶ水路を敷設してこの化石水を汲み上げる大事業が始まりました。水路の通るほぼ全域が砂漠地帯のため、直径4メートルのコンクリート管を地下に埋設して海岸部まで導水するのです。日本とハワイの距離6430㎞と比べると、いかに巨大なプロジェクトか想像つきます。（＊50）

『NYタイムズ』の1997年の報道によると、1997年時点で250億ドル（1ドル125円で3兆1250億円）と言われる工費を世界銀行からもIMFからも借りずに、カダフィは自費でまかなったのです。リビア中央銀行は100％国家資本で、国際金融資本家のコントロール下にない数少ない中央銀行の一つです。自国の石油収入だけで巨額な工事費をまかなったので、20年以上もの長期間の事業継続が可能になったと言えます。

現在一部が完成しています。1993年にはベンガジに、1996年にはトリポリに、2007年に北西部のガリヤンに送水が開始されました。

現在の工事資金は勿論、国際金融資本家配下の新中央銀行から出ています。

カダフィ政権時のリビアの生活水準はアフリカ随一高く治安もよかったのですが、打倒後は極度に不安定化し、殺人事件発生率は5倍になり、治安回復は新政権の最重要課題になっています。

シリアを潰し、「イスラム国」を育てるアメリカ

カダフィ政権打倒後、CIAはシリアのアサド政権に照準を合わせました。

マスコミはシリア侵攻の理由として、リビア侵攻と同様、アサド政権の圧政による人権侵害排除を挙げましたが、真の理由は全く別でした。

2009年カタールは、サウジアラビアからヨルダン、シリアを抜けてトルコ経由で欧州に天然ガスを送るパイプライン建設計画を進めましたが、シリアのバッシャール・アル＝アサド大統領に拒否されました。ところが2011年、アサドは隣国イラクとイラン両国とパイプライン建設の協定を結びました。サウジアラビアとカタール、トルコの3か国がアサド政権打倒

に熱心な理由はここにあったのです。

アサド政権打倒の主軸とされた自由シリア軍は、シリア国内のアルカイダと協力関係にあることが早くから分かっていたのですが、米国は必要悪として看過しました。２０１２年の外交問題評議会（略称ＣＦＲ、ディープステイト直結のシンクタンク）の機関誌は「要するに、自由シリア軍はアルカイダの助けが必要なのだ」と、その関係を容認しました。（＊51）

米国政府は同時多発テロ実行犯と発表したテロ集団の名前を忘れたわけではないと思いますが、同時多発テロ犠牲者の家族がこれを聞いたら面白くないでしょう。

目的遂行のために手段を選ばない米国は、なかなか倒れないアサド政権打倒のために大規模攻撃を敢行するための口実作りに着手しました。

２０１３年3月、シリア北方の激戦地アレッポで神経ガスのサリンが使われた形跡がある、というニュースが世界中を駆け巡りました。オバマはこれを政府軍の仕業と断定し、「アサドは越えてはならない一線を越えた」と非難し、米軍による軍事攻撃に踏み切る姿勢を示しました。

8月21日、今度は弾頭にサリンを積んだロケット弾がダマスカス近郊に撃ち込まれ、犠牲者は４００人の子供を含む民間人１４００人にのぼりました。

ロシアは反政府軍が犯人と言い、アメリカは政府軍と主張し、欧米や日本での報道はおおむね政府軍の仕業としていましたが、異なる報道がありました。

8月29日、ダマスカスのサリンはサウジが提供したという反政府軍側の証言が報道されました。（＊52）

12月末、『NYタイムズ』が、使用されたロケット弾に関する専門家の調査内容を掲載しました。その記事は、犯人はどうも反政府側らしいと示唆しました。（＊53）

オバマが公言した空爆は、情報が錯綜するなかでいつのまにかうやむやになりました。やった、やらない、の押し問答はプーチンの仲裁によって一件落着し、結局サリン使用の罪をおっかぶせてアサドをつぶすアメリカの戦術はうまくいきませんでした。

ＣＩＡはカダフィ軍所有の大量の武器弾薬を取得して、サウジアラビアとカタールとヨルダンの軍用輸送機を使って輸送しました。（＊54）

トルコとヨルダンの空港で下ろされて陸路でシリア国内に持ち込まれ、自由シリア軍だけでなく狂信的な活動家たちの手にも渡されました。（＊55）オバマは人道的支援物資や医薬品を援助しているだけと説明しましたが、大量の武器・弾薬の輸送量はどんどん増加の一途を辿りました。（＊56）

豊富な武器弾薬と欧米のサポートを手に入れて調子に乗ったシリアのアルカイダ一派は、牧師を含むキリスト教徒の首をはねてその遺体を犬に食わせたり、住民全員がキリスト教徒の村を焼き尽くしたりと、シリア国内のあちこちで残虐な行為を始めました。（＊57）そして2014年6月、イラク国内にいたアルカイダの一派、別名「イスラム国」と手を結びその支配下にはいりました。（＊58）これ以後「イスラム国」は残虐性を武器に、イラクとシリアにまたがる広大な地域に支配権を拡大していくことになります。

「イスラム国」は、フセイン政権が倒れたあとのイラクで2006年に生まれましたが、急激に勢力を拡大し始めるのは2011年5月です。これはオサマ・ビン・ラディン死亡が発表された時です。

米国の軍産複合体は常に強大な敵を必要としています。敵がいないと国防費削減という悪夢が現実化するからです。イスラエル原案の米国内イスラムテロにアメリカが乗った最大の理由は、ソ連に代わる敵を作り出すためでした。

まんまと成功して、オサマを筆頭とするテロ組織アルカイダとの戦いは「冷戦のように今後何世代も続く戦争」（ロサンゼルス世界問題評議会での副大統領チェイニーの弁、2004年1月15日）だったはずでした。ところがオバマが出生証明書の公表を迫られてホワイトハウスのサイトにアップしたまでは良かったのですが、その証明書が偽造だったのです。発覚しそうになったので国民の目をそらすためにオサマを殺しました。

そこにいたる経緯は拙著『トランプとQアノンとディープステイト』で詳述しましたので本

書では繰り返しませんが、オサマのいないアルカイダでは用をなさないのですぐに「イスラム国」をデビューさせたのです。２０１４年には隣国シリアのアルカイダを吸収してイラクとシリアにまたがる占領地域の独立を宣言しました。「イスラム国」の通称ＩＳＩＳは Islamic State of Iraq and Syria（イラクとシリアのイスラム国）の略称です。

このテロ組織は豊富な武器弾薬を所有し、訓練が行き届き、指揮系統が確立し、卓越した広報技術を持っています。アルカイダの一派だったグループが短期間でこれほど世界に大きな影響を与えるほどの組織になりえたのは、サウジアラビアとカタールとトルコによる資金援助と、アメリカによる兵器・武器供与と戦闘訓練があったからです。その残虐性を自分たちでビデオにおさめてユーチューブに投稿することを教えたのは、アメリカなのです。（＊59）

その「イスラム国」が近年は残虐性を失って存在感が薄れてきていますが、これは中国の台頭によってアメリカが彼らを必要としなくなったからだと思います。

イランも潰せ……イスラエルの画策

「悪の枢軸」アラブ4か国のうち、残るはイランだけとなりました。

イランはイスラエルが最も恐れている国です。

数々の大スクープで知られるジャーナリスト、シーモア・M・ハーシュ（Seymour Myron Hersh）によれば、2005年から2期目に入ったブッシュ・ジュニア政権は、遅くとも2004年春頃からイラン国内で秘密調査活動を行い、フロリダ州の米中央軍司令部は最大規模の陸海空軍を動員してイラン侵攻計画を立てていたようです。実行前に暴露されたので取りやめになりました。

イラン核武装阻止は2009年2月に返り咲いたイスラエル首相ベンジャミン・ネタニヤフの長年の持論です。2009年9月にイランの2か所目のウラン濃縮施設の存在が明らかになり、国際的な非難が高まりました。

2009年9月の国連年次総会において、イランの核燃料濃縮施設の立ち入り検査実施がオバマ主導によって可決されました。ところがそれに反発したのか、イランが射程2000㎞の中距離弾道ミサイルを発射しました。

イランの敵対的な行動に対してネタニヤフは「(2009年の）年内にイラン核濃縮が停止されないときは、イスラエルが単独でイランの核施設を叩く」と発言しました。アメリカにイランを叩かせて自分達は高みの見物を決め込む安全策を変更せざるを得なくなって、イスラエルはいよいよみずから動くことを決意したものと思います。

しかしいかに元テロリストのネタニヤフといえども武力侵攻には踏み切れなかったようで、

考えた末に実行したのがウラン濃縮を妨げるためのコンピュータウイルスを送り込む作戦です。

２０１０年10月にイラン初のブシェール原発がコンピュータウイルス「スタックスネット」に感染して制御不能になり、大惨事寸前だったことをロシア大使が語ったと報道されました。(産経新聞 1/27/11)、

イランの核施設が、２００９年から２０１０年にサイバー攻撃で数回にわたり施設の運転を停止せざるを得なくなったのです。スタックスネットの全世界感染の60%がイランのコンピュータでした。

このサイバー攻撃で使われたウイルスを徹底的に調べたドイツのコンピュータエンジニアによると「産業機械の基礎となる部分を探し出して、その部分を破壊するようにデザインされている。スタックスネットは現実世界における工業工程を破壊することに狙いを定めたサイバー攻撃だ。これは言われているようなスパイウイルスではない。１００%の破壊攻撃だ」と述べています。(Mail-online, 9/24/10)

２０１１年1月15日、『ＮＹタイムズ』がスタックスネットに関する詳細な調査記事を掲載しました。そこにはイスラエルが同国ディモナの核施設の遠心分離機を用いてスタックスネットの実験を行っていた可能性が高い、と書いています。また、スタックスネットがドイツのシーメンス製ソフトウェアに存在したセキュリティ・ホールを利用して設計されていること、

そして２００８年に米国エネルギー省の一組織であるアイダホ国立研究所がシーメンスと共同で同社ソフトウェアのセキュリティ・ホールの特定にあたっていたことにも触れ、米国政府の関与を示唆しました。

イスラエルのネタニヤフ首相はしつこい男です。今年4月11日、イラン中部ナタンツのウラン濃縮施設で停電が起きてウラン濃縮用遠心分離機が停止しました。イラン外務省の報道官が定例記者会見で、「イスラエルによるテロ行為だ」と避難し、「報復する」と述べたと報じられました。イスラエルの主要メディアは、対外情報機関モサドがサイバー攻撃を仕掛けたと伝えました。ネタニヤフは12日の記者会見で、「イスラエルを破壊するための核能力をイランが獲得することは決して許さない」と述べました。（読売新聞　4/13/21）

ネタニヤフは目的達成のためには武力攻撃も辞さない男です。イランは報復を示唆しましたから、ネタニヤフが納得する新しい形の核合意が調印されなければ、第3次世界大戦の火花が中東で上がる可能性は大きいと思います。

今年の6月13日、野党8党が連立政権樹立で合意し、ネタニヤフは首相の座を降りましたから しばらくは静かになると思いましたが、連立政権の政権運営には大きな疑問が残ります。

Chapter ⑬ ディープステイトが潤う仕組み

9・11テロの一番の利得者はイスラエル！

米国同時多発テロはイスラエルが長年温めていた計画でした。

金銭的な面を抜きにしたら、同時多発テロによって一番の恩恵をこうむったのはイスラエル政府です。

アメリカはリンドン・ジョンソン大統領時代から自国の利益よりも、イスラエルの利益を優先させてきたことが何度かありました。２００１年から２００６年までイスラエルの首相だったアリエル・シャロンの「アメリカ国民が何と考えようと知ったことじゃない。アメリカ議会は俺の言いなりなんだ」と語ったことが、アメリカとイスラエルの関係を端的に表しています。

９・11事件後アメリカは多数の自国兵の死傷者を出しながら、イスラエルが恐れていたサダム・フセイン政権を取りつぶしました。

またイスラム教諸国が悪者に仕立てあげられたことによって、カーター元大統領が「南アのアパルトヘイトよりもひどい」と述べて非難した、イスラエルがパレスチナで行っている数々の残虐行為がある程度正当化され、世界からの非難の声の矛先が和らいだことは確実です。

２００３年３月にイラク侵攻が始まってから、日本・韓国を始めとして39か国がイラクに兵隊を派遣しました。

日本の自衛隊などは遠く離れたインド洋まで出向いて、他国艦船に無料給油というバカみたいな役割を負わされているのに、イスラエルは兵隊を送るどころか何もしないで高みの見物を決め込んでいました。

２００９年３月から首相を務める右派政党リクード党首ベンヤミン・ネタニヤフは、事件後同時多発テロが与えるイスラエルとアメリカの関係の変化について聞かれ、「非常に良い。以後２国の関係はもっと良くなる」と歓迎したのも至極当然のことと言えます。

イスラエル案に相乗りした米国同時多発テロは、米国を支配する権力者たちが長年抱いていた計画を遂行するための絶好の口実になりました。

イラクに侵攻することが９・11事件の前に決められていたことは、当時のＣＩＡ長官ジョージ・テネットが回想録『At the Center of the Storm,』に書いています。

事件発生後20日にして立法化された米国愛国者法案の中身は膨大な量ですが、その法案は司法省の棚の中で20年前から出番を待っていたと、司法省職員が語ったとスタンフォード大学教授が述べています。（＊60）

中央政府の権力強化を画策する輩《やから》にとって、基本的人権の擁護を謳《うた》う米国憲法は邪魔者以外の何物でもありませんでした。憲法の有名無実化を図るために20年前に作っていた米国愛国者法案を、戸棚から引っ張り出すきっかけに9・11同時多発テロを利用したのです。

〃新世界秩序〃構築を狙うディープステイト奥の院は、米国同時多発テロによって非常に大きな一歩を踏み出しました。

同時多発テロから始まるアフガンとイラクへの武力侵攻も、アメリカ国内における基本的人権の剥奪を意図した法律の制定も、国際金融資本家たちが１５０年以上前から目指している世界統一のための動き、すなわち〃新世界秩序〃に基づいています。

同時多発テロは〃新世界秩序〃の遂行に大きく貢献すると、外交問題評議会の会議で明白に口にした理事がいました。

２００1年9月14日、ワシントンD.C.における国家安全保障に関する全体会議における理事ゲアリー・ハートのことばの一部があります。

「我々はチャンスを際立たせる。アメリカ人は多くの点で優秀だ、特にレモンをレモネードに変えてしまうようなことに。米国大統領にとってはこの大惨事を利用して、彼の父が一度だけ使って以来使っていない言葉を実行するチャンスがある……それは新世界秩序だ」（Council on Foreign Relations, 9/14/01）

ブッシュは影の政府を実体化させた！

大惨事を利用してブッシュ・ジュニア政権が実行したのは新世界秩序だけではなかったことを、『ワシントンポスト』が２００２年４月に報じました。

レーガン政権が計画していながら実行に移せなかった「影の政府 Shadow Government」が、9・11をきっかけに姿を現しました。

ブッシュは、連邦政府の上級管理職約１００人をワシントン郊外の地下基地に移して秘密裏に生活・勤務させて「影の政府」を構成しました。

作戦のために配備された職員は家族を連れて行くことは許されておらず、家族から離れて24時間地下で働くことになります。最初の人達が地下基地に入ったのは10月下旬または11月上旬で、90日間の勤務を経て交代したようです。参加管理職１００人の中に民主党員はいなかった

ようで、議会民主党がこのことに気付いたのは報告書によって明らかになってからでした。（＊61）

影の政府は、首都が壊滅的な攻撃を受けても連邦政府の機能が存続するように務めます。国の食糧や水の供給、交通網、エネルギーや通信網、公衆衛生、市民秩序の混乱を抑えた後、政府再建に着手することになるようです。

AP通信の取材に応じた政府関係者によると、ブッシュ大統領は政府機能を影の政府に委《ゆだ》ねる必要があるとは考えていないが、テロとの戦いや将来の攻撃の脅威が続くことを考慮すると、長年の計画を実行するのが賢明だと考えているという。

関係者の証言によると、機密扱いの「影の政府」構想、「政府機能継続計画 continuity of government」が実行されたのは、イスラムテロリスト・ネットワークが携帯型核兵器（a portable nuclear weapon）を何らかの方法で入手するのではないかという恐れからだったようです。

このワシントンポストの記事によると米国情報部門はそのような武器の具体的知識はないと言っていますが、携帯できる小型核兵器は存在すると思います。それも放射能の出ないクリーンなものです。でなければそれに対する対策を政府が講じるはずはありません。

ワシントンポストの後半の記事を引用します。

現代の政府継続計画は、ロナルド・レーガン大統領の下で始まった。

1985年9月16日、レーガンは国家安全保障決定指令188号「国家安全保障上の緊急事態への備えのための政府調整」に署名し、継続計画の責任を国防省、財務省、司法省、行政管理予算局の省庁間委員会に委ねたのである。

彼はさらに、より詳細な計画を行うために、大統領令12472をはじめとする追加指令に署名した。

1988年11月18日に署名された大統領令12656で、レーガンはすべての内閣府に、ワシントンへの核攻撃があった場合に「国家の生存に不可欠」な「防衛および民間のニーズ」を詳細に定義するように命じた。その中には、「職権の継承と緊急権限の委任」のための法的手段が含まれていた。

軍部では、民間企業よりもずっと早くこれらの指令を導入している。例えば空軍では、2000年9月に改訂されたばかりの空軍指令10－208に基づいている。

政府機関も徐々に同様の詳細な不測事態対応計画を作成していった。例えば、農務省は、農業生産や食品加工や貯蔵と流通の継続計画、そして農家への種子や飼料、水、肥料、設備の緊急提供計画に加えて、商品クレジット公社（Commodity Credit Corp. 略称CCC）

の持つ食料・繊維資源の在庫を利用することなどを計画している。
（参考：商品クレジット公社は、1933年に「農場の収入と価格を安定させ、支援し、保護する」目的で設立された100％政府所有法人です。CCCは、農作物の生産量の増加、価格の安定、十分な供給の確保、効率的なマーケティングの促進を目的として、売買、貸し付け、支払い、その他の活動を行う権限を有します。）

9月11日までは、国家の緊急事態にこれらのプログラムを管理するための専門知識とリソースを持った、不死身の管理者グループが存在しなかった。

アフガニスタンで空爆が始まった翌日の10月8日、ブッシュ大統領は大統領令13228で大統領行政府内に「国土安全保障局」を創設した。

初代長官トム・リッジ（元ペンシルバニア州知事）は、「米国政府やその指導者の安全と安心を脅かすようなテロ攻撃が発生した場合に、連邦政府の継続性を確保するための計画と準備を検討する」という任務を与えられた。

『ワシントンポスト』が報じた2002年4月時点で、司法省や財務省をはじめとする多くの省庁で、普段は法定権限を行使しない職員に、その権限を委譲する計画が完了していたようです。オバマ政権のほとんどの政策はブッシュ政権の引き継ぎでしたから、影の政府もオバマに引き継がれたと思います。

Chapter ⑭ コロナを利用して管理支配、ワクチンで人口削減

ブッシュ政権時代にスペイン風邪ウイルスを悪用!?

新型コロナは、ブッシュ政権が始めた高病原性感染症ウイルス開発をオバマが引き継ぎ、更に発展させたことでパンデミックになりました。

本項で米政府と新型コロナの関係を説明します。少し長くなりますが最後までお付き合いくだされば、混迷を深める現在の世界情勢の一側面が見えてくると思います。

ブッシュ・ジュニア政権は9・11を利用して米国民主憲法を実質的に骨抜きにしましたが、それと平行して生物テロを理由に国民に対する監視と締め付けを強化しました。

詳細は拙著『新型コロナ「ばら撒き」徹底追跡』（ヒカルランド）で取りあげたので、ご興味のある方はそちらをご参照ください。

ここでは大筋の経緯を紹介します。

米国の生物兵器研究レベルは世界トップで、その中心になる施設のひとつがメリーランド州ロックビルのフォート・デトリック陸軍細菌兵器研究所です。

●1997年3月：フォート・デトリック陸軍細菌兵器研究所は、ジェフリー・トーベンバーガー博士のチームに、1918年のインフルエンザウイルス（通称スペイン風邪）の遺伝子配列の解明を要請しました。

●2003年10月：トーベンバーガー博士チームは6年間の研究を終えて、スペイン風邪ウイルスの完全な遺伝子配列図を完成させました。

●2005年8月：フォート・デトリック陸軍細菌研究所のチームは、ウイルスのプラスミド（注：染色体とは独立に増殖できる遺伝因子）を人の腎臓細胞のDNAに注入して、次に人のDNAをスペイン風邪ウイルスに注入しました。

全世界で多数の死者を出したスペイン風邪ウイルスは、大自然が長い年月をかけて環境に優しいウイルスに作り変えていましたが、このとき人間の手によって人間にだけ感染するように活性化されたのです。

ブッシュ政権は2003年4月、感染症に関する大統領令13295を発令していました。大統領令というのは米国憲法に規定されていませんが、大統領が連邦政府や連邦軍に対して発する命令です。これは法律ではなく連邦行政に関する命令なので議会の承認を得る必要はないので頻繁に発令されています。

それまで米国政府は7種類の特定感染症に罹患《りかん》した人の入国拒否しかできませんでしたが、この大統領令は生物テロを想定したもので、特定の病気が米国内に発生した時、米国民を制限なく逮捕・拘禁できる権限を保健福祉省長官に与えました。このときサーズ（SARS）が加えられて特定感染症は8種類になりました。

2005年4月、ブッシュ政権はインフルエンザを特定感染症リストに加えました。これは4か月後に陸軍細菌研究所がスペイン風邪ウイルスの活性化に成功することを踏まえたものと思います。

このとき大統領令13295で書かれた、アメリカ国民の逮捕・拘禁につながる「病気の国内での発生」という言葉を「流行を引き起こしているか、または引き起こす可能性を秘める新種または再出現したウイルスが原因のインフルエンザ」と書き換えました。

スペイン風邪ウイルス再活性化の翌月から、ブッシュ政権と国連はタッグを組んで、矢継ぎ早に高病原性トリ・インフルエンザ（H5N1）感染拡大のキャンペーンを開始しました。
●9月9日：国連が「国連のトリとヒト・インフルエンザ協調網」の責任者にデービッド・ナバロを任命したと発表しました。
ナバロは9月29日、国連の公式警告を発しました。

「高病原性トリ・インフルエンザの流行が起きたら、大陸ごとに500万人から1500万人の人が死亡するだろう」
●同年10月：米国保健社会福祉省（HHS）の新長官、元ユタ州知事マイク・レビッツは、高病原性トリ・インフルエンザに備えた準備の増強を強調しました。
●同年12月：ブッシュは議会に71億ドル（7100億円）の予算を要求し、33億ドル（3300億円）がすぐにHHSに分配されました。

ウイルスというのは、他の生き物の細胞に入り込んで増殖する極微小な存在で、宿主とは共存関係にあります。人間を含めた動植物に疾病を引き起こすウイルスはごく一部で、発見・分析されていないウイルスが野生鳥獣を宿主とするものだけで170万種あるとされています。

2003年になると、H5N1ウイルスが宿主の渡り鳥を殺し始め、人間に感染して多くの死者が出始めました。H5N1の性質が全面的に変化したとしか考えられません。

ブッシュ政権は、感染症拡大を利用した米国民の逮捕・拘禁を本気で考えていました。それを教えてくれるのは、「軍事権限法2006」の第7章です。

ブッシュは、市民・住民を違法な戦闘員と宣言して令状なしで逮捕して秘密の場所に無期限収容する権限を政府に与え、同年1月には拘禁施設建設に着手しました。

●2006年1月24日：国土安全保障省は、ハリバートンの子会社KBRと3億8500万ドル（385億円）で拘禁施設建設を契約しました。

ハリバートンはヒューストンとドバイに本部を置く多国籍石油関連サービス企業で、副大統領になる前までディック・チェイニーがCEOでした。

KBRが建設した拘留所の数は不明ですが、2007年度のアメリカ国内の拘禁施設の総数は961です。これは表に出ている数だけで、出ていない施設も存在すると言われています。2007年から2009年の間に、主に不法移民の収容と思いますが、少なくとも363の収容所が使用されました。残りは空いているようです。

ブッシュ政権のトリ・インフルエンザへの入れ込みは拡大の一歩を辿ります。

●2006年1月：保健社会福祉省が、ウェブサイトを立ち上げました。
　レビッツ長官の言葉「はっきり言います。アメリカ本土でH5N1が発見されるのは時間の問題です。ウイルスを運ぶ野生の鳥の移動パターンによれば、問題のウイルスの国内での登場は避けられなくなっている」
●同年3月：レビッツ長官が、高病原性トリ・インフルエンザを扱ったテレビ映画の製作に予算を割くことを発表しました。
　この発表から2か月後の2006年5月9日、〝Fatal Contact, Bird Flu in America（致死的接触、アメリカのトリ・インフル）〟と題したABC放送制作の2時間（正味83分）のテレビ映画が初放映されました。

　この映画は良くできています。ABCの親会社が映画制作に強いディズニーだけあって、細かい箇所に神経が行き届いています。企画から2か月や3か月で映画は完成しませんから、このテレビ映画の準備は2～3年前にスタートしたと思われます。脚本には企画した米国政府の意図が当然盛り込まれたはずです。

　前半は感染拡大による騒ぎが描かれています。人々が押しかけてごった返す病院の廊下、仕事に押しつぶされる看護師たち、マスクが品切れだが入荷しない様子、袋詰めの遺体が無数に並ぶ横でたき火に遺体袋を投げ込む様子、遺体袋をゴミと同様に扱って廃棄する様子、州兵が治安維持のために出動するなど、今回のコロナ騒ぎのニュースで見た出来事がそのまま出てきます。

　感染・死亡した人の家族を隣人たちが避けるシーンや、無症状感染者の存在を語るシーンが出てきたときには、これは今回のコロナ用に制作したのではないかと思ったほどです。

　エンディングは、新しいウイルスの出現で住民全員が死亡した村が西アフリカアンゴラで見つかり、トリ・インフル研究者がそこに出向き、惨状を目にして呆然と立ち尽くすシーンで終わります。

　より激烈なウイルスを出現させる終わり方から判断すると、米国政府の映画制作意図は、感染には第1波の後から第2波、第3波があることと、高病原性トリ・インフルウイルスより数倍致死性の高いウイルスが出現すると言いたかったのではないのでしょうか。

　これは新型コロナ騒ぎそのものです。企画した米国政府部内の人は、このインフルエンザウイルスに今の新型コロナウイルスのような特性を期待していたのかもしれません。

　映画から3年後、ブッシュ最後の年2009年にようやく新型インフルエンザパンデミックが起きました。しかしウイルスが期待に反して弱毒性だったことで、泰山鳴動《たいざんめいどう》しましたがネズミは一匹も出ませんでした。このウイルスの発生経緯と、日本も主要登場国になったパンデミック騒ぎの詳細は、拙著『ウイルスはばら撒きの歴史』（ヒカルランド）に書きました。一読していただければ、新型コロナ騒ぎとの類似性が見えてくると思います。

ウイルスは金の成る木

ブッシュが去ったあとホワイトハウスの住人になったオバマはほとんどの政策を引き継ぎましたが、ウイルスに関してはインフルエンザからコロナにシフトしました。

2002年11月に中国広東省で最初に発見されたサーズはコロナウイルスによる感染症です。その発生7か月前の4月19日にアメリカで「コロナウイルスの遺伝子組み換え方法」の特許が申請されています。

申請者はノースカロライナ大学チャペルヒル校で、発明者はラルフ・バリック他2名です。ラルフ・バリックは90年代からコロナウイルス研究者として学界では知られた存在で、サーズ発生を機にコロナウイルス研究を開始した中国科学院武漢ウイルス研究所の石正麗《せきせいれい》（シー・ジェンリー）博士のサーズ研究に力を貸しました。

●2003年7月：世界保健機構（WHO）がサーズ終息宣言を出しました。
●同年11月：サーズウイルスの特許申請が急増しました。

サーズ騒ぎに金の成る木を見た人が何人もいたようです。

ＮＢＣニュースの報じるところによると、この数週間で、生物工学や製薬会社が数社と、カナダと香港の研究者に加えて米国政府も、ウイルスの遺伝物質の一部分から本体そのものまでの所有権を主張しました。

●２００４年４月19日：米国疾病予防管理センター（ＣＤＣ）が「ヒトから分離したコロナウイルス」の特許を申請しました。サーズウイルスそのものと感染の有無を検知する方法を開発し、それと同時に、抗体を刺激する構成物とその取り扱い方法を用意しました。

この特許申請に至るまで随分多くの科学者がかかわったようで発明者欄には22人の名前が書かれていますが、その甲斐はあったのです。なぜならこの特許によって、世界中のコロナウイルスに関する研究・開発は、すべて米国が知る事になったからです。

災いの元だったサーズウイルスはこの時から、金のなる木に変貌しました。

米国疾病予防管理センター（ＣＤＣ）の病原体関連特許の申請はどんどん盛んになります。現在ＣＤＣが特許を持つ病原体は、サーズ、インフルエンザ、ＨＩＶ、Ａ型肝炎、炭疽菌、狂犬病、デング熱、西ナイル熱、日本脳炎、Ａ群レンサ球菌、髄膜炎、肺炎球菌、胃腸炎、肺炎クラミジア、ＲＳウイルス、リフトバレー熱、ロタウイルスの17種です。

ＣＤＣはこの17種類の病原体とその検査方法と、そのワクチンに関連する特許を総計57件所有し、それから生み出される利益は毎年41億ドル（4309・1億円）になるようです。2020年度のCDC国家予算は65億9400万ドルですから、その3分の2の大金を民間企業もしくは他国のウイルスや細菌研究所から得ているのです。

新型コロナウイルスの誕生経緯を調べていくと、米中両国の協力関係が見えてきます。

●2013年10月：石正麗博士は英国の科学雑誌『ネイチャー』に、中国の洞窟に住むキクガシラコウモリから人間のサーズ・コロナウイルスと同じウイルスを分離したと発表し、サーズが人間に感染するのに中間宿主が必要ないことを論証しました。

●2014年10月16日、オバマ政権はインフルエンザやサーズやマーズのウイルスに関する"Gain of Function"の調査研究予算停止を発表しました。

"Gain of Function"というのは、遺伝子変異の結果、遺伝子産物が構造変化することによって、他の因子とのタンパク間相互作用が変化するなどして、生理状態ではみられない新しい機能を獲得することです。

その調査研究というのは、ノースカロライナ大学チャペルヒル校のラルフ・バリック博士やCDC所属の多くの研究者たちが行っていたことです。その予算停止の理由は、石正麗博士の研究に全てを託したからと思われます。

米国内での研究開発が停止されてから米国保健社会福祉省は残っていた予算を、武漢ウイルス研究所に与えました。にわかには信じがたい話ですが、２０２０年4月に英国の『デイリーメール』紙が電子版で暴露しました。（＊62）

見出しが「暴露：コロナウイルス漏洩《ろうえい》で調査すべき中心地武漢ウイルス研究所に、米国政府は３７０万ドル（3億８８５０万円）の助成金を与えた。そこはこの病気の起源と信じられている、洞窟に住むコウモリの研究実験を行っていた」

記事には他に、米国政府は過去10年以上前から米国の会社を隠れ蓑《みの》にして、武漢ウイルス研究所でのコロナウイルスの人間感染に関する研究に助成金を与えていたと書かれています。

●２０１５年6月：石正麗博士は、コロナウイルスが人体に入り込む通路を探り出したと発表しました。

●２０１５年11月：彼女は再び『ネイチャー』に論文を発表し、コロナウイルスを合成して作ることに言及しました。自己再生能力を持つそのウイルスは、彼女が２０１３年に発表したキクガシラコウモリのコロナウイルスを元にして作られ、このウイルスを感染させたネズミの肺は治癒不可能な損傷を被りました。

ウイルス外部持ち出しの意図とは

石正麗博士の論文発表と同じ月に、フランスのパスツール研究所の反論が『ネイチャー』に掲載されました。

「サーズに関係するコウモリ・コロナウイルスのハイブリッドバージョンを作った実験は、果たして世界的な感染流行を引き起こすことより価値があることなのか」

同研究所のウイルス学者サイモン・ウェイン・ホブソンは「研究者が作った新しいウイルスは、人間の細胞内で著しく効果的に増える。もしこれが外に逃げ出したら、誰もその道筋を予測できない」と警告しました。

石正麗博士は、外部に漏れていない、と断言していますが、新型コロナは、まさしくウェイン・ホブソンの警告が現実化した結果なのです。

●２０２０年2月17日：武漢ウイルス研究所の研究者Chen Quanjiaoが、２０１８年にウイルス研究所長になったWang Yanyi《ワンイエンイー》（王延軼《おうえんいつ》）がウイルスを外部に持ち出した疑いがあると、実名で告発しました。

王延軼所長は学者でありながら政党員でもあります。党上層部を通じて北京から指示があったのではないでしょうか。

新型コロナウイルス作成に成功したのは中国ですが、制作意図はアメリカから出たことを分かっていただけたでしょうか。言い換えれば、現在世界中が対応に苦慮しているコロナパンデミックはアメリカが意図したことなのです。ただし、２０１９年末に武漢から始まった新型コロナ騒ぎはアメリカの意図したこととは異なるもので、中国共産党の都合で起きてしまったと思います。その詳細は拙著『新型コロナ「ばら撒き」徹底追跡』に書きましたので、ご興味のある方はそちらをご参照ください。

ウイルスよりもワクチンで人口削減！

では、なぜアメリカは高致死性病原体作成を意図したのでしょうか。

底流にあるのは新世界秩序ですが、直接的理由は2つ考えられます。

１９７４年（昭和49年）12月10日、ヘンリー・キッシンジャー主導による米国国家安全保障会議が、米国主導の人口削減計画を進言した秘密報告書を大統領に提出しました。それをフォードト大統領が正式に米国政府の国家政策に採用したのは、翌75年11月のことです。

対象国として報告書が名前を挙げたのは、インド、バングラデシュ、パキスタン、インドネシア、タイ、フィリピン、トルコ、ナイジェリア、エジプト、エチオピア、メキシコ、ブラジル、コロンビアの13か国でした。ここには世界第一の人口を誇る共産中国が含まれていなかったのですが、キッシンジャーは「一人っ子政策」が5年後の1979年（昭和54年）に始まることを知っていたと思われます。

1994年（平成6年）9月、エジプトで国連主催の「カイロ国際人口・開発会議」が開催されました。この会議には当時の米国副大統領アル・ゴアが出席し、クリントン政権の人口問題に対する積極的な姿勢をアピールしました。1975年に共和党のフォード政権が国策として採用した人口削減を、18年後の1993年1月に発足した民主党クリントン政権まで一貫して踏襲していることが分かります。クリントンは地球総人口を10億人にするべきと言ったようです。人口削減と優生学は新世界秩序の一つの側面です。

21世紀の爆発的人口増加には全地球規模の削減が必要になったようです。現在世界中で使われているワクチンの方が、コロナによる人口削減よりも数倍大きく貢献する可能性があります。その理由の理解には、ウイルスの機能に関する最新学説が大いに役立ちます。その学説提唱者に取材した記事が、昨年9月に『朝日新聞ＧＬＯＢＥ＋』に掲載されました。（＊63）一部を引用します。

「人の遺伝情報をすべて解読しようとする国際プロジェクト『ヒューマン・ゲノム・プロジェクト』が始まったのは1990年。03年に解読完了が宣言された。そこで明らかになったのは、人の体をつくるたんぱく質を生み出すのに関わっている遺伝情報の部分はわずか1・5%で、残りの大半はよく分からない配列や無意味な配列の繰り返しだったということだ。さらに、全体の8%ほどは、ウイルスなどにより外から入ってきたものだった」

ウイルスは細胞内に入らないと生きていけないのは読者諸氏もご存知と思いますが、ウイルスのDNAは螺旋《らせん》状になった人間のDNAに入りこむことができるのです。入り込む場所は一定ではなく、どういう影響を与えるのかもまったく不明です。

「胎盤形成に関わる遺伝子PEG10が、カモノハシなど卵から生まれる単孔類にはなく、そこから分岐し、母体から生まれるカンガルーなど有袋類《ゆうたい》やヒトなど真獣類《しんじゅう》に共通してあることがわかった。その遺伝子の配列は、まだ恐竜が生きていた1億6000万年ほど前にウイルスなどによって外から入って取り込まれた可能性を示していた。哺乳類《ほにゅう》などの祖先がまだネズミのような姿をしていたころのことだ」

m-RNAワクチンをそれでも打ちますか？

皆さんが毎年受けているインフルエンザワクチンは、病原体となるウイルスや細菌の毒性を弱めたり（生ワクチン）、感染する能力を失わせたりしたもの（不活化ワクチン）を原材料として作られます。

サーズはコロナウイルス感染症ですが、ワクチンも有効な治療薬も発生から19年を経過した現在も存在しません。しかし同じコロナでも新型コロナのワクチンは発生から4か月後の3月18日に、中国で特許申請がありました。

これはアデノウイルスをベクター（媒介）とするワクチンでした。

ベクターは、外来遺伝物質を別の細胞に人為的に運ぶために利用されるDNAまたはRNA（リボ核酸）分子のことです。アデノウイルスは扁桃腺《へんとうせん》やリンパ節の中で増殖して風邪に似た症状を起こします。

5か月後の8月11日、ロシア保健省はアデノウイルスをベクターとするワクチン「スプートニクV」を、治験を省略して承認しました。

スプートニクVと中国ワクチン、英国のアストラゼネカ製、米国ジョンソン&ジョンソン製はベクターワクチンです。

モデルナやファイザーの「m‐RNAワクチン」もベクターワクチンも、新型コロナウイルスの遺伝物質の一部を体内に入れて免疫のしくみを刺激するのは同じです。

違うのは、遺伝物質を細胞のなかに運ぶための「入れ物」です。

m‐RNAワクチンは人工的につくった脂質の膜を「入れ物」として使いますが、ベクターワクチンが使うのは、遺伝子組み換え技術を使ってウイルスの一部を新型コロナウイルスのものに変えた、アデノウイルスです。

m‐RNAワクチンは新型コロナウイルスのスパイクたんぱくの遺伝子情報を、ベクターワクチンはアデノウイルスを丸ごと血液中に入れ、両方とも接種者の細胞内部に入り込んでから活動開始します。

ベクターワクチンの承認例は過去に2例しかなく、いずれもエボラウイルスワクチンです。

m‐RNAワクチンは承認例がないどころか、人体に投与した前例さえありません。

2021年7月時点で日本政府が承認した新型コロナワクチンは、米国のモデルナ社とファイザー社と英国アストラゼネカ社による3種です。

この新方式ワクチンの利点は、短期間で大量のワクチン製造が可能なので利用価値は高いのですが、欠点は、ベクター方式もm‐RNA方式も接種者の自己免疫に重大な影響を及ぼす可能性があることです。それに関する安全検査がまったく行われていません。この両方式のワクチンに潜む危険性を図解して丁寧に説明している元新潟大学医学部教授の動画があります。（＊64）スマホでも視聴できます。

私はワクチン絶対反対論者ではありませんが、ファイザーとモデルナとアストラゼネカのワクチンは打ちません。接種しても何も起きないかもしれませんが、花粉症にも無縁な私は少しでも自分の免疫に悪い影響を与えることは避けたいからです。

少し待てば、日本製の安全なワクチンが市場に出回ると思います。それまでは、私の個人的見解ですが、手洗いとうがいを励行し、ビタミンCとD、亜鉛とマグネシウムなどの摂取を心がけ、もし感染したら大量のビタミンCを2～3時間おきに服用して、家で2週間ゴロゴロしていれば抗体ができるでしょう。多少烈《はげ》しい症状になっても、高濃度な酸素吸入（ネーザルハイブロー）によって劇的改善が期待できるようです。

製薬大手の興和が抗寄生虫薬イベルメクチンの、新型コロナ感染者を対象とした治験を開始すると7月1日に発表しました。イベルメクチンは、北里大学で特別栄誉教授を務める大村智《さとし》博士が開発に貢献しました。高い駆除効果とヒトへの安全性を両立しているのが特徴で、２０１５年にはその功績を称え、大村博士と商品化したメルク社の元共同研究者に対してノーベル生理学・医学賞が授与されました。

イベルメクチンが正式に治療薬として認められれば死亡率は格段に低下しますから、感染を怖がる必要はないと考えます。

逮捕状なしで拘禁できる社会へと変わる

米国政府が高致死性病原体作成を意図した理由のもう一つは、〝国体変換〟です。

２００５年４月の「大統領令１３２９５」によって国民を逮捕状なしで逮捕・勾禁出来るようにしたのは、全米規模の抗議運動が起きるような何かを実行しようとしていたからではないでしょうか。

経済面でも軍事面でも世界一の超大国アメリカは、新世界秩序構築を企む輩にとって絶対に落とさなくてはいけない国です。しかし、現行の米国憲法は彼らの前に大きく立ちはだかっています。特に、権利章典と呼ばれる最初の10章に及ぶ修正事項は、新世界秩序とは絶対相容れない内容です。

そこで新世界秩序狂信者たちは新憲法制定を目指します。それによって立法と行政の権力の分離をなくし、選挙の洗礼を受けない人間が立法と行政の両方を支配することになります。この制度の下では議会の権限は大幅に縮小され制限され、支配者に強大な中央集権パワーが与えられて、彼らが夢見る権威主義体制の国家が実現することになります。

ロックフェラー財団が２０１０年に発行のシナリオ集「未来の科学技術と国際開発のシナリオ」に収められた4編の一つ「Lock Step」は今回の新型コロナ騒ぎの具体的な出来事、検温やフェイスガードなどを物の見事に言い当てています。感染症拡大を契機に世界はトップダウン式の政府支配、具体的には1党独裁の資本主義国家中国のようになるとあります。

こんな体制を個人のプライバシーと自由を尊重する米国民が黙って見ているはずがありません。国中で、火器を使った反対運動が起きるのは火をみるよりも明らかです。

しかし、アメリカの新型コロナ感染者数は世界一になり、外出禁止令が出され、失業者が全米規模で増えましたが、逮捕状なしの逮捕・勾禁をせざるを得ないような事態は起きませんでした。

もし大統領がヒラリーだったら起きていたかもしれませんが、トランプだったことが幸いしたと思います。彼は新世界秩序に興味ありません。

トランプは新型コロナを中国ウイルスと呼び続け、感染拡大中も問題視せず、選挙運動もマスクなしで全米を廻りました。そして早々と給付金支給を実行しただけでなく、手厚い失業保険対策をとったので国民は仕事をしなくても生活できたのです。人々は政府に感謝こそすれ、反対運動など起きるはずがありません。退任後の現在もトランプに好意をいだく民衆が多いのも納得できます。

大きな混乱がなかった一因に、新世界秩序推進の旗頭だったデービッド・ロックフェラーが２０１７年にこの世を去ったことがあったかもしれません。

トランプは反ディープステイトか

21世紀の科学技術は長足の進歩を遂げています。

米国陸軍生物兵器研究所でのスペイン風邪のＤＮＡ配列解明に6年もの年月がかかりましたが、世界で最初に新型コロナ配列を発表した上海市公共衛生臨床センターは、12月26日に病院に入院した男性を調べてそのＤＮＡ配列を中国国家衛生健康委員会に報告したのは、10日後の１月５日でした。

また、２０２１年1月9日のＮＨＫニュースウェブの、ファイザーワクチンが変異株に有効と伝えた記事に、実験でスパイクタンパク質が変異株と同じように変異したウイルスを人工的に作って使った、とありました。

石正麗博士がコウモリのコロナウイルスから新型コロナウイルスを作るのに2年かかりましたが、２０２０年12月14日の英国での最初の新型コロナ変異株発見から、１か月もかけずにフアイザーは変異株と同じものを作ったのです。

通常、感染者数増大に伴って病原体の毒性は弱まるようですが、新型コロナは逆で、感染力も重症化率も高い変異株が世界各地で出現しています。これは自然の摂理に反した動きです。終息の目途はまったく立たず、唯一の希望として世界中の国々が行っているのが、新型コロナワクチン接種です。

現在、世界中の国々の経済が沈滞していて企業だけではなく、国家も個人や企業の支援とワクチン確保と摂取推進のために、多大な金額の税金をつぎ込んでいます。これは新世界秩序ギャングたちの計画通りの状態だと思います。

石油で財をなしたロックフェラー家は初代からワクチンビジネスに関わってきました。また、近年ワクチン接種キャンペーンを大々的に展開し、現在のこの混沌とした状態を好ましく眺めている人物がいます。

10年以内に高感染症パンデミックが起きると2015年に断言した男、ビル・ゲイツです。WHOへの、2018年―2019年の拠出金額第1位は米国で、2位はビル&メリンダ・ゲイツ財団の1535・1億ドル（1611・855億円）です。ビル・ゲイツはWHOに出す2倍の補助金3152・8億ドル（3310・44億円）を、GAVIアライアンスに出しています。

ＧＡＶＩはThe Global Alliance for Vaccines and Immunization（ワクチンと予防接種のための世界同盟）の略称です。名称には表現していませんが、そのミッションは子どもの予防接種プログラムの拡大を通じて、世界の子どもの命を救い、人々の健康を守ることと謳っています。モットーは高尚ですが、活動の趣旨は子供へのワクチン接種を推進することです。

厚労省はファイザーとモデルナのワクチン接種年齢を12歳まで引き下げました。繰り返しますが、この両方とも安全性は確認されていません。人間のＤＮＡに影響を及ぼす可能性がゼロではないワクチンを、大人だけならまだしも若者にも接種させたら、将来人類そのものの存続に思いもかけない変化をもたらしかねません。日本はワクチンの若年層接種への直接的悪影響を子宮頸《けい》がんワクチンで経験済みのはずですが、日本には新世界秩序に逆らう骨のある政治家はいないようです。

今年の1月ＭＳＮＢＣのインタビューで、ビル・ゲイツは新型コロナのあと次のパンデミックが来るからその準備が大切と言っています。

ユーチューブ　ＭＳＮＢＣ（01/09/22021）

Bill Gates Warns The " Next Pandemic" Is Coming After Covid-19 - And How To Stop It – MSNBC - YouTube

カーター、パパ・ブッシュ、クリントン、ブッシュ・ジュニア、オバマと続いてきた新世界秩序の流れを止めたのがトランプでした。トランプは反ディープステイトと思われましたが、中東政策はブッシュの方針を引き継ぎました。

彼はスーダン、アラブ首長国連邦、バーレーン、モロッコのアラブ4か国とイスラエルの国交正常化を仲介し、イスラム教シーア派の盟主イランを囲むイスラム教スンニ派による包囲網を構築しました。

そしてイランと6か国（米・英・仏・独・ロ・中）の間の核合意を一方的に破棄して、イランの態度を硬化させました。いよいよアメリカは本格的にイラン侵攻に乗り出すのかと思いましたが、トランプ再選はなかったので杞憂に終わりました。トランプはアメリカの中国敵視政策を強化しましたが、これは新冷戦の始まりを意味します。

4月17日に日本の首相と会見するまで、発足から丸3か月間どこの国のトップとも直接対話しなかった新大統領ジョー・バイデンは、さほど自分の考えをもっていないような気がします。彼が採用した閣僚と政府高官の多くがオバマ政権時の人間なのは、当時彼が副大統領だった関係もあると思いますが、おそらくすべては外交問題評議会の言うままに登用した結果と思います。彼らはいずれオバマ政権で実行できなかったイラン侵攻を始めると思います。

長年、デービッド・ロックフェラーの主導で中国融和政策を推進してきた民主党です。２０

17年に彼が亡くなっていますが、バイデン政権は新冷戦をいかに扱っていくのか興味があります。

ジョン・F・ケネディーは冷戦の真っ只中に大統領に就任しました。

彼の大統領就任演説の一節を紹介します。（1/20/1961）

「世界の長い歴史の中で、危険な時代に自由を守るという任務を神から与えられたのは、ほんの数世代だけだ。私はこの責任に尻込みしない。喜んで受け入れる」

志半ばで銃弾に倒れたケネディーの遺志を継ぐ度量がバイデンにあるとはとても思えません。

少しでも可能性があるとすればトランプです。

4年後の再登場を期待することにしましょう。

あとがき――真相追及したマハティールは命を狙われた

9・11事件関係の20年を振り返って、驚いたことが2つあります。

一つは米国の連邦と州の、現役と引退の両方を含めてとても多くの政府高官や議員たちが再調査に賛意を表明していたことです。(＊65)

そのほとんどの人が今は現役を退いていますが参考までに挙げると、元副大統領故ウォルター・モンデール、元FBI長官（1993〜2001年6月）ルイス・フリー（Louis Freeh）、元司法長官（1967〜1969年）ラムゼー・クラーク（Ramsey Clark）、上院議員9人、下院議員13人、元州知事2人、国務省のテロ対策・緊急計画局副局長1名、国務省外務事務官1名、ホワイトハウス・タスクフォース対テロ部門副ディレクター、国防省情報・警報担当副次官補、元国家安全保障会議特別委員会委員、国務次官補1名など220人以上います。

これらの人たちは国政に影響を与えることが可能なコネクションを持っていると思いますが、それでも再調査の動きを20年後の今もまったく耳にすることのないことが、2つめの驚きです。

9・11の真相を知っている外国の政治家は多いですが、ブッシュたちへの非難を行動で表した人は私の知る限り、マレーシアの元首相マハティール・ビン・モハマド（任1981〜2003、2018〜2020）一人だけです。

彼は開業医から政治家に転じ、欧米諸国ではなく日本の経済成長を見習うルックイースト政策をはじめ、長期に及ぶ強力なリーダーシップにより、マレーシアの国力を飛躍的に増大させた敏腕政治家として知られる人物です。

2002年3月、ドルに代わる貿易通貨として金貨ディナール（gold dinar）の使用を提唱したので、国際銀行家たちにとって気に障《さわ》る存在だったと思います。2003年10月に私人になった彼は9・11探求に動き始めました。2006年には、きくちゆみに招聘されて日本で講演していたWTC用務員ウイリアム・ロドリゲスをマレーシアに招いて二時間に及んだ話し合いを持ちました。

2007年、マハティールは戦争犯罪を調査するためにクアラルンプール戦争犯罪委員会を立ち上げました。彼を議長とする委員会は2009年にイラク戦争被害者の告訴を受け、2年間に及ぶ調査を行い、クアラルンプール戦争犯罪法廷を開廷しました。

2011年10月、委員会は国際裁判権を行使し、被告の前米国大統領ブッシュ・ジュニアと元英国首相トニー・ブレアー両名の不在裁判を行い、イラクへの非合法な侵略によって平和を犯した罪で両名を有罪としました。

2012年5月、アルグレイブとグアンタナモ収容所での虐待被害者からの1週間に及ぶ聞き取り調査を実施して、ブッシュ・ジュニアとトニー・ブレアー、米国元大統領ディック・チェイニー、元国防長官ドナルド・ラムズフェルド、他元米国政府高官5人を、満場一致で戦争犯罪、特に虐待の共同謀議で有罪の判決を下しました。

委員会はこれらの判決結果を、オランダのハーグにある国際司法裁判所の首席検察官に照会しました。

2013年11月、委員会は、パレスチナ人に対する虐殺の罪でイスラエルと、元イスラエル軍将軍で国防長官ヤモス・アロンに対し、非人道的犯罪とサブラー・シャティーラ事件（レバノンの親イスラエル政党ファランヘ党などで構成される民兵組織レバノン軍団によるパレスチナ難民の大量虐殺事件）での虐殺に関係した罪で、有罪判決を下しました。

私はクアラルンプール戦争犯罪法廷が下した判決の内容を知ったとき心底驚き、マハティールの命が危ない、と思いました。すると2014年、彼自身ではなく彼の母国のマレーシア航空が不可思議な飛行機事故に巻き込まれて、半年間に2機のボーイング777型旅客機を失いました。

1機目は3月8日でした。クアラルンプールから北京に向かっていたマレーシア航空定期旅客便MH370が、乗員12人と幼児5人を含む乗客227人を乗せたままタイランド湾上空で消息を絶ち、7年後の現在も行方不明のままです。

2機目は7月17日に、乗員15人と乗客283人を乗せてオランダのアムステルダムからクアラルンプールに向かっていたマレーシア航空定期便MH17でした。ウクライナ上空で空中爆発してドネツィク州グラボヴォ村に墜落しました。

詳しく説明するスペースはありませんが、1機目はインド洋上に浮かぶ米軍最大の拠点ディエゴガルシア島に降りていたようです。2機目は親欧米派ウクライナ軍機による機銃掃射を受けて空中爆発した可能性が高いのです。

アメリカ政府上層部に巣食う犯罪集団の、各国指導者に対する警告を兼ねたマハティールへの仕返しだったのではないかと思います。

インターネット検索索引一覧

＊執筆時点でのＵＲＬのため、現在ではアクセスできない場合もあります。キーワードを手がかりに検索ください。

（＊1）エルサレム・ポスト（9/18/2019）
「America the target」
（ターゲットはアメリカ）
https://www.jpost.com/opinion/america-the-target-602181

（＊2）ユーチューブ
ＮＹ市警の無線連絡を含む、３件の事件当日の出来事を見せているビデオ
「Mossad Truck Bombs on Sept 11」
（９月11日にモサドのトラック爆弾）
http://www.youtube.com/watch?v=3aKj6uJ5Mt4

（＊3）The Irrawaddy による記事（2/04/2020）
「Myanmar Opium Cultivation in Decline: UN Report」

（ミャンマーアヘン栽培の減少：国連報告書）
Myanmar Opium Cultivation in Decline: UN Report (irrawaddy.com)
「エーヤワディー・ニュース・マガジン」（The Irrawaddy）は、タイ王国チェンマイ県で発行されている月刊英字新聞、ビルマ語新聞。１９９３年に創刊。反ミャンマー政府系新聞。エーヤワディー・パブリッシング・グループ社（Irrawaddy Publishing Group）が所有。

（＊4） Raytheon Intelligence & Space のサイト。

「Joint Precision Approach and Landing System」

（精密接近と着陸結合システム）

Joint Precision Approach and Landing System — Raytheon Intelligence & Space
（raytheonintelligenceandspace.com）

（＊5） ユーチューブ
「Aaron Russo Rockefeller knew about 9 11 well in advance」
（アーロン・ルッソ、ロックフェラーは９・11を事前に知っていた）
(132) Aaron Russo Rockefeller knew about 911 well in advance - YouTube

（＊6） Flight Path Study - American Airlines Flight 11, *NTSB*,

（ＮＴＳＢによるＡＡ77便の飛行経路研究報告書）
doc01.pdf (gwu.edu)

（＊7） トランプ委員会
「TrumpCommission.Org」
（トランプ委員会 Org）
aneta.org/trumpcommission_org/

（＊8） ＷＴＣにおけるトリチオンのデータを掲載するサイト
「Energy Citations Database, Elevated tritium levels at the World Trade Center」
（エネルギー関連文献データベース、世界貿易センタービルのトリチウム濃度の上昇）
http://www.osti.gov/energycitations/product.biblio.jsp?osti_id=799642

（＊9） ＷＴＣのトリチウムレベルの詳細を分析するサイト
「WTC Micro Nuke Update - Tritium Levels 55 x Normal」
（ＷＴＣマイクロ核の最新情報―トリチウム濃度は通常の55倍）
http://www.rense.com/general76/wtc.htm

（＊10）ウィキペディア（英語ページ）
「Operation Plowshare」
（作戦プラウシェア）
http://en.wikipedia.org/wiki/Operation_Plowshare

（＊11）「水爆の父」エドワード・テラー
　ハンガリー生まれでアメリカに亡命したユダヤ人核物理学者である。アメリカの「水爆の父」として知られる。
　第二次世界大戦中、テラーはロスアラモス国立研究所の理論物理学部門に所属し、核分裂だけの核爆弾から核融合を用いた超強力爆弾（水素爆弾）へと核兵器を発展させるべきだと強く主張した。１９４５年、ニューメキシコでの世界初の原爆実験（トリニティ実験）に立ち会い、「なんだ、こんなちっぽけなものなのか」と感想を述べたとされる。
　１９４９年のソビエト連邦の核爆発成功の後、１９５０年テラーはロスアラモスに戻り、水爆計画に携わる。テラーは水爆を「マイ・ベイビー」と呼んでいたという。（ウィキペディアより）

（＊12）ウィキペディア（日本語ページ）
「チャリオット作戦」
http://ja.wikipedia.org/wiki/%E3%83%81%E3%83%A3%E3%83%AA%E3%82%AA%E3%83%83%

E3%83%88%E4%BD%9C%E6%88%A6

（＊13）地質学者フィル・シュナイダーの講演ビデオ
「phil schneider」
http://video.google.com/videoplay?docid=-9042499324182317197#

（＊14）ウィキペディア（日本語ページ）
「セダン核実験」
http://ja.wikipedia.org/wiki/%E3%82%BB%E3%83%80%E3%83%B3%E6%A0%B8%E5%AE%9F%E9%A8%93

（＊15）核使用の可能性を書いたアメリカン・フリープレスのサイト
「Were 'Mini-Nukes' Used to Bring Down WTC?」
（ＷＴＣ崩壊に小型核爆弾が使われたのか？）
http://www.americanfreepress.net/html/mini-nukes_237.html

（＊16）ＷＴＣでの核使用の可能性を画面で見せている動画
「Nuclear destruction of the WTC」

（WTCの核兵器による破壊）
http://www.youtube.com/watch?v=D7FNGWsjj_Y&feature=player_embedded#at=302

（＊17） 〝チャイナシンドローム〟という言葉は、同名のタイトルの映画からきています。直訳すると「中国症候群」で、映画の中で話されるジョークから採られた。もし、アメリカの原子力発電所がメルトダウンを起こしたとしたら、地球を突き抜けて中国まで熔けていってしまうのではないか、というものである。この映画が公開されたのは１９７９年3月16日であるが、それからわずか12日後の１９７９年3月28日に、ペンシルベニア州のスリーマイル島原子力発電所で本当の原子力事故であるスリーマイル島原子力発電所事故が起きた。（ウィキペディアより）

（＊18） 奇妙な現象を写した写真を集めたジュディー・ウッド博士のサイト
「The Journal of 9/11 Research and 9/11 Issues」
http://www.drjudywood.com/

（＊19） ジョン・ハチソンとハチソン効果を見せている動画。

「Hutchinson effect」

http://www.youtube.com/watch?v=xeUgDJc6AWE

（＊20） www.citizeninvestigationteam.com

「Security camera video 9/11 Pentagon」

（監視カメラ映像　9・11ペンタゴン）

Security camera video — 9/11 Pentagon (citizeninvestigationteam.com)

（＊21） ユーチューブ（6/20/2014）

「911 Pentagon Attack Behind the Smoke Curtain Barbara Honegger」

（9・11ペンタゴン攻撃─煙幕の向こう側、バーバラ・ホネガー）

(168) 911 Pentagon Attack Behind the Smoke Curtain Barbara Honegger - YouTube

（＊22） www.prweb.com

New Study from Pilots for 9/11 Truth: No Boeing 757 Hit the Pentagon

（9・11真実を求めるパイロットの新研究：ペンタゴンにボーイング757型機は衝突していない）

New Study from Pilots for 9/11 Truth: No Boeing 757 Hit the Pentagon (prweb.com)

10年前にはPilots for 9/11Truth.orgが制作した飛行アニメ「Pandora's Box: Chapter 2」は左のサイトに存在したのですが、今はなくなっています。

http://video.google.com/videosearch?q=Pandora's+Black+Box%3A+Chapter+2.

無くなったのはアニメだけではなく、彼らのサイトそのものが消えました。ここに引用したwww.prweb.com のサイトは消えた飛行アニメの情報を書き残していました。

（＊23）Red Creek Free Press (Archive)
飛行機はペンタゴンの向こうに消えたことの14人の証言者を伝えるサイト
Rock Creek Free Press - All Issues : Free Download, Borrow, and Streaming : Internet Archive
この記録庫の中の番号20番、20 CreekV3No4-Web.pdf がそれです。

（＊24）ユーチューブ
「Cynthia McKinney Grills Donald Rumsfeld」
（シンシア・マッキニーがドナルド・ラムズフェルドを詰問）
(206) Cynthia McKinney Grills Donald Rumsfeld - YouTube

（＊25）アリゾナ州議会が２０１１年2月に可決した、包括的財政報告書の透明性を測ることを義務付けた法案
「Arizona State Legislature HB2572」
http://www.azleg.gov/FormatDocument.asp?inDoc=/legtext/50leg/1r/bills/hb2572p.htm

(＊26) Physics911.net

「Project Achilles: Low Altitude Cellphone Experiments」

(プロジェクト・アキレス：低空での携帯電話の実験)

Achilles (physics911.net)

(＊27) テレビ朝日系番組

「小説よりも奇怪な事実9・11の7つの謎に迫る」

http://nvc.halsnet.com/jhattori/green-net/911terror/Truth911.ASF

(ユーチューブではないのでダウンロードしてご鑑賞ください。)

マイケル・ムーアの映画『華氏911』の内容を幾つか使っています。

謎1：ユナイテッド航空93便は撃墜されたのか。

謎2：ユナイテッド航空93便からの携帯電話の通話は捏造されたものか？

美談にするために政府が作り上げたと結論付けています。

謎3：9・11当日のブッシュの不可解な行動に関する衝撃的な新証言。

2機目突入後7分間ブッシュが動かなかった理由に迫っています。

謎4：ペンタゴンで、飛行機（アメリカン航空77便）はどこにあるのか？

謎5：ハイジャックされた飛行機は、遠隔操作されていたのか？

遠隔操作だったとの結論に達しています。大したものです。

謎6：ハイジャック犯の背後で糸を引く衝撃の人物たち
謎7：奇妙な相棒たち。ブッシュとオサマ・ビン・ラディン

謎1から謎6までは深く研究したことがよくわかります。犯人はアルカイダじゃないぞ、と視聴者は感じると思いますが、謎7の結論は感心しません。この辺がテレビで報道できる限界なのだろうと思います。

（＊28）ワシントンポスト（2/01/1999）
「When Seeing and Hearing Isn't Believing」
（見たり聞いたりすることを信じるな）
Washingtonpost.com: dot.mil

（＊29）ユーチューブ
「CeeCee Lyles airphone call allegedly from UA93」
（シーシー・ライレスがUA83便からかけたとされる機内電話）
http://www.youtube.com/watch?v=LiX7mNV4ab0

（＊30）Blockbuster Grand-Pre Expose Of 9/11
アレックス・ジョーンズ・ショーの会話内容

WarFolly.com - Blockbuster Grand-Pre Expose Of 9/11 (archive.org)

（＊31）LOOSE CHANGE 2ND EDITION
（邦題　９１１の嘘をくずせ）
日本の公式サイトです。
http://www.wa3w.com/LC2J/
YouTube のフルバージョンです。（英語）
(279) Loose Change 2nd Edition (HD) FULL MOVIE - YouTube

（＊32）９月11日のデルタ１９８９便の動きを書いたウィキペディア
「Delta Air Lines Flight 1989」
http://en.wikipedia.org/wiki/Delta_Air_Lines_Flight_1989

（＊33）デルタ１９８９便に乗っていた夫婦が友人に送ったメールを掲載するサイト
「Traveling on Delta Flight 1989 on 9/11」
http://256.com/gray/thoughts/2001/20010912/delta_flight_1989_9_11/travel.shtml

（＊34）９１１事件被害者救済基金の公式サイト

「Final 911 Victims Compensation Fund」
http://www.justice.gov/final_report.pdf

（＊35） ２００１年９月29日のトッド・ビーマーの電話記録
「HighView Page - IntelFiles.com」
http://intelfiles.egoplex.com/2001-09-29-FBI-phone-records.pdf

（＊36） Bureau of Transportation Statistics
http://www.bts.gov/programs/airline_information/DetailedStatistics/
▼ここに表が出ていたのですが、いつのまにか削除されています。

（＊37） ＢＴＳホームページ
「Airline On-Time Statistics Detailed Statistics>Diversion」
◉ユナイテッド航空、ニューアーク・ＮＪ、ニューアーク国際空港
BTS - Airline Information - Airline On-Time Statistics - Detailed Statistics - Results (serendipity.li)
　９月11日、ニューアーク空港を離陸したユナイテッド航空機は４便ありました。93便もリストアップされています。
◉ユナイテッド航空、ボストン・ＭＡ、ローガン国際空港

BTS - Airline Information - Airline On-Time Statistics - Detailed Statistics - Results (serendipity.li)
9月11日、ローガン空港を離陸したユナイテッド航空機は、4便ありました。175便も掲載されています。

◉アメリカン航空、ボストン・MA、ローガン国際空港
BTS - Airline Information - Airline On-Time Statistics - Detailed Statistics - Results (serendipity.li)
9月11日、ローガン空港を離陸したアメリカン航空機は5便ありました。11便は掲載されていません。

◉アメリカン航空、ワシントンDC、ダレス国際空港
BTS - Airline Information - Airline On-Time Statistics - Detailed Statistics - Results (serendipity.li)
9月11日、ダレス空港を離陸したアメリカン航空機は1便もありませんでした。

（＊38）この記事を掲載したのは、2006年1月31日のFayetteville Observerですが、そのページは現在削除されていて存在しないので訳文を左に書きます。Fayetteville Observerはノースカロライナ州ファイエットビルの日刊紙で、創業が1816年という長い歴史を持ちます。
「しかしホワイトのニューヨーク時代で最も長く残る思い出は、フットボールとは関係ないものでした。『我々はデンバーで月曜ナイターを終えて、次の朝ニューヨークに飛行機で戻った。』とホワイトは語った。『朝6時45分ごろ、ニューアーク空港に着陸した。我々はいつも誘導路で飛行機を降りて、バスに乗り込んで駐車場の車まで行く。俺は我々の横にいた飛行機に気がついた。人々は

連絡用通路を通らないで誘導路を横切って飛行機に近づいていた。』

『2週間後、試合のために飛行機に乗り込んでいるとスチュワーデスの一人が、9月11日に我々の横で人々が乗り込んでいたのはペンシルバニアで墜落した93便だった、と教えてくれた。それを聞いて身震いしたよ』- Fayetteville Observer (01/31/2006)

(＊39) Evidence that Flights AA 11 and AA 77 Did Not Exist on September 11, 2001

（２００１年9月11日にＡＡ11便とＡＡ77便が存在しなかった証拠）

Evidence that Flights AA 11 and AA 77 Did Not Exist on September 11, 2001 (septemberclues.info)

(＊40) ＦＢＩの最重要指名手配犯の手配用公式サイト。

「The FBIs ten most wanted fugitives」

ビン・ラディンをクリックすると、彼の記録と罪状が書いてあります。

http://www.fbi.gov/wanted/topten/fugitives/fugitives.htm

(＊41) ウィキペディア

「ＰＥＮＴＴＢＯＭ」

https://en.wikipedia.org/wiki/PENTTBOM

（＊**42**）9-11 Research
「Assassinations - 9-11 Research」
（暗殺事件 9/11/01 以降の個人の殺害）
9-11 Research: Assassinations (wtc7.net)

（＊**43**）英国ガーディアン紙
「Anthrux: full list o0f cases」
（炭疽菌：事件の完全リスト）
Anthrax: full list of cases ― Anthrax ― The Guardian

（＊**44**）２００７年3月2日のデモクラシー・ナウ主催の講演会でのアメリカ元陸軍将軍ウェズリー・クラークの暴露話。

「General Wesley Clark explains US Invasion of Iran plans」

（ウェズリー・クラーク将軍、米国のイラン侵攻計画を説明）

http://www.youtube.com/watch?v=6ARihMrxdjU&feature=related

（＊**45**）ニューヨークポストの記事（3/11/2011）
[CIA sends teams to Libya; US considers rebel aid]

（ＣＩＡが隊をリビアに派遣、米国は反乱軍の支援を考慮）
http://nypost.com/2011/03/31/cia-sends-teams-to-libya-us-considers-rebel-aid/

（＊46） ザ・テレグラフの記事（3/25/2011）
［Libyan rebel commander admits his fighters have al-Qaeda links］
（リビア反乱軍リーダーが、反乱軍兵士の中にアルカイダに繋がる者がいると認めた）
http://www.telegraph.co.uk/news/worldnews/africaandindianocean/libya/8407047/Libyan-rebel-commander-admits-his-fighters-have-al-Qaeda-links.html

（＊47） BBC NEWS（8/29/2008）
「Gaddafi: Africa's 'king of kings'」
（アフリカの王様の中の王様）
http://news.bbc.co.uk/2/hi/uk_news/7588033.stm

（＊48） アジアタイムズ・オンラインのサイト
「Libya all about oil, or central banking?」
（リビアのすべては石油なのか、それとも中央銀行なのか?）
http://www.atimes.com/atimes/Middle_East/MD14Ak02.html

アジアタイムズ・オンラインは1999年に香港（中国）を拠点に創設された日刊のオンライン新聞。英語と中国語で発行されます。前身はアジア通貨危機の影響で、1997年半ばに廃刊となった日刊紙「アジア・タイムズ」。

その理念を引き継ぎ、「アジアからの視点」をモットーにアジア地域の政治や経済、社会問題に特化して報道しています。一日平均の読者の訪問者数、いわゆるビジター数は8万人以上に達し、アジアのニュースサイトとしてはアクセス数の最も多い人気サイトの一つ。ニューヨーク・タイムズは、アジアタイムズ・オンラインを「アジアの最も優れたメディアの一つ」と称しています。

（ウィキペディア）

（＊49） CNBC上級編集者ジョン・カーニーのページ（3/28/2011）

「Libyan Rebels Form Their Own Central Bank」

（リビア反乱軍が彼らの中央銀行を設立）

http://www.cnbc.com/id/42308613

（＊50） リビアの潅漑事業を報道するCBSニュース

「Libya - Great Man Made River Project」

http://www.youtube.com/watch?v=qogT-DDKHgQ&feature=related

〃リビア大人工河川〃のウィキペディア日本語サイト
http://ja.wikipedia.org/wiki/%E3%83%AA%E3%83%93%E3%82%A2%E5%A4%A7%E4%BA%BA%E5%B7%A5%E6%B2%B3%E5%B7%9D

(＊51) Center for Geopolitical Analyses の記事（7/08/2012）
「Al-Qaeda's Specter in Syria」
「シリアにおけるアルカイダの出現」
Al-Qaeda's Specter in Syria — Center for Geopolitical Analyses (nyc.gr)

(＊52) ミントプレス（8/29/2013）英語
「EXCLUSIVE: Syrians In Ghouta Claim Saudi-Supplied Rebels Behind Chemical Attack」
「独占記事：現地のシリア人住民が主張、化学兵器攻撃の裏でサウジが反政府軍に供給した」
http://www.mintpressnews.com/witnesses-of-gas-attack-say-saudis-supplied-rebels-with-chemical-weapons/168135/

(＊53) NYタイムズ（12/28/2013）英語
「New Study Refines View of Sarin Attack in Syria」
「新しい調査がシリアのサリン攻撃を精査する」

http://www.nytimes.com/2013/12/29/world/middleeast/new-study-refines-view-of-sarin-attack-in-syria.html?pagewanted=all&_r=0

（＊54） ザ・タイムズの記事（9/14/2012）

「Syrian rebels squabble over weapons as biggest shipload arrives from Libya」

（シリア反乱軍はリビアから到着した大量の武器の分配で口論している）

http://www.thetimes.co.uk/tto/news/world/middleeast/article3537770.ece

（＊55） ＮＹタイムズの記事（10/14/2012）

「Rebel Arms Flow Is Said to Benefit Jihadists in Syria」

「反政府軍の武器の流れはシリアの狂信的イスラム教徒を益すると言われている」

http://www.nytimes.com/2012/10/15/world/middleeast/jihadists-receiving-most-arms-sent-to-syrian-rebels.html?pagewanted=all

（＊56） ＮＹタイムズの記事（3/24/2013）

「Arms Airlift to Syria Rebels Expands, With Aid From C.I.A」

「ＣＩＡの手助けで、シリア反政府軍への武器空輸拡大」

http://www.nytimes.com/2013/03/25/world/middleeast/arms-airlift-to-syrian-rebels-expands-withcia-aid.html?pagewanted=all&_r=0

（＊57） ワシントンポストの記事（6/27/2013）
「Syrians behead Christians for helping military, as CIA ships in arms」
「CIAの武器輸送の最中、アサドに味方した罪でシリア人がキリスト教徒を斬首」
http://www.washingtontimes.com/news/2013/jun/27/syrians-behead-christians-helping-military-cia-shi/

（＊58） ザ・テレグラフの記事（6/25/2014）
「Al-Qaeda merges with Isis at Syria-Iraq border town」
「アルカイダはシリアとイラクの国境の町で、イスラム国と合流」
http://www.telegraph.co.uk/news/worldnews/al-qaeda/10925602/Al-Qaeda-merges-with-Isis-at-Syria-Iraq-border-town.html

英国のメール・オンラインの記事（12/31/2012）
「Syria rebels ‘beheaded a Christian and fed him to the dogs’ as fears grow over Islamist atrocities」
「イスラム教徒の残虐行為に対する恐怖が増すにつれて、シリアの反逆者たちはキリスト教徒を斬首して遺体を犬に食わせた」

http://www.dailymail.co.uk/news/article-2255103/Syria-rebels-beheaded-Christian-fed-dogs-fears-grow-Islamist-atrocities.html

（＊59） 米国の公共放送協会（ＰＢＳ）のニュース記事（5/26/2014）

「Syrian Rebels Describe U.S. - Backed Training in Qatar」

「シリア反政府軍は語る。カタールでの米国による訓練」

http://www.pbs.org/wgbh/pages/frontline/foreign-affairs-defense/syria-at-war/syrian-rebels-describe-u-s-backed-training-in-qatar/

（＊60） 司法省の棚の中で20年前から出番を待っていたと、司法省職員が語ったと話すスタンフォード大学教授の言葉。

「The Future of the Internet - Lawrence Lessig, Joichi Ito and Phil Rosedale」

http://video.google.com/googleplayer.swf?docid=-4631871144083884704&hl=en&fs=true

（＊61） ワシントンポスト（03/01/2002）

「Shadow Government Is at Work in Secret」

（影の政府は秘密裏に動いている）

Shadow Government Is at Work in Secret (washingtonpost.com) (wtc7.net)

CBS（03/02/2002）
「'Shadow Government' News To Congress」
（「影の政府」のニュースを議会に提出）
'Shadow Government' News To Congress (wtc7.net)

（＊62） 英国のDailyMail onlineの報道（4/12/2020）
保健社会福祉省が武漢ウイルス研究所に３７０万ドルを与えたという記事
「REVEALED: U.S. government gave $3.7million grant to Wuhan lab at center of coronavirus leak scrutiny」
https://www.dailymail.co.uk/news/article-8211291/U-S-government-gave-3-7million-grant-Wuhan-lab-experimented-coronavirus-source-bats.html

（＊63） 朝日新聞GLOBE＋（09/09/2020）
脳も筋肉も、実はウイルスの助けでできている　最新研究で見えてきた世界：朝日新聞GLOBE＋ (asahi.com)

（＊64） コロナワクチンの仕組みとその問題点について

(40) 新型コロナワクチンは危険 - YouTube

（＊65） Patriots Questions911.com

9・11再調査を謳う軍関係、政界人や政府高官をリストアップしています。

Patriots Question 9/11 - Responsible Criticism of the 9/11 Commission Report

このサイトには次に掲げた様々な職業の人たちの名前もリストアップされています。

上級軍人、情報機関、法執行機関、政府関係者――220人以上

元米陸軍情報保全コマンド司令官アルバート・スタブルバイン陸軍退役少将、元米軍欧州司令部総司令官ウェズリー・クラーク、元国防省副長官補佐ロナルド・D・レイ海兵隊退役大佐など、上級軍人は総計52人。

エンジニアと建築家――1500人以上

9・11を疑問視する教授――400人以上

9・11の生存者とその家族――300人以上

アーティスト、エンターテイナー、メディア関係者――200人以上

チャーリー・シーン、シャロン・ストーン、マイケル・ムーア、マーチン・シーン、エド・アズナー、ロージー・オドネル、ジェイムズ・クロムウェル、ハリー・ベラフォンテなどに混じって、北野武の名前もあります。

医療関係者――400人以上

菊川征司　きくかわ せいじ
富山県生まれ。観光旅行のつもりで立ち寄ったアメリカの自由な雰囲気に魅了され、以来在米生活30年余。９・11同時多発テロ以降、重苦しい空気へと変化したアメリカ社会の根源をさぐり調査を開始。かつて世界から羨望された豊かな国アメリカの衰退は、国際金融資本家たちの私企業たる連邦準備制度（FRB）設立に端を発することを知る。アメリカ国民に警鐘を鳴らしていた本物の政治家たちの遺志を継ぎ、執筆を開始。アメリカでの経営者として活躍した経験を踏まえた現実的な分析に定評がある。2010年に帰国。『闇の世界金融の超不都合な真実』（徳間書店）。『ロスチャイルドが世界政府の〝ビッグブラザー〟になる』（徳間書店）、『［９・11テロ完全解析］10年目の「超」真実』（ヒカルランド）、『闇の世界金融の日本改造計画』『異説で解き明かす近現代世界史』（イースト・プレス）などがある。

永久に終わらせない「テロとの戦い」
9・11 捏造テロ　20年目の真実
壮大なビジネスモデルはこうして作られた

第一刷　2021年9月30日

著者　菊川征司

発行人　石井健資

発行所　株式会社ヒカルランド
〒162-0821 東京都新宿区津久戸町3-11 TH1ビル6F
電話 03-6265-0852　ファックス 03-6265-0853
http://www.hikaruland.co.jp　info@hikaruland.co.jp

振替　00180-8-496587

本文・カバー・製本　中央精版印刷株式会社

DTP　株式会社キャップス

編集担当　小暮周吾

ISBN978-4-86742-025-6

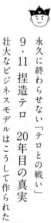

自然の中にいるような心地よさと開放感が
あなたにキセキを起こします

神楽坂ヒカルランドみらくるの1階は、自然の生命活性エネルギーと肉体との交流を目的に創られた、奇跡の杉の空間です。私たちの生活の周りには多くの木材が使われていますが、そのどれもが高温乾燥・薬剤塗布により微生物がいなくなった、本来もっているはずの薬効を封じられているものばかりです。神楽坂ヒカルランドみらくるの床、壁などの内装に使用しているのは、すべて45℃のほどよい環境でやさしくじっくり乾燥させた日本の杉材。しかもこの乾燥室さえも木材で作られた特別なものです。水分だけがなくなった杉材の中では、微生物や酵素が生きています。さらに、室内の冷暖房には従来のエアコンとはまったく異なるコンセプトで作られた特製の光冷暖房機を採用しています。この光冷暖は部屋全体に施された漆喰との共鳴反応によって、自然そのもののような心地よさを再現。森林浴をしているような開放感に包まれます。

みらくるな変化を起こす施術やイベントが
自由なあなたへと解放します

ヒカルランドで出版された著者の先生方やご縁のあった先生方のセッションが受けられる、お話が聞けるイベントを不定期開催しています。カラダとココロ、そして魂と向き合い、解放される、かけがえのない時間です。詳細はホームページ、またはメールマガジン、SNSなどでお知らせします。

神楽坂
ヒカルランド
みらくる
Shopping & Healing

神楽坂ヒカルランド　みらくる　Shopping & Healing
〒162-0805　東京都新宿区矢来町111番地
地下鉄東西線神楽坂駅２番出口より徒歩２分
TEL：03-5579-8948　メール：info@hikarulandmarket.com
営業時間11：00〜18：00（１時間の施術は最終受付17：00、２時間の施術は最終受付16：00。イベント開催時など、営業時間が変更になる場合があります。）
※ Healingメニューは予約制。事前のお申込みが必要となります。
ホームページ：http://kagurazakamiracle.com/

神楽坂ヒカルランド
《みらくる Shopping & Healing》
大好評営業中!!

宇宙の愛をカタチにする出版社　ヒカルランドがプロデュースしたヒーリングサロン、神楽坂ヒカルランドみらくるは、宇宙の愛と癒しをカタチにしていくヒーリング☆エンターテインメントの殿堂を目指しています。カラダやココロ、魂が喜ぶ波動ヒーリングの逸品機器が、あなたの毎日をハピハピに！　AWG、メタトロン、音響チェア、ブルーライト、ブレインパワートレーナーなどなど……これほどそろっている場所は他にないかもしれません。まさに世界にここだけ、宇宙にここだけの場所。ソマチッドも観察でき、カラダの中の宇宙を体感できます！　専門のスタッフがあなたの好奇心に応え、ぴったりのセラピーをご案内します。セラピーをご希望の方は、ホームページからのご予約のほか、メールで info@hikarulandmarket.com、またはお電話で03-5579-8948へ、ご希望の施術内容、日時、お名前、お電話番号をお知らせくださいませ。あなたにキセキが起こる場所☆神楽坂ヒカルランドみらくるで、みなさまをお待ちしております！

潜在意識にあるマイナス要因修正波動を水に転写！
35の測定メニューを搭載した最新波動装置

吉野内聖一郎氏

人は表面に現れない深層意識の奥深くにさまざまなネガティブ情報を抱えています。それが原因となって不調を招いたり、運がなかったり、トラウマを抱えたりなど、現実世界で望むような結果につながらず、深刻な事態を引き起こしてしまうケースも多々あります。そうした深層意識の奥深くに潜んでいるネガティブ情報を測定し、それを修正する波動を電位差でお水に転写する波動装置が「数霊《かずたま》 REIWA」です。

「数霊 REIWA」は、波動の大家・江本勝氏のもとで波動カウンセラーとして活躍された吉野内聖一郎氏が開発。従来の波動測定器で用いられていた5桁の波動コードを、古神道の秘儀である「数霊の法則」「魔方陣」を用いて独自解析。それまで未知だったコードも多数見つかり、波動装置としてさらなる発展を遂げました。

用意された35の測定メニューから項目を選び、繰り返し波動水をつくって飲むことで、3次元の肉体レベルを超えて、現実世界でのトラウマや不調などに変化を与えていきます。さらに、物への波動転写、空間のエネルギー浄化、写真など相手の情報を用いた遠隔ヒーリングも可能です。外部電源不要で操作も簡単。どなたでも本格的なセルフヒーリングができる画期的かつ実用的な最新波動装置として注目を集めています。

35の測定メニュー
（複数のテーマを同じ水に転写しても OK）

1. 世界平和／2. 人間関係／3. 天職／4. 電磁波／5. 感染症／6. 金運上昇／7. 勝負運／8. 恋愛運・結婚運／9. 子宝／10. 受験勉強／11. 家土地のエネルギー／12. 全チャクラ／13. 安眠／14. シェイプアップ／15. ブレイン／16. ヘアー／17. 女性フェロモン／18. 男性フェロモン／19. プロテクション／20. アレルギー／21. 痛み緩和／22. 健康管理／23. 視力／24. ホルモンバランス／25. 禁煙サポート／26. 聴力／27. 関節／28. 骨格／29. 筋肉／30. 呼吸器系／31. 口腔関連／32. 消化器系／33. 神経／34. 泌尿器系／35. 皮膚

ソマヴェディックシリーズ

「メディック・ウルトラ」の４倍のエネルギー＆処理速度を持つシリーズ最上位機種！

ソマヴェディック アンバー

［販売価格］285,600円（税込）

シリーズ最上位機種

●カラー：アンバー(琥珀)、シャンパン ●サイズ：高さ80㎜×幅145㎜ ●重量：約820ｇ ●電圧：DC3V

2020年８月に登場した「メディック・アンバー」は、エネルギーの排出と循環を促す琥珀（アンバー）を使用し、波動伝導性の高い容器内部のシルバーコーティングにより、スピーカーのように波動を広げ、さらに、金銀銅などの貴金属も増量しました。その結果、エネルギーの処理速度は「メディック・ウルトラ」の４倍、「メディック・スカイ５Ｇ」の６～７倍と、これまでの上位機種すらも軽く凌駕するパワーとなりました。特に、事業主、経営者、弁護士、政治家など、成功やパワー、カリスマ性を求めている方からの支持を集め、お金に付着しがちなマイナスエネルギーを浄化するなど、成功を望む人を後押しするパワーが期待できます。また、好転反応（症状が良い方へ転ずる時に起こる一時的な身体の不調）が無いのも大きな特徴。別カラーのシャンパンも同じ機能となります。

霊的成長を促し半径50mの空間を量子レベルで浄化

ソマヴェディック ウルトラ

［販売価格］148,700円（税込）

半径50m を浄化!

●サイズ：高さ80㎜×幅145㎜ ●重量：約850ｇ ●電圧：DC3V

見た目も美しいグリーンカラーが特徴の「メディック・ウルトラ」は、シリーズの各基本機能を取り入れた上位機種。内蔵されたパワーストーンに電流が流れることでフォトンを発生させ、人体に影響を与えるウイルス、ジオパシックストレス、ネガティブエネルギーなどを軽減。その効果はIIREC（国際電磁適合性研究協会）も検証済みです。また、チェコの核安全保障局で安全性をクリアした、霊的成長を促すとされるウランをガラス部分に加工し、半径50ｍの空間を量子レベルで浄化。一般家庭への設置はもちろん、病院やサロン、その他大型のビル施設でも１台置くだけでポジティブな効果を発揮するパワーを秘めています。

ヒカルランドパーク取扱い商品に関するお問い合わせ等は
メール：info@hikarulandpark.jp　URL：http://www.hikaruland.co.jp/
03-5225-2671（平日10-17時）

＊ご案内の価格、その他情報は発行日時点のものとなります。

ヒカルランド　好評既刊！

地上の星☆ヒカルランド　銀河より届く愛と叡智の宅配便

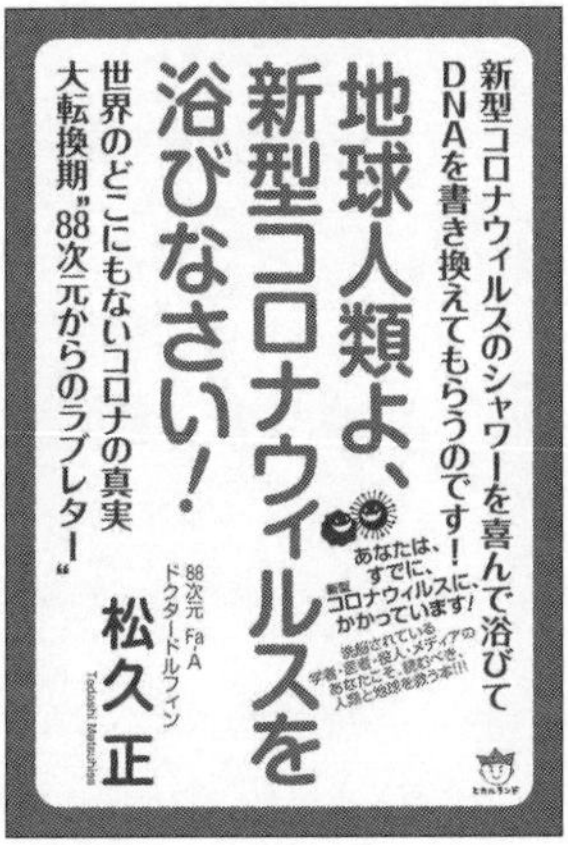

地球人類よ、
新型コロナウィルスを浴びなさい！
著者：88次元 Fa-A ドクタードルフィン
松久 正
四六ハード　本体1,800円+税

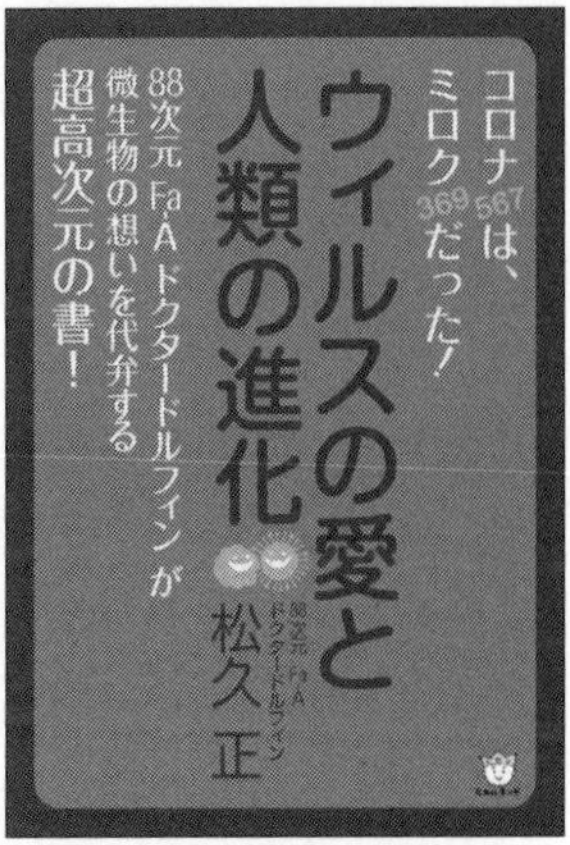

ウィルスの愛と人類の進化
著者：88次元 Fa-A ドクタードルフィン
松久 正
四六ハード　本体1,600円+税

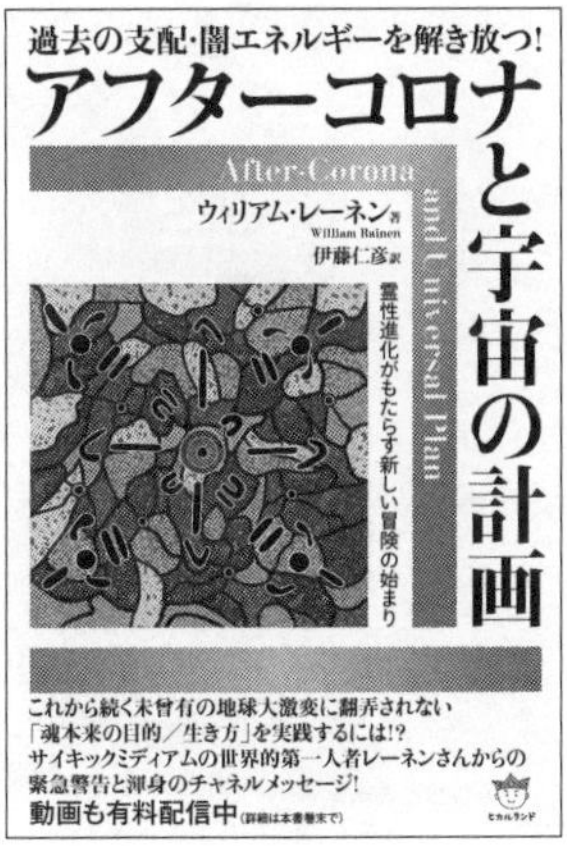

アフターコロナと宇宙の計画
著者：ウィリアム・レーネン
訳者：伊藤仁彦
四六ハード　本体1,700円+税

時事ネタ系４コマ漫画集
コロナは概念☆プランデミック
著者：片岡ジョージ
Ａ５ソフト　本体1,600円+税

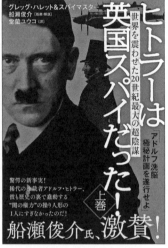

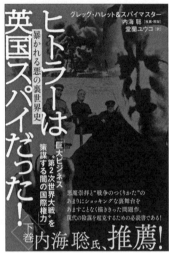